HERBERT GÜNTHER

Zur Entstehung von Völkergewohnheitsrecht

Schriften zum Völkerrecht

Band 11

Zur Entstehung von Völkergewohnheitsrecht

Von

Dr. Herbert Günther

DUNCKER & HUMBLOT / BERLIN

Gedruckt 1970 bei Alb. Sayffaerth, Berlin 61
Printed in Germany

Vorwort

Die vorliegende Arbeit, entstanden unter der Betreuung von Herrn Professor Dr. *Gerhard Hoffmann*, wurde im Sommersemester 1969 von der Rechts- und Staatswissenschaftlichen Fakultät der Philipps-Universität in Marburg/Lahn als Dissertation angenommen.

Sie versteht sich als Versuch, einmal durch eine möglichst umfassende, wenn auch notwendig kursorische Bestandsaufnahme der gegenwärtigen Völkerrechtsdoktrinen und der Rechtsprechung vor allem des Internationalen Gerichtshofes einen Überblick über die bis heute entwickelten Theorien auf dem Gebiet des internationalen Gewohnheitsrechts zu geben. Darüber hinaus bemüht sie sich, mit dem methodischen Rüstzeug der „Reinen Rechtslehre" von einem neuen Ansatz her den Prozeß der Entstehung von Völkergewohnheitsrechtsnormen in anderer Weise zu deuten als dies bisher überwiegend geschehen ist. Ihr besonderes Augenmerk gilt dabei der Lehre von der Notwendigkeit einer „Rechtsüberzeugung" als Teil des untersuchten Normerzeugungsverfahrens. Für die Freiheit, die Herr Professor *Hoffmann* mir bei der Entwicklung dieser Gedankengänge gelassen hat, bin ich ihm zu besonderem Dank verpflichtet.

Die Arbeit wurde im Juli 1968 abgeschlossen, so daß die seither erschienene Literatur ebensowenig eingearbeitet werden konnte wie die Entscheidung des Internationalen Gerichtshofes vom 20. Februar 1969 über die Abgrenzung des Nordsee-Kontinentalsockels zwischen den Niederlanden, der Bundesrepublik Deutschland und Dänemark, in der sich das Gericht — ebenso wie die abweichenden Stellungnahmen vor allem der Richter *Koretsky, Soerensen* und *Tanaka* — zu vielen der auch hier behandelten Fragen äußert. Im Schrifttum ist insbesondere auf die Festschrift für *Paul Guggenheim*, Genf 1968, zu verweisen, die eine Fülle von Aufsätzen gerade auch über die Lehren von den Quellen des Völkerrechts enthält. Sonstige Neuerscheinungen sind in einem Anhang zum Literaturverzeichnis nachgewiesen.

Dem Marburger Universitätsbund danke ich für seine Unterstützung bei dem Druck der Arbeit.

Marburg/Lahn, Dezember 1969

Herbert Günther

Inhaltsverzeichnis

Zweiter Teil

Die Entstehung des Völkergewohnheitsrechts, entwickelt aus den individuellen Normerzeugungsverfahren

Erster Abschnitt

Abkürzungsverzeichnis

AcP	=	Archiv für civilistische Praxis
AFDI	=	Annuaire Français de Droit International
AJASH	=	Acta Juridica Academiae Scientiarum Hungaricae
AJIL	=	American Journal of International Law
Annuaire	=	Annuaire de l'Institut de Droit International
AöR	=	Archiv des öffentlichen Rechts
AR	=	Amerikanische Rundschau
ARSPh	=	Archiv für Rechts- und Sozialphilosophie
ARWPh	=	Archiv für Rechts- und Wirtschaftsphilosophie
ASJG	=	Acta Scandinavica Juris Gentium
AVR	=	Archiv des Völkerrechts
Berichte	=	Berichte der Deutschen Gesellschaft für Völkerrecht
BGBl.	=	Bundesgesetzblatt; Jahr, Teil und Seite
BGHZ	=	Entscheidungen des Bundesgerichtshofes in Zivilsachen
BVerfGE	=	Entscheidungen des Bundesverfassungsgerichts
BVerwGE	=	Entscheidungen des Bundesverwaltungsgerichts
BYIL	=	British Yearbook of International Law
CLP	=	Current Legal Problems
CLQ	=	Cornell Law Quarterly
CLR	=	California Law Review
Clunet	=	Journal du droit international privé et de la jurisprudence comparée (Clunet)
Cranch	=	Cranch's United States Supreme Court Reports
CS	=	Comunicazioni e Studi
Dallas	=	Dallas' Pennsylvania and United States Reports
D. O.	=	Dissenting Opinion
DÖV	=	Die öffentliche Verwaltung
Ex. D.	=	Exchequer Division of the English High Court of Justice
FW	=	Die Friedenswarte
GG	=	Grundgesetz für die Bundesrepublik Deutschland vom 23. 5. 1949 (BGBl. S. 1)
Grünhuts Zt.	=	Zeitschrift für das Privat- und öffentliche Recht der Gegenwart, hrsg. von C. S. Grünhut
GS	=	Transactions of the Grotius Society
HILCJ	=	Harvard International Law Club Journal
ICJ Pleadings	=	International Court of Justice. Pleadings, Oral Arguments, Documents

ICJ Reports	=	International Court of Justice. Reports of Advisory Opinions, Judgments and Orders
ICLQ	=	International and Comparative Law Quarterly
IGH	=	Internationaler Gerichtshof
IJIL	=	Indian Journal of International Law
ILM	=	International Legal Materials
ILR	=	International Law Reports
Iowa LR	=	Iowa Law Review
Ind. Op.	=	Individual Opinion
IRD	=	Internationales Recht und Diplomatie
JAIL	=	Japanese Annual of International Law
JBl.	=	Juristische Blätter
JiaöR	=	Jahrbuch für internationales und ausländisches öffentliches Recht
JIR	=	Jahrbuch für Internationales Recht
JUS	=	JUS. Rivista di scienze giuridiche
JuS	=	Juristische Schulung
K. B.	=	King's Bench Division of the English High Court of Justice
MCC	=	Mixed Claims Commission
Mitteilungen	=	Mitteilungen der Deutschen Gesellschaft für Völkerrecht
MLR	=	Michigan Law Review
NTIR	=	Nederlands Tijdschrift voor Internationaal Recht
NYLF	=	New York Law Forum
NZIR	=	Niemeyers Zeitschrift für Internationales Recht
ÖZöR	=	Österreichische Zeitschrift für öffentliches Recht
PCIJ	=	Permanent Court of International Justice; Serie und Faszikel
Proceedings	=	Proceedings of the American Society of International Law
RC	=	Recueil des Cours, Académie de Droit International
RDI	=	Revue de Droit International (de Geouffre de La Pradelle)
RDIDC	=	Revue de Droit International et de Droit Comparé
RDILC	=	Revue de Droit International et de Législation Comparée
RDP	=	Revue du Droit Public et de la Science Politique en France et à l'étranger
Recueil Gény	=	Recueil d'études sur les sources du droit en l'honneur de François Gény
REDI	=	Revue Egyptienne de Droit International
Revue	=	Revue de Droit International (Paris, aux éditions internationales)
RGBl.	=	Reichsgesetzblatt; Jahr, Teil und Seite
RGDIP	=	Revue Générale de Droit International Public
RGSt	=	Entscheidungen des Reichsgerichts in Strafsachen
RGZ	=	Entscheidungen des Reichsgerichts in Zivilsachen
RHDI	=	Revue Hellénique de Droit International
RIAA	=	Reports of International Arbitral Awards

RITD	= Revue Internationale de la Théorie du Droit
Riv.	= Rivista di diritto internazionale
SchwJIR	= Schweizerisches Jahrbuch für Internationales Recht
Sep. Op.	= Separate Opinion
StIG	= Ständiger Internationaler Gerichtshof
StIGH	= Statut des Internationalen Gerichtshofes bzw. des Ständigen Internationalen Gerichtshofes
Suppl.	= Supplement
UN	= United Nations
UNCIO	= United Nations Conference on International Organization, San Francisco, 1945; United Nations, New York, 1945 ff.
US(A)	= United States (of America)
v.	= versus
Wheaton	= Wheaton, United States Supreme Court Reports
WVD	= Strupp, Wörterbuch des Völkerrechts und der Diplomatie
WVR	= Strupp-Schlochauer, Wörterbuch des Völkerrechts
YILC	= Yearbook of the International Law Commission
Yale LJ	= Yale Law Journal
ZaöRV	= Zeitschrift für ausländisches öffentliches Recht und Völkerrecht
ZgS	= Zeitschrift für die gesamte Staatswissenschaft
ZöR	= Zeitschrift für öffentliches Recht
ZNUW	= Zeszyty Naukowe Uniwersytetu Wrocławskiego
ZVR	= Zeitschrift für Völkerrecht

Einleitung

Normanwendung ist zum mindesten zweifache Subsumtion. Sie fragt, ob ein Sachverhalt vom Tatbestand einer Norm erfaßt ist, und weiter, ob diese denjenigen Erfordernissen entspricht, von denen ihre Verbindlichkeit abhängig gemacht ist, womit zugleich auf Grund erneuter, implizierter Subsumtion die Frage nach der Verbindlichkeit gerade dieser Voraussetzungen beantwortet wird.

Dieser Vorgang findet notwendig bei der Anwendung aller Sollenssätze statt, auch derer, die in Rechtsqualität auftreten wie die Sätze eines als Normenordnung begriffenen Völkerrechts. Für den Bereich des Völkergewohnheitsrechts[1] wird diese Notwendigkeit verschleiert, nicht aber beseitigt durch den Umstand, daß hier keine in ihrem Inhalt eindeutig nachweisbare Norm zur Verfügung steht, um dessen Konstitutionsbedingungen zu bestimmen, wie dies im innerstaatlichen Recht etwa für das Gesetz mit dem Rückgriff auf die Verfassung möglich ist[2].

Erfordert die Anwendung von Völkergewohnheitsrechtsnormen das Herausarbeiten ihrer Verbindlichkeitsbedingungen und ihres Inhalts, so wird diese Aufgabe noch erschwert durch die jeder gewohnheitsrechtlich entstandenen Norm eigentümliche Vermengung von Norminhalts- und Normvoraussetzungserkenntnis[3]. Vor dem Blick des Betrachters scheint die Entstehung von Inhalt und Verbindlichkeit der Norm in eins zu verschmelzen, sich nicht in jenen klaren Vorgang eingliedern zu lassen, in dem ein allgemeines, vorgegebenes Schema zur Normerzeugung benutzt wird[4].

Da weiter jede Instanz fehlt, die kompetent wäre, den Inhalt einer Völkergewohnheitsrechtsnorm verbindlich zu formulieren[5], und da sich auch der Rückgriff auf „authentische“ Interpretationen durch einzelne

---

[1] Vgl. hierzu D. O. *Nyholm*, PCIJ A 10 S. 59.

[2] Deutlich *Roxburgh* S. 78, und allgemein *Bobbio* S. 16 f., *Fenwick*, MLR 1918, S. 395 f., und die u. S. 47 Anm. 95 gegebenen Belege.

[3] Darauf weisen *Larenz* S. 269 und *Somló* S. 373 hin.

[4] Vgl. *Guggenheim*, Traité I S. 45 f.; hieran knüpft sich die häufig wiederholte Kennzeichnung der Entstehung dieser Normen als eines unbewußten Vorgangs, so bei *Kelsen*, Principles S. 441; Theory S. 114; RC 1953 III S. 123; *Scheuner*, RC 1939 II S. 168 — eine Behauptung, die aber nicht wenig umstritten ist, vgl. *Cavaglieri*, Corso S. 55; *Martens* S. 189; s. auch u. S. 26 Anm. 28 und 29.

[5] Vgl. *Wright*, Enforcement S. 14.

an der Normschaffung Beteiligte wegen der nie auszuschaltenden Möglichkeit parteilicher Aussagen verbietet, ist der Erkenntnis der Entstehungserfordernisse der Völkergewohnheitsrechtsnormen ganz besondere Bedeutung beizumessen — dies um so mehr, als diese unter dem Gesichtspunkt des normlogischen Zusammenhanges als primäre Völkerrechtsquellen betrachtet werden, aus denen Verträge und allgemeine Rechtsgrundsätze ihre Verbindlichkeit herleiten. Die Subsumtion des historischen Entstehungsvorganges einer behaupteten Gewohnheitsrechtsnorm unter die allgemeinen Verbindlichkeitsvoraussetzungen ließe sich überdies durch praktische Kriterien wie dasjenige allgemeiner Anerkennung nur dann ersetzen, wenn die Norm ihre Verbindlichkeit aus dieser Anerkennung erhielte. Anderenfalls wäre damit nur beschrieben, daß sie tatsächlich unbestritten ist, nicht, daß sie nicht bestritten werden darf, also verbindlich ist[6].

[6] Dies verkennen diejenigen, die es wie *Liszt-Fleischmann* S. 11 genügen lassen, daß die Normen „als verpflichtend gemeint sind von denen, die sie aufstellen, und daß sie als verpflichtend anerkannt und empfunden werden von denen, an die sie sich richten“.

ERSTER TEIL

Die Entstehung von Völkergewohnheitsrecht nach dem Schrifttum und staatlichen Äußerungen

Erster Abschnitt

Das Schrifttum

Die Entwicklung der Lehren vom Völkergewohnheitsrecht[1], wie sie im folgenden mit möglichst allen gegen sie erhobenen Einwänden und weitgehend ohne eigene Stellungnahme geschildert werden, zeigt den ständig wiederholten Versuch, die Entstehung von Völkergewohnheitsrechtsnormen so darzustellen, daß ihre Verbindlichkeit sich zwangsläufig aus dem Entstehungstatbestand ergibt; doch macht gerade die Entwicklung der Konzeptionen staatlicher Bindung an das Völkerrecht die Grenzen dieses Systems deutlich. Zugrunde liegt ihr die zunehmende Einschränkung der als vorgegeben betrachteten Freiheit zur Lösung internationaler Verpflichtungen, mit dem Ziel, die Staaten umfassend in die internationalen Beziehungen zu integrieren.

Zwar lassen sich nicht alle Meinungen als Glieder eines dialektischen Entwicklungsprozesses verstehen[2] und Diskrepanzen zwischen theoretischer Einheit[3] und tatsächlichem Zerfall[4] im Völkerrecht nicht übersehen. Einzelne Autoren werden nicht immer nur einer einzigen Lehre zuzuordnen sein, Unklarheiten und Widersprüche, Meinungsänderungen und sich wandelnde Konzeptionen[5] sind nicht selten, werden aber im folgenden nicht ausdrücklich vermerkt, wie überhaupt im Vordergrund die Lehren, nicht ihre Vertreter stehen. Scheinbare Willkürlichkeiten in Auswahl und Aufbau können dabei nicht vermieden werden, da man

---

[1] s. hierzu statt aller *Guggenheim*, RC 1958 II S. 36 ff.

[2] So ist z. B. schon bei *Grotius*, De iure belli ac pacis, Prolegomena §§ 1, 17, *Vattel*, Préliminaires §§ 25, 27, und Christian *Wolff*, Prolegomena § 24, die bis heute vertretene vertragliche Konstruktion des Völkergewohnheitsrechts angedeutet.

[3] s. etwa *Hoffmann*, Bedeutung, passim.

[4] Statt aller: *Mahnke* S. 31 ff.; *Schuster* S. 226 ff.

[5] Hier ist auf Autoren wie *Anzilotti*, *Guggenheim*, Georg *Jellinek*, *Kelsen* und *Verdross* hinzuweisen.

häufig zur Begründung eigener die Argumente fremder Lehren heranzieht und damit ihre Abgrenzbarkeit zueinander mitunter auf Kernbegriffe beschränkt, wie andererseits auch Folgerungen und Gegenargumente wieder für mehrere Theorien übereinstimmen[6].

A. Völkerrecht als äußeres Staatsrecht

Am — nicht historisch zu verstehenden — Beginn steht die Lehre vom Völkerrecht als Außenstaatsrecht[1]. Sie findet ihre Grundlegung in einem Verständnis staatlicher Souveränität, das „jede öffentlich-rechtliche Gewalt eines Höheren" ausschließt[2] und ein Recht, das von dem individuellen Staat nicht für sich selbst gesetzt, für ihn aber dennoch verbindlich ist, als unmöglich ablehnt[3]. Wie das nationale Recht auf der staatlichen Selbstbeschränkung um der Rechtsidee willen beruhe, so schaffe der Staat auch in seinen äußeren Beziehungen Recht durch freiwillige Selbstbeschränkung, indem er die Völkersitte in innerstaatliches Recht umgestalte[4], sie zu einem Bestandteil seiner eigenen Rechtsordnung erkläre. „Und dadurch wird aus Völkersitte Völkerrecht", der Staat ist aus seiner eigenen Rechtsordnung gebunden und verstößt bei Verletzung der einmal anerkannten Norm gegen *sein* Recht[5]. Anderen Staaten gegenüber gewinnt diese Bindung dadurch Relevanz, daß mit der Aufnahme der Norm in das nationale Recht deren Vertrauen auf ein normgemäßes Verhalten geweckt wird und nach dem „Fundamentalsatz" des Völkerrechts nicht verletzt werden darf[6]. Soweit man hiernach von einem Völkerrecht sprechen kann, wird es durch Rechtsvergleichung ermittelt als „Komplex der Sätze, nach welchen in allen Staaten die Tatbestände normiert sind, die etwas ‚Auswärtiges' enthalten"[7].

---

[6] Zu den Schwierigkeiten solcher Darstellung treffend *Quadri*, Festschrift Schätzel S. 401 f.

[1] Vgl. *Koenigsgarten* S. 8 ff.; *Truyol*, RGDIP 1950 S. 400 ff.; zur sog. „Bonner Schule" *Kelsen*, Souveränität S. 154 ff.; *Zortea* S. 18 ff.

[2] *Geffcken* S. 34; derselbe Souveränitätsbegriff findet sich auch bei *Kelsen*, s. etwa Festschrift Makarov S. 237 und WVR III S. 278 ff.

[3] s. auch A. *Zorn* S. 5 ff.

[4] *Geffcken* S. 35 und schon *Bynkershoek*, Cap. XIX S. 539.

[5] *Geffcken* S. 36 f.; so wohl auch *Schecher* S. 136.

[6] *Geffcken* S. 37; ähnlich entstehen nach A. *Zorn* Völkerrechtssätze dadurch, „daß der einzelne Staat dieselben dem anderen Staate gegenüber als für sich verbindlich, für sich als Recht erklärt" (S. 6). — Bei *Wenzel* ist das zwischenstaatliche Interesse nur ein Motiv der Völkerrechtsbildung; die internationale Relevanz derartiger Bestimmungen ergibt sich ihm zufolge allein aus dem geregelten Sachverhalt (S. 401). Zu *Wenzel* s. allgemein *Drucker* S. 15 ff.; *Verdross*, Einheit S. 55 ff., und ZVR 1922 S. 408 ff.

[7] *Pohl* S. 4.

Geltungsgrund so verstandener Völkerrechtsnormen ist das innerstaatliche Recht[8], auch das Völkergewohnheitsrecht ist nur als „staatlich garantierte Völkerrechtsgewohnheit"[9], nach Philipp *Zorn*[10] als stillschweigender Vertrag erfaßbar, der seine Geltung dem innerstaatlichen Recht verdankt und darin der jeweiligen Gestalt dieses Rechts unterworfen ist[11].

Zu einem ähnlichen Ergebnis gelangt noch in jüngerer Zeit auch *Schecher;* für ihn liegt Recht — als Zwangsordnung — nur dann vor, wenn eine „einheitliche und oberste hoheitliche Gewalt" besteht, „welche die Frage des Vorliegens einer Rechtsverletzung objektiv entscheidet und gegenüber dem rechtswidrigen Verhalten hoheitlichen Zwang, also Vollstreckung oder Strafe, zur Durchführung bringt"[12]. Einen solchen Zwangs- und Rechtsdurchsetzungsmechanismus vermag er indessen nur in der „Staatshoheit" zu erkennen, die für die innere Ordnung des Staates zum Rechtsvoraussetzungsbegriff wird[13] und im internationalen Bereich keine Entsprechung findet[14]. Eine rechtlich verfestigte zwischenstaatliche Ordnung kann unter dieser Voraussetzung nicht bestehen: „Das gesamte Recht ist im Staate verankert, gebunden an den... Staat... Eine ‚staatsfreie' Organisation des Rechts ist unmöglich; das Recht kann nicht vom Staate, aber auch nicht vom einzelnen Staate losgelöst werden; was nicht staatliches Recht ist, ist überhaupt nicht ‚Recht'[15]." Das (nur sogenannte) Völkerrecht enthält demnach ausschließlich moralisch garantierte Konventionalregeln[16]. Verträge gegewinnen Rechtscharakter erst und allein mit der Aufnahme ihres Inhalts in das nationale Recht[17].

Diese Lehre kann das Völkergewohnheitsrecht freilich nicht als eigene Rechtsquelle begreifen. Als Rechtssatz kraft staatlicher Garantie bleibt es Bestandteil des innerstaatlichen Rechts[18], der sich von dessen sonstigen Sätzen nur dadurch unterscheidet, daß er seinen Inhalt durch die Verweisung auf eine außerstaatliche Sittennorm empfängt, ohne daß das

---

[8] *Schecher* S. 25 f.; *Pohl* S. 4, 195, der sich aber zugleich (S. 4 Anm. 1) gegen die Benennung des Völkerrechts als Außenstaatsrecht verwahrt; *Wenzel* S. 387, 402 f.: „Völkerrecht ist staatliches Recht"; Ph. *Zorn*, Staatsrecht S. 495 ff.; A. *Zorn* S. 7, 8.

[9] *Geffcken* S. 38.

[10] ZgS 1880 S. 8, 9.

[11] a. a. O., S. 13 f.

[12] S. 4; gegen einen solchen Begriff insbesondere der Staatsgewalt z. B. *Drucker* S. 40 ff.

[13] S. 2.

[14] S. 5; s. auch S. 9.

[15] S. 12 f.; s. auch S. 14.

[16] S. 22.

[17] S. 26, 136.

[18] A. *Zorn* S. 9 spricht von einem Gewohnheitsrecht, „das seiner Natur nach in den einzelnen Staaten zur unbedingt geltenden Rechtsregel geworden ist".

genetische Problem des Völkergewohnheitsrechts erkannt wäre. Da man aber über den Staat nicht hinauskommt — von der mystischen „Fundamentalnorm“[19] einmal abgesehen —, bleibt die Frage nach dem jene „Völkerrechtsgewohnheit“ konstituierenden Vorgang dem System fremd: Soweit er Regeln der Völkersitte gestaltet, ist er für das Recht unerheblich, der für die Rechtswerdung maßgebliche Akt liegt allemal im staatlichen Gesetz.

B. Die Selbstverpflichtungslehre

Das Souveränitätsverständnis als Glaube an die Möglichkeit staatlicher Bindung allein durch Selbstverpflichtung teilt die Theorie vom Völkerrecht als Außenstaatsrecht mit der Anerkennungs- oder Selbstverpflichtungslehre[1], die jedoch trotz dieser Identität des Grundgedankens mitunter zu abweichenden Ergebnissen führt.

Das Völkerrecht „muß aufgezeigt werden als begründet in dem freien Willen der Staaten oder Völker“[2], ausschließlich der Staat kann durch Erklärung seines Wollens Recht schaffen[3]. „Er wendet sich an einen Willen mit einer Norm und bindet diesen Willen an diese Norm. Nur daß er ... sich nicht noch an einen dritten Willen zu wenden braucht ..., sondern einfach seinen Willen, gebunden zu sein, erklärt[4].“ Unmöglich kann sich der Staat einem anderen als sich selbst unterordnen[5], sein eigener

---

[19] Es sollte nicht der Betonung bedürfen, daß diese mit der ganz anders gemeinten Grundnorm der reinen Rechtslehre nicht verwechselt werden darf.

[1] Dies betont *Drost*, Grundlagen S. 21 f.; vgl. auch *Triepel*, Völkerrecht S. 79 Anm. 1; *Verdross*, Verfassung S. 14.

Die Übereinstimmung hindert einen Vertreter der Selbstverpflichtungslehre wie *Nippold* nicht, gegen die Doktrin vom Außenstaatsrecht Stellung zu nehmen (S. 65 ff.). Anders erkennt G. *Jellinek*, Staatenverträge S. 46 f., auf derselben Grundlage einen „großen Theil des Völkerrechts“ nur „in der Form eines äußeren Staatsrechts“; abschwächend ders., Gesetz S. 348, „daß alles Völkerrecht, insofern es positives Recht und nicht bloß Anforderung der Rechtsidee an den Staat ist, als anerkannte rechtliche Norm für die Ausübung der Staatsgewalt anderen Staaten gegenüber, daher formell auch als eigenes Recht des Staates, in diesem Sinne also auch als Staatsrecht erscheint“. Zu *Jellinek* s. *Zortea* S. 21 ff., zur Selbstverpflichtungslehre allgemein *Drucker* S. 9 ff.; *Gralla* S. 22 ff.; *Kelsen*, Souveränität S. 168 ff.; *Koenigsgarten* S. 17 ff.; *Le Fur*, RC 1935 IV S. 21 ff.; *Schoen* passim; *Truyol*, RGDIP 1950 S. 406 ff.

[2] G. *Jellinek*, Staatenverträge S. 2; ähnlich schon *Grotius*, De iure belli, 1. Buch, 1. Kap. § 14: „... ius gentium, id est quod gentium omnium aut multarum voluntate vim obligandi accepit“, den allerdings *Quadri*, RC 1951 I S. 627, für seine Lehre in Anspruch nimmt; vgl. auch PCIJ A 10 S. 18; *Heilborn*, Grundbegriffe S. 533; *Liszt-Fleischmann* S. 3, 9.

[3] *Nippold* S. 19 f., 40.

[4] *Nippold* S. 22; anders *Jellinek*, Staatenverträge S. 18.

[5] *Jellinek*, a. a. O., S. 7 und System S. 297 f.; anders begründen *Chrétien-Nachbaur* S. 7 die Notwendigkeit der Zustimmung gerade mit dem Fehlen einer höheren Autorität.

Wille ist für ihn der letzte formale Verpflichtungsgrund[6]. Die Möglichkeit einer Selbstbindung wird dargetan durch die Existenz ethischer Verpflichtungen[7] und durch das interne Recht jedes Staates[8], Denkbarkeit und „Notwendigkeit der Selbstgesetzgebung" ergeben sich aus dem Wesen des Menschen und der Natur der Rechtsordnung[9], der Staat ist gebunden, weil er gebunden sein will[10]. Dieser „sich selbst bindende Wille"[11], dessen verpflichtende Wirkung der übergeordneten Norm zu ihrer Begründung nicht bedarf[12], erlaubt die Leugnung des Völkerrechts als selbständiger Rechtsordnung „neben und über den Staaten"[13]. Im Staatswillen begründet sind dabei nicht nur die völkerrechtlichen Verträge, sondern auch das Gewohnheitsrecht[14], dessen rechtliche Qualifikation von dieser Lehre jedoch gleichfalls nicht weiter in Angriff genommen wird.

Selbst wenn *Nippold* das Völkerrecht wenigstens als „nicht nur inhaltlich übereinstimmendes Recht, sondern gemeinsam geschaffenes Recht" begreift, geschaffen „durch übereinstimmende Willenserklärungen mehrerer Staaten", die sich „im Völkerrecht gemeinschaftlich an die gemeinschaftlich gewollte Norm" binden[15], so entsteht doch auch ein solches Recht durch einen Akt der Selbstbindung und dessen Kundgabe[16]. Für das Gewohnheitsrecht liegt dieser Bindungsakt in der „Beobachtung einer bestimmten Handlungsweise"[17], wird aber im übrigen dem Vertragsrecht analog behandelt[18]. Unerörtert bleibt, wie die Bindung an eine Übung durch eben diese Übung zu verstehen ist, und worin, von der behaupteten gemeinsamen Entstehung der Rechtsnormen abgesehen, jener Grund liegen könnte, der dieses Recht zu einem gemeinschaftlichen, auch von und gegenüber anderen Staaten erzwingbaren macht[19].

---

[6] *Jellinek,* Staatenverträge S. 16, und Staatslehre S. 479; s. *Blühdorn* S. 54 ff., und *Schoen* S. 299 ff.

[7] *Jellinek,* Staatenverträge S. 15, und Staatslehre S. 480 f.; ablehnend *Nelson* S. 41 f.; *Triepel,* Völkerrecht S. 77.

[8] *Blühdorn* S. 59 f.; *Schoen* S. 304; anders *Radnitzky* S. 691 ff.

[9] *Jellinek,* Staatenverträge S. 18; vgl. aber dort S. 27.

[10] *Mérignhac* I S. 225 ff.

[11] E. *Kaufmann,* Wesen S. 175; so auch ders., a. a. O., S. 151; vgl. ferner RGSt 12 S. 381 ff., 384

[12] *Nippold* S. 36 f.; zu demselben Ergebnis kommt *Jellinek,* indem er das Recht aus seiner „psychologischen Struktur" erklärt (Staatslehre S. 377).

[13] *Nippold* S. 5; auch *Jellinek,* Staatenverträge S. 45.

[14] *Nippold* S. 41 Anm. 20, S. 52 ff.

[15] S. 24.

[16] *Nippold* a. a. O.

[17] *Nippold* S. 52.

[18] *Nippold* S. 53.

[19] Vgl. auch *Koenigsgarten* S. 187.

Die Grundlegung im Staatswillen führt bei *Jellinek*[20] zur Begrenzung der Verbindlichkeit dieser selbstgeschaffenen Rechtssätze durch den Gedanken des „Staatszweckes", der den Staat verpflichten könne, sich unter Berufung auf eine entsprechend ausgeweitete clausula rebus sic stantibus von der Bindung zu lösen[21]. Nach *Nippold* dagegen ist der Wille der Staaten als vernünftig zu denken, so daß auf Grund der Erkenntnis von der Notwendigkeit internationaler Regeln ein Völkerrecht gelte, das freilich nur so weit reiche wie der hierfür konstitutive Wille der Staaten[22]. Darf man aus der Vernünftigkeit des Staatswillens auf dessen Bindung auch an diejenigen Sätze des Völkerrechts schließen, zu deren Befolgung er sich verpflichtet hat, die er nunmehr aber nicht mehr für opportun hält, dann deutet sich hier der später von anderen ausführlich begründete Versuch an, die Bindung an einmal gewollte, jetzt aber mißliebige Rechtssätze aus einer typisierenden Betrachtung des normsetzenden Willens herzuleiten: Da die Anerkennung einer Norm die Überlegung voraussetze, die anerkannte Norm könne auch zuungunsten des Anerkennenden wirken, und da der Staat, der die Wohltaten einer Norm wolle, auch ihre Nachteile wollen müsse, werde er regelmäßig an dem einmal Gewollten festhalten[23], wie denn der Staatswille allgemein als „konstant und zuverlässig" gelte[24].

Hiermit ist auf diejenigen hingewiesen, die die Selbstverpflichtung durch den Akt der Anerkennung ersetzen, mitunter aber auch beide Begriffe synonym verwenden[25]. Trennt man beides, dann ist die Anerkennung einer Norm nicht als constituens der (Sitten-)Norm als Rechtssatz, sondern als Mittel gedacht, einen bereits vorhandenen Völkerrechtssatz für den anerkennenden Staat in Geltung zu setzen[26]. Nur vom Standpunkt des handelnden Staates aus, nicht für die Existenz der Norm sind Anerkennungs- und Selbstverpflichtungsakt identisch[27]. Wird dagegen der Anerkennung normkonstituierende Bedeutung beigemessen[28], betrachtet man sie als Ausdruck des Staatswillens, eine außer-

---

[20] Staatenverträge S. 39 f., und Staatslehre S. 377; weiter noch geht *Hegel* (§§ 330 ff., besonders § 333); s. hierzu *Koenigsgarten* S. 3 ff.; *Verdross*, Einheit S. 4 ff.

[21] In diesem „Selbsterhaltungsrecht" erkennt E. *Kaufmann*, Wesen S. 192 ff., gar das „objektive Prinzip" des Völkerrechts; ablehnend *Bar* S. 151 f.; — gegen *Jellinek* insoweit *Radnitzky* S. 694 ff.

[22] S. 25 f.; s. auch *Jellinek*, Staatenverträge S. 38 ff.

[23] *Schoen* S. 303; daß jede Ansicht, die das Recht als autonom bindend versteht, auf ähnliche Überlegungen zurückgreifen muß, zeigt sich bei *Constantopoulos* S. 26 (hierzu *Zortea* S. 24 ff.); vgl. ferner *Holtzendorff* S. 87.

[24] *Schoen* S. 302.

[25] So z. B. *Jellinek*, Staatenverträge S. 17 f.; *Schoen* S. 293 ff.

[26] So bei *Rebbe* S. 31; s. auch *Yasseen*, YILC 1960 I 2 S. 92 Nr. 75; *Gouet* S. 43, 46, 49; wie hier *Gralla* S. 26.

[27] Im Ergebnis auch *Laun*, Festschrift Radbruch S. 123; vgl. weiter *Fitzmaurice*, RC 1957 II S. 103.

[28] — wie z. B. bei *Tunkin*, CLR 1961 S. 422.

rechtliche Regel als Völkerrechtsnorm zu befolgen, schließlich als stillschweigenden Vorschlag an andere Staaten, ebenso zu handeln, dessen Annahme die Völkerrechtsnorm entstehen läßt[29], dann ist der Terminus „Anerkennung" für eine solche Handlungsweise falsch gewählt. Tatsächlich führt dieser Sprachgebrauch zu einer gleichsam „bedingten" Selbstverpflichtungslehre, die sich schließlich auch als Vertragstheorie bezeichnen ließe[30].

Dem entspricht der Versuch *Radnitzkys*, die Verbindlichkeit des Aktes der Selbstverpflichtung ähnlich, wie es schon *Geffcken* für die Doktrin vom Völkerrecht als Außenstaatsrecht unternommen hat[31], aus dem Rechtssatz herzuleiten, „daß auch bei einer Änderung des Rechtes das vernünftige Vertrauen in die Rechtsordnung nicht getäuscht werden darf"[32]. Daß damit freilich der Boden der Selbstverpflichtungslehre verlassen ist und er mehr beweist als beabsichtigt — nämlich die Unhaltbarkeit eines rigorosen Autonomiedenkens —, mag ihm entgangen sein.

Folgerichtig haben Selbstverpflichtungs- und Anerkennungslehre mit ihrer Zurückführung des Völkerrechts allein auf den Willen der Staaten allgemeine Ablehnung erfahren.

Von dem mehr praktischen Einwand abgesehen, Anerkennungs- und Selbstverpflichtungsakte seien historisch nicht nachweisbar[33], auch seien die Staaten an das schon vor ihrer Entstehung geltende Völkerrecht gebunden[34], wird der Lehre vornehmlich entgegengehalten, sie könne die Existenz von Rechtspflichten nicht begründen[35]; notwendig sei dafür immer eine vorgegebene Norm, die an das bloße Faktum der Äußerung des Staatswillens die Bindungswirkung knüpfe[36]. Wolle man die Verpflichtung nur aus dem Willen herleiten, verpflichtet zu sein, so hieße

---

29 *Tunkin*, a. a. O., S. 423 und RC 1958 III S. 13; hier zeigt sich der Übergang von Vertrags- und Anerkennungslehre besonders deutlich. Vgl. *Dawydow* in „Völkerrecht", Hrsg. Lewin/Kaljushnaja, S. 90, der von der Anerkennung einer Praxis als bindend und zugleich „vom stillschweigenden Einverständnis der Staaten" spricht, daß „diese ihre Handlungsweise rechtmäßig und bindend ist". Weniger das Vertrags- als das Anerkennungselement betont *Korowin* in „Völkerrecht", Hrsg. Akademie der Wissenschaften, S. 5; zur jugoslawischen Lehre *Dorsch* S. 43.

30 Zu einem solchen Ergebnis führt die Auffassung *Grallas* (S. 68).

31 s. o. S. 16.

32 S. 699 ff.

33 *Eagleton* S. 46; *Hurst* S. 126; *Williams*, Chapters S. 12.

34 *Basdevant* S. 515; *Guggenheim*, 11 ÖZöR S. 333.

35 *Baumgarten* S. 326; *Brierly*, RC 1936 IV S. 31 f.; *Briggs*, Law of Nations S. 21; *Drucker* S. 19; *Duguit*, RDP 1919 S. 167 f., 182; *Gihl*, Character S. 57, und Legislation S. 9; *Heller* S. 122; *Starke*, BYIL 1936 S. 76 f.; *Triepel*, Völkerrecht S. 77 ff.; *de Visscher*, Recueil Gény III S. 391, und RDILC 1933 S. 398; vgl. aber auch *Kelsen*, Staatslehre S. 123.

36 *Burckhardt* S. 354; *Duisberg*, Völkergewohnheitsrecht S. 24; *François*, RC 1938 IV S. 15; *Friedmann*, Structure S. 85 f.; *Kelsen*, RITD 1939 S. 262, Anm.; *Le Fur*, RC 1935 IV S. 24 f.; *Pfluger* S. 8 f.; *Suy* S. 7, 9 f.; *Verdross*, Einheit S. 37, und RC 1927 I S. 266; *Wiebringhaus* S. 78.

das „to make a thing depend upon itself“[37]. Eine so geartete Bindung lasse die Möglichkeit einer Willensänderung und damit des Untergangs der Verpflichtung jederzeit offen[38]. Die Identifizierung von Wille und Rechtsnorm, die Bestimmung des Inhalts der Rechtsnorm in der Weise, daß das tatsächliche Geschehen ihr nie widersprechen könne, beraube den vorgeblichen Rechtssatz seines spezifisch normativen Sinnes[39], auch gegen den Willen der Rechtssubjekte zu gelten[40]. Endlich scheitere diese Lehre daran, daß der Staatswille für sich selbst keine psychische Realität sei, vielmehr erst ein bestimmter menschlicher Willensakt als Äußerung der Staatswillens qualifiziert werden müsse, dies aber nur auf Grund eines Rechtssatzes geschehen könne[41].

C. Die Vertragstheorie

Erst die Auffassung vom Völkerrecht als Vertragsrecht gelangt über diese den Staat nur als normschaffende Individualität begreifende Konzeption hinaus[1], obwohl auch sie die entscheidende, sich selbst bindende Funktion des Staatswillens betont.

Ihren Ausgangspunkt in diesem Willen kann die Lehre so lange nicht leugnen, als sie das Völkerrecht auf den „common consent“ der Staaten gründet[2], wobei die Unbestimmtheit der Formel nicht einmal klar er-

---

[37] *Williams,* Chapters S. 13 (zust. *Jenks,* Hommage Basdevant S. 283); *Eagleton* S. 47; vgl. auch *Quadri,* Festschrift Schätzel S. 404, und die Darstellung bei *Drucker* S. 9 ff.

[38] *Brierly,* RC 1928 III S. 483; *Brunner* S. 40; *Cavaglieri,* Consuetudine S. 78 f., und Corso S. 36; *Constantopoulos* S. 86; *Drost,* Grundlagen S. 25 ff.; *Friedmann,* Structure S. 85; *Jurt* S. 62; *Lauterpacht,* Function S. 411; *Morelli,* Nozioni S. 11; *Nelson* S. 54 f.; *Rousseau,* Principes S. 50; *Scrimali* S. 192; *Stoll* S. 20; *Suy* S. 7; *Verdross,* Einheit S. 37, und RC 1927 I S. 266 f.; *de Visscher,* Recueil Gény III S. 389, und RDILC 1933 S. 396 (zust. *Meriggi* S. 492 f.).

[39] *Kelsen,* Staatslehre S. 18; *Ross,* Theorie S. 262 Anm. 73.

[40] *Brierly,* RC 1928 III S. 483; *Burckhardt* S. 197 f.; *Kelsen,* Rechtslehre S. 10 f., 62, 219; vgl. auch *Kantorowicz* S. 39, und *de Louter* S. 17.

[41] *Verdross,* Einheit S. 37 (zust. *Suy* S. 9); so allgemein auch *Sperduti,* Riv. 1956 S. 12. Im Zusammenhang mit der Vereinbarungslehre findet sich dieser Punkt bei *Starke,* BYIL 1936 S. 72, und wieder bei *Verdross,* RC 1927 I S. 268, 276 f.

[1] Es wäre irrig, das Verhältnis beider Lehren als dasjenige einer zeitlichen Abfolge zu verstehen. Historisch laufen beide lange Zeit nebeneinander her, älter ist sogar die „modernere“ Vertragstheorie.

[2] So der U. S. Supreme Court im Fall „The Paquete Habana. The Lola“ (175 U. S. 677), 1900, bei *Briggs,* Law of Nations S. 31; *Chase* J. im Fall Ware v. Hylton (3 Dallas, 199), 1796, bei *Moore,* Digest I S. 5; D. O. *Nielsen* im Fall der International Fisheries Company, RIAA IV S. 691 ff., 709, und die Entscheidung im Fischbach und Friedericy-Fall, RIAA X S. 388 ff., 397; aus der Literatur vgl. *Corbett* S. 22 f.; *Finch* S. 59; *Grotius,* De iure praedae, Prolegomena, Regel II, VIII; *Roxburgh* S. 72 f.; weiteres Schrifttum bei *Drost,* Grundlagen S. 23 Anm. 28.

Gralla S. 26 versteht die Lehre vom „common consent“ als Ausprägung der

kennen läßt, ob sie die Selbstbindungstheorien nicht lediglich mit einem neuen Ausdruck bezeichnet[3]. Dieser enge Zusammenhang wird besonders deutlich bei *Tunkin*, der zur Entstehung einer Völkergewohnheitsrechtsnorm ein stillschweigendes Abkommen über deren Anerkennung als Norm fordert[4]. Die Vergleichbarkeit beider Lehren beschränkt sich jedoch häufig auf die Konstruktion, ohne sich auf das der Selbstverpflichtungslehre eigentümliche Verständnis gerade des Staates zu erstrecken[5].

Für das Völkerrecht als Rechtsordnung besagt die Lehre, die als erste die Quellen des Völkerrechts als eigenes Problem begreift, es sei ein durch stillschweigenden oder ausdrücklichen Vertrag entstandenes, den Staaten gemeinsames Normensystem[6], dem vermöge der Verbindlichkeit des Vertrages zwischenstaatliche Bedeutung zukomme. Da andere als vertragliche Normen hier nicht gelten könnten, sei auch das Völkergewohnheitsrecht als ein solcher — dann stillschweigend geschlossener — Vertrag aufzufassen[7], der nach vielen bei den Parteien eine be-

---

Vereinbarungstheorie — zu Unrecht, da es sich hierbei lediglich um eine Form der Vertragstheorie handelt, der die Besonderheiten der Vereinbarungskonstruktion fremd sind; s. hierzu auch *Menzel*, Völkerrechtsnorm S. 109 ff.

3 Dies zeigt sich etwa bei *Chrétien-Nachbaur*, die einerseits davon sprechen, die Anwendung einer Regel durch die Staaten in ihren gegenseitigen Beziehungen beweise ihren „consentement à le considérer comme la loi appelée à les régir" (S. 10), also auf eine Vertragskonstruktion abzielen, andererseits aber eine Verletzung solcher Normen nur als „acte peu amical", nicht als Rechtsverletzung betrachten (S. 8).

4 Ausdrücklich in: Fragen S. 261; Gegenwartsprobleme S. 8 f.; Völkerrecht S. 78; an anderer Stelle spricht er von einem „tacit agreement ... formed to recognize the customary rule as a norm of law" (CLR 1961 S. 424) und behandelt Vertrags- und Gewohnheitsrecht als Gegensätze (Völkerrecht S. 79); Anerkennungs- und Vertragslehre trennt dagegen *Holtzendorff* S. 89.

5 s. auch *Drost*, Grundlagen S. 23, der ebenso wie *Menzel*, Völkerrechtsnorm S. 112, auf die Grundlagen in der Lehre vom contrat social hinweist — deutlich wird sie z. .B bei *Roxburgh* S. 73. *Kelsen* führt die gesamte Vertragstheorie unmittelbar auf diese Lehre zurück, s. RC 1953 III S. 129 ff., und Principles S. 446 ff. Bei *Oppenheim-Lauterpacht* S. 17 nimmt sie ein nur demokratisches Gepräge an, das dann zugunsten des „tacit consent" wieder aufgegeben wird (s. auch S. 25 ff.).

6 *Herczegh* S. 22; *Pradier-Fodéré* S. 78 Nr. 25; *Redslob*, Histoire S. 11; *Tunkin*, Festschrift Verdross S. 301; vgl. die Entscheidungen in den Fällen The Queen v. Keyn (1876), 2 Ex. D. 63, bei *Orfield-Re* S. 9, und The Prometheus. 2 Hongkong L. Rep. 207 (1906), ebenda; so wohl auch *D'Amato*, HILCJ 1961 Nr. 2 S. 20 ff.

7 So die Entscheidung im Fall Fischbach und Friedericy, RIAA X S. 388 ff., 397, und die Entscheidungen des chilenischen Obersten Gerichtshofes im Fall Lauritzen, ILR 1956 S. 708 ff., 710 f., und des U. S. Supreme Court im Fall The Schooner Exchange v. MacFaddon, 7 Cranch 116 (1812), bei *Green* S. 194 f.; *Chase* J. im Fall Ware v. Hylton (3 Dallas, 199), 1796, bei *Moore*, Digest I S. 5. s. ferner die Joint D. O. der Richter *Hackworth, Badawi, Carneiro* und *Rau*, ICJ Reports 1952, S. 218, 220, und aus der Literatur:

Anzilotti, Diritto S. 286; *Ascher* S. 21; *Bonfils-Fauchille* S. 25; *Calvo* S. 119; *Despagnet* S. 64; *Fenwick*, MLR 1918 S. 394 f.; *Finch* S. 59; *Härle*, Entscheidungsgrundlagen S. 4 ff.; *Herczegh* S. 22; *Hershey* S. 24; *Küntzel* S. 18; *Nippold*

stimmte Motivation und die das Motiv manifestierende Übung voraussetze: Die Staaten müßten entweder in der Überzeugung handeln, es bestehe schon eine Völkerrechtsnorm[8], oder mit der Absicht, sie zu schaffen[9]. *Härle* fordert als Voraussetzung des stillschweigenden Vereinbarungsaktes Überzeugung und Absicht, „die rechtsverpflichtende Kraft der betreffenden Verhaltensnorm anzuerkennen"[10], andere bezeichnen das Völkergewohnheitsrecht ohne weitere Qualifikation als „agreement by conduct"[11], bei dem die Willenseinigung nicht wie beim Vertrag vor dem vereinbarten Handeln liegt, sondern erst durch die gemeinsame Übung erkennbar wird und zugleich mit ihr zustandekommt[12], und wieder anders ist die Übung nur das Mittel zum Nachweis eines bereits geschlossenen Vertrages[13].

Die Notwendigkeit solcher Vertragskonstruktion wird mit der Gleichheit der Staaten und dem Fehlen eines internationalen Gesetzgebers begründet, die nur das Ergebnis zuließen, es gebe hier kein Recht ohne übereinstimmenden Willen, ohne Vertrag[14]. Diese koordinationsrechtliche Natur des Völkerrechts bringe es mit sich, daß seine Normen

---

S. 57; *Perassi* S. 303; *Pradier-Fodéré* S. 86 Nr. 28; *Radnitzky* S. 698 Anm. 19; *Redslob*, RDILC 1933 S. 494 — wenngleich mit Einschränkungen; *Schlochauer* S. 7; *Séfériadès*, RC 1930 IV S. 200, 205, 209 f., und RGDIP 1936 S. 131 f., 135, 145; *Strupp*, RC 1934 I S. 306 (der zwischen dem „pactum tacitum qualificatum" als Völkergewohnheitsrecht und dem „pactum tacitum simplex" unterscheidet; s. ebenda S. 303); *Tunkin*, RC 1958 III S. 13 ff.; ders., CLR 1961 S. 423 f.; Festschrift Verdross S. 301; Fragen S. 256; *Witenberg*, RC 1936 II S. 37; so im Ergebnis ursprünglich auch *Verdross*, s. Verfassung S. 43 f., 57, und RC 1927 I S. 287 f.

Zum älteren Schrifttum s. die bei *Triepel*, Völkerrecht S. 34 Anm. 1 angegebenen Autoren.

[8] *Cavaré* S. 199; *Roxburgh* S. 76 f., 91; *Strupp*, RC 1934 I S. 303 f.; *Tunkin*, Fragen S. 261, und CLR 1961 S. 424; wohl auch *Séfériadès*, RC 1930 IV S. 209.

[9] *Strupp*, a. a. O., S. 306; insoweit a. A. *Finch* S. 60; *Lauterpacht*, BYIL 1929 S. 83 f.; *Renner* S. 67 f. — Verändert wird diese Auffassung neuerdings von *Gralla* S. 68: „Die gewohnheitsrechtlichen Regeln entstehen unbewußt, zur Rechtsnorm wird eine solche Regel aber erst durch das pactum tacitum." Hier zerfallen, ähnlich wie schon bei bestimmten Konzeptionen staatlicher Selbstverpflichtung, Verhalten und Schaffung der Verbindlichkeit in zwei getrennte Vorgänge.

[10] Entscheidungsgrundlagen S. 4.

[11] Joint D. O. *Hackworth, Badawi, Carneiro* und *Rau*, ICJ Reports 1952, S. 218; ähnlich spricht *Fenwick*, MLR 1918 S. 394, von einem „informal agreement of the nations". S. aber auch *Härle*, Entscheidungsgrundlagen S. 54.

[12] Vgl. *Verdross*, Verfassung S. 54.

Für *Séfériadès*, der den stillschweigend geschlossenen Vertrag als Ausdruck eines allgemeinen Rechtsbewußtseins begreift, sind sogar diejenigen Regeln verbindlich, die mangels Gelegenheit noch nicht Gegenstand eines solchen Vertrages sein konnten, sich aber aus dem Rechtsbewußtsein der Staaten herleiten lassen (RC 1930 IV S. 209).

[13] *Redslob*, Histoire S. 11; ders., Principes S. 9 f. (unter Berufung auf das Statut des Internationalen Gerichtshofes), und Traité S. 66; die auch nach *Redslob* notwendig der Übung zugrundeliegende Rechtsüberzeugung beruht demzufolge auf dem schon verbindlichen Vertrag.

[14] *Strupp*, RC 1934 I S. 301.

nur als Vertragsnormen entstehen könnten[15], ohne eines außerhalb ihrer selbst liegenden Verbindlichkeitsgrundes zu bedürfen[16]. Anders dagegen stellt sich für *Tunkin* die Vertragstheorie nicht als „offenkundige Wahrheit" dar, sondern als „wissenschaftliche Abstraktion ..., die es gestattet, das Wesen des Entstehungsprozesses einer Norm des Völkergewohnheitsrechts tiefer zu erfassen"[17]. Damit bleibt ihm nur die Überprüfung der Theorie an einem aus ideologischen Gründen befriedigenden Ergebnis[18]; die Wahl einer in dieser Weise bestimmten „abstrakten" Auffassung von der Entstehung des Völkergewohnheitsrechts entzieht sich rechtlicher Wertung auch dort, wo die Anwendung juristischer Methoden möglich bleibt.

Auch die Vertragstheorie hat den Vorwurf unjuristischer Konstruktion und unrealistischer Betrachtungsweise hinnehmen müssen.

Sie wurde zu einer Fiktion erklärt[19], die mit der Staatenpraxis nicht zu vereinbaren sei[20], da sich die erforderlichen pacta tacita nicht nachweisen ließen. Auch sei sie nicht fähig, die Bindung derjenigen Staaten an das Völkergewohnheitsrecht zu erklären, die ihm nicht zugestimmt, dies vielleicht — wie etwa neue Staaten — auch gar nicht gekonnt hätten[21]. Sie werde ihrem Anspruch nicht gerecht, das Völkergewohnheitsrecht als Vertrag zu erklären: Für den Abschluß eines stillschweigenden Vertrages genüge eine einmalige Handlung in Verpflichtungsabsicht. Die Gewohnheit, sich dem Vertrag entsprechend zu verhalten, sei dann dessen Ausführung, nicht Begründung[22], die kontinuierliche Praxis daher überflüssig[23].

---

15 *Härle*, Entscheidungsgrundlagen S. 54 f.; E. *Kaufmann*, Wesen S. 160; *Rebbe* S. 29.

16 *Härle*, a. a. O., S. 6 Anm. 4 (S. 7).

17 Gegenwartsprobleme S. 11; vgl. auch RC 1958 III S. 13 f.; zur sowjetischen Konzeption der Völkerrechtsquellen neuestens *Brunner* S. 42 ff.

18 *Tunkin*, Gegenwartsprobleme S. 10.

19 *Brierly*, RC 1928 III S. 482; *Brunner* S. 40; *Cohen-Jonathan* S. 125 Anm. 16; *Drost*, Grundlagen S. 28; *Gihl*, Legislation S. 43; *Hold-Ferneck* I S. 199; *Kelsen*, RC 1953 III S. 126; *Kunz*, AJIL 1953 S. 663 f., 666; *Menzel*, Völkerrecht S. 95; *Quadri*, RC 1952 I S. 625; *Scelle*, Précis II S. 308; *Touscoz* S. 47; *de Visscher*, RGDIP 1955 S. 356.

20 *Bentz* S. 85; *Cavaglieri*, Consuetudine S. 70 f.; *Duisberg*, Völkergewohnheitsrecht S. 24; *Fenwick*, International Law S. 36; *Fitzmaurice*, RC 1957 II S. 40; *Gould* S. 153; *Kelsen*, RITD 1939 S. 271; *Kunz*, AJIL 1953 S. 663 f.; *de Visscher*, RGDIP 1955 S. 356 (zust. *Wolfke*, Custom S. 101 Anm. 23).

21 *Brierly*, RC 1936 IV S. 30; *Christol* S. 157 f.; *Cohen-Jonathan* S. 125 Anm. 16; *Duisberg*, a. a. O., S. 23; *Gouet* S. 42; *Kelsen*, Rechtslehre S. 235, und Principles S. 444 f.; *Quadri*, RC 1964 III S. 322; *Scelle*, Précis II S. 308; *Tommasi di Vignano*, RHDI 1963 S. 22 Anm. 3; *Touscoz* S. 46; vgl. *Jellinek*, System S. 196 Anm. 1: Der Vertragstheorie fehle „jedes Kriterium, um die Schöpfung eines ius supra partes von der eines ius inter partes zu sondern". — Anders dagegen *Gralla* S. 69 f. (Man müsse zwischen Teilnahme an der Übung und vertraglicher Erzeugung der Norm unterscheiden) und *D'Amato*, HILCJ 1961, Nr. 2 S. 18 und dort Anm. 83; s. auch *Tunkin*, Völkerrecht S. 82 f.

22 *Drost*, Grundlagen S. 28; *Heilborn*, RC 1926 I S. 20.

Angegriffen wird aber vor allem die Grundlage in der behaupteten Möglichkeit autonomer Bindung. Die Willenseinigung sei im Gegenteil nur eine beliebige Tatsache und bedürfe zur rechtlichen Wirksamkeit einer Norm, die diesen Tatbestand mit der Rechtsfolge seiner Verbindlichkeit ausstatte[24]. Jeder Vertrag müsse also kraft einer anderen Norm verbindlich sein, da kein Vertrag den Grund seiner Verbindlichkeit in sich selbst trage. Nur Verträge kämen jedoch für diese Lehre als Normen des Völkerrechts in Betracht, so daß sie an ihrer eigenen Begründung scheitern[25] oder bei der Unverbindlichkeit der Verträge enden müsse[26].

Auch die Bedeutung des Willens ist Gegenstand der Kritik. Er werde zu stark und zu Unrecht betont, da das Völkergewohnheitsrecht gar keinen Willen der Staaten erfordere[27], sich vielmehr unkoordiniert[28] über ein nicht zweckbewußtes, vom Ziel der Rechtsschöpfung nicht determiniertes Verhalten bilde[29]. Nach anderen ist jedenfalls die Zustimmung überflüssig, da sie die Möglichkeit einer Verweigerung impliziere: Im Völkerrecht habe die Gewohnheit die Bedeutung eines Gesetzes, das man aus Überzeugung respektieren könne, das auf eine Anerkennung aber nicht angewiesen sei[30]. Fordert man dagegen einen Staatswillen, dann ist er doch nicht auf die Herstellung einer wechselseitigen Verpflichtung gerichtet[31]. Wieder andere Bedeutung besitzt er nach denjenigen, die ihn unter Abgrenzung gegen die Vertragstheorie als nicht auf die Konstituierung der Norm, sondern auf die stillschweigende Hinnahme der Übung gerichtet verstehen[32], und die ihn hiermit deren Ein-

---

23 So auch *Strupp*, RC 1934 I S. 304, und *Tunkin*, RC 1958 III S. 10, vom Standpunkt der Vertragstheorie aus.

24 *Brierly*, RC 1928 III S. 478 f. (vgl. auch RC 1936 IV S. 31); *Burckhardt* S. 192; *Duisberg*, Völkergewohnheitsrecht S. 24; *Fitzmaurice*, RC 1957 II S. 40, 43; *Gihl*, Character S. 60; *Jenks*, Hommage Basdevant S. 282; *Lauterpacht*, Sources S. 56 f.; *Pfluger* S. 9 f.; *Silving* S. 615; *Verdross*, Einheit S. 104; *de Visscher*, Recueil Gény III S. 390, und RDILC 1933 S. 397 f.; s. auch allgemein *Decleva* S. 152 ff.

25 *Fitzmaurice*, Symbolae Verzijl S. 163 f.; *Nelson* S. 54, 196 f.

26 *Brierly*, RC 1928 III S. 480 f.; *Dahm* I S. 9 weist daher auf die Verwandtschaft dieser Doktrin mit der Selbstbindungslehre hin, die sich auch deutlich in der Konstruktion bei *Liszt-Fleischmann* S. 9 zeigt.

27 *Venturini* S. 385: „L'élément de la volonté ... reste étranger à cette source." Für *de Visscher*, RC 1954 II S. 473, bezieht sich der Wille nur auf die Schaffung des einzelnen Präzedenzfalles; vgl. auch *Morelli*, RC 1956 I S. 455 f.

28 *de Visscher*, Théories S. 188, und RC 1954 II S. 473 f.

29 So *Bobbio* S. 60; *Cohen-Jonathan* S. 138; *Guggenheim*, 11 ÖZöR S. 331; *Suy* S. 218 Anm. 9.

30 *Gianni* S. 158 f.; dieselbe Parallele zieht *Scelle*, Précis II S. 298 f.

31 *Gihl*, Character S. 77; *Oppenheim-Lauterpacht* S. 32 Anm. 3.
Ähnlich *Scelle*, Précis II S. 307, von seiner Theorie aus: Die einzelne, den Präzedenzfall konstituierende Handlung könne zwar, müsse aber nicht gewollt sein und sei jedenfalls nicht durch andere Akte als Beispiel, sondern allein durch das Gefühl der Notwendigkeit herbeigeführt, daher autonom.

32 *Wolfke*, Custom S. 102; ähnlich auch *Gralla* S. 68 — dieser freilich gerade unter Berufung auf die Vertragstheorie.

heitlichkeit und endlich die jeweilige Völkergewohnheitsrechtsnorm begründen lassen[33]. Von noch anderer Seite[34] wird der Wille der Staaten bei einem Vertragsabschluß als frei und unabhängig von jedem fremden Willen bezeichnet, während die Handlungen der „constatation du droit par la coutume" von einem Willen getragen seien, der notwendig mit demjenigen der anderen Staaten übereinstimme, die die übrigen Präzedenzfälle schafften.

D. Die Vereinbarungslehre

Auch die Vereinbarungstheorie begreift den Vertrag nicht so sehr als Konkretisierung des Tatbestandes einer Rechtsnorm, sondern unter seinen wirtschaftlichen und politischen Aspekten als Mittel zum Ausgleich entgegengesetzter Staatsinteressen, das ihr aber zur Begründung einer internationalen Rechtsordnung nicht hinreicht. Ihre Befangenheit im voluntaristischen Denken läßt sie jedoch nur die Konstruktion neuer, neben und über den Vertrag gestellter Formen rechtlicher Bindung versuchen, die wieder auf den Staat zurückweisen.

Triepel, dem diese Lehre[1] nach Anfängen bei *Bergbohm*[2] und *Binding*[3] ihre erste gründliche Ausarbeitung verdankt, findet seinen Ausgangspunkt im Begriff des Rechtssatzes: Er ist „der zum Zwecke der Abgrenzung menschlicher Willenssphären erklärte Inhalt... eines dem Einzelnen überlegenen Willens"[4]. Für das Völkerrecht ergibt sich daraus, daß als Rechtsquelle[5] nur der Wille von Staaten in Betracht kommt[6], der, um für mehrere Staaten verbindlich zu sein, „nicht einem Staate allein angehören kann...[7]. Vermag aber kein Einzelwille eines Staates Völkerrecht zu erzeugen, so ist es allein denkbar, daß ein durch Verbindung

---

[33] *Wolfke*, a. a. O., S. 161.

[34] *Gianni* S. 116; *Gouet* S. 38. Hierin wird auch die Ansicht von der Grundlegung des Völkerrechts im Gemeinwillen der „Weltgemeinschaft" angesprochen; s. hierzu *Heller*, Souveränität S. 122; *Jenks*, Hommage Basdevant S. 280 ff., und *Quadri*, RC 1952 I S. 619 ff., insbesondere S. 625 ff.
Zur Vertragslehre grundsätzlich ablehnend schließlich auch *Glaser*, RGDIP 1953 S. 404; *Hudson*, CLQ 1925 S. 429; *Raestad*, ASJG 1933 S. 80.

[1] Zum folgenden vgl. *Drucker* S. 22 ff.; *Gihl*, Legislation S. 10 ff.; *Koenigsgarten* S. 27 ff.; *Nelson* S. 174 f.; *Partsch*, WVR III S. 489 ff.; *Truyol*, RGDIP 1950 S. 408 ff.; *Zortea* S. 27 ff.

[2] S. 60, 80 ff.

[3] Gründung S. 161 ff.

[4] *Triepel*, Völkerrecht S. 28 f.; vgl. auch dort S. 90 f.

[5] — als der Wille, „dessen Inhalt der Rechtssatz bildet, aus dem er fließt" (*Triepel*, a. a. O., S. 30).

[6] *Triepel*, a. a. O., S. 31 f., und — auch zum folgenden — RC 1923 S. 82 f.; vgl. ferner *Binding*, Vereinbarung S. 241.

[7] So auch *Anzilotti*, Diritto S. 143 Anm. 1; *Cavaglieri*, Consuetudine S. 81 f.; *Donati* S. 13 Anm. 1 (S. 14).

dieser Einzelwillen entstehender Gesamt- oder Gemeinwille[8] solche Aufgabe zu erfüllen im Stande ist. Nur ein zu einer Willenseinheit durch Willenseinigung zusammengeflossener Gemeinwille mehrerer oder vieler Staaten kann die Quelle von Völkerrecht sein"[9], und mit der Vollendung des Gemeinwillens entsteht der Rechtssatz[10].

Die Vereinbarung, deren Ergebnis der Gemeinwille ist, entsteht durch die „Verschmelzung inhaltlich vollkommen gleicher Willen"[11] einer — im Gegensatz zu dem auf die Befriedigung „entgegengesetzter, aber korrespondirender Interessen"[12] gerichteten Vertrag — theoretisch unbegrenzten Anzahl von Teilnehmern[13] mit gemeinsamen Interessen[14].

Ihre normierende Kraft gewinnt sie nicht aus dem Willen der Staaten, eine Norm anzuerkennen oder zu erklären; entscheidend ist, ob sich bei objektiver Betrachtung aus den Willensäußerungen der Staaten ein Rechtssatz ergeben kann[15]. An anderer Stelle bezeichnet *Triepel* die Vereinbarung freilich als „die Erklärung der Vereinbarenden, daß eine Norm Rechtsnorm sein solle"[16], und fordert den Willen, die Regel

---

[8] Trotz der bei *Jenks*, Hommage Basdevant S. 288 und öfter, zu findenden Verwendung dieses Begriffes („... the Gemeinwille as the will of the Community...") hat er bei *Triepel* und seiner Schule (z. B. *Binding*, Vereinbarung S. 244 f.; *Cavaglieri*, Consuetudine S. 81) einen gänzlich anderen, als rein juristisch zumindest beabsichtigten Sinn. Vgl. dagegen *Jenks*, a. a. O., S. 299: „The will of the world community is binding because it expresses the fundamental law of our being, the brotherhood of man."

Zu der in manchem ähnlichen Theorie *Quadris* über das Völkerrecht „come ‚volontà', ‚decisione' del corpo sociale" s. dessen Diritto internazionale S. 31 ff., weiter RC 1952 I S. 618 ff., und RC 1964 III S. 271 ff., einerseits, und andererseits *Ago*, Scienza S. 57 f., und RC 1956 II S. 909 ff.; vgl. hierzu auch *Chlala*, a. a. O.

[9] *Triepel*, Völkerrecht S. 32; s. dort auch Anm. 2; auch: *Anzilotti*, Teoria S. 67 f., und Diritto S. 286 Anm. 2 (S. 287) (zu *Anzilotti* s. *Walz*, Völkerrecht S. 30); *Cavaglieri*, Consuetudine S. 81; *Redslob*, RDILC 1933 S. 490; *Séfériadès*, RGDIP 1936 S. 145; *Walther* S. 65 Anm. 6; ursprünglich auch *Strupp*, Theorie S. 3.

[10] *Triepel*, a. a. O., S. 76; *Walther*, a. a. O.: „L'entente crée *du* droit, le contrat crée *des* droits et des obligations."

[11] *Triepel*, a. a. O., S. 45; vgl. auch S. 52 und *Binding*, Vereinbarung S. 217 f.; *Donati* S. 14 Anm. 1 (S. 15); *Walther*, a. a. O.; die Wechselbezüglichkeit dieser Willenserklärungen wird besonders betont von *Anzilotti*, Diritto S. 143 Anm. 1.

[12] *Triepel*, a. a. O., S. 45; zum Unterschied zwischen Vertrag und Vereinbarung s. auch *Binding*, Gründung S. 164, und Vereinbarung S. 209 f.; *Jellinek*, System S. 194.

[13] *Triepel*, a. a. O., S. 58; auch *Binding*, Vereinbarung S. 212, betont, daß es hier keine Parteien, sondern nur Teilnehmer geben könne.

[14] *Triepel*, a. a. O., S. 53; der Unterscheidung, freilich nicht dem Ergebnis stimmen auch *Heilborn* (Grundbegriffe S. 40 ff.) und *D'Amato* (HILCJ 1961 Nr. 2 S. 14 ff.) zu. In Andeutungen findet sie sich bereits bei *Lorimer* S. 43 f. und *Martens* S. 189 f.

[15] *Triepel*, a. a. O., S. 49.

[16] a. a. O., S. 63 Anm. 1.

zu bestimmen oder die Norm festzustellen, die für künftige Fälle gelten soll[17].

Die Bindungswirkung der solchermaßen vereinbarten Norm liegt darin begründet, daß „dem Staat nicht nur sein eigener Wille, sondern ein Gemeinwille" entgegentritt[18] — erkennbar wird der Versuch, zwischen Autonomie und Heteronomie hindurch zum Völkerrecht als einer „Macht ‚über' den Staaten"[19] zu gelangen[20]. Und während der Vertrag zur Begründung seiner Rechtswirkungen Normen voraussetzt, die den Parteien ein vertragsgemäßes Verhalten gebieten[21], bedarf die Vereinbarung ihrer nicht[22]. Damit schließt sich der Kreis: Rechtsquelle ist immer ein Wille, im Völkerrecht also ein Wille mehrerer Staaten — da es der eines einzelnen Staates nicht sein kann —, der durch das Mittel der Vereinbarung als Gemeinwille zu einer „Willenseinheit" zusammenfließt[23], die als alleinige Rechtsquelle ihrerseits normativ nicht mehr begründet werden kann.

Fragt man schließlich nach der Bindung des einzelnen Staates an seine eigene Willensbetätigung bei der Entstehung des Gemeinwillens, so kann „man ... sich mit der Versicherung begnügen, daß er sich an ihn gebunden fühlt"[24], die Änderung des Willens genügt nicht, „um den früher mit seiner Zustimmung proklamirten Rechtssatz für ihn außer Geltung zu setzen"[25].

Wie es kein Völkerrecht für die an den jeweiligen Vereinbarungen nicht teilnehmenden Staaten[26], also kein allgemeines Völkerrecht geben

---

[17] a. a. O., S. 70 ff.; so schon *Bergbohm* S. 81 (zu dessen Auffassung wiederum *Triepel*, a. a. O., S. 47 f. und S. 48 Anm. 1).

[18] *Triepel*, a. a. O., S. 79, 82, 88 f.; vgl. *Binding*, Vereinbarung S. 215; *Cavaglieri*, Consuetudine S. 82 f. Dagegen versucht *Jellinek*, System S. 299, die Anerkennung als Grund der Verbindlichkeit von Rechtsnormen mit der ein ius supra partes schaffenden Vereinbarung zu verbinden; der Bindungswirkung einseitiger Unterwerfung unter bestehende Rechtssätze, andererseits der Möglichkeit gemeinschaftlicher Anerkennung einer gemeinschaftlich erst zu schaffenden Rechtsnorm geht er jedoch nicht weiter nach.

[19] *Triepel*, a. a. O., S. 76 Anm. 2.

[20] Dies betont auch *Gihl*, Character S. 59.

[21] *Triepel*, a. a. O., S. 62, 98; auch *Donati* S. 16 f.

[22] So ausdrücklich *Triepel* S. 83; vgl. auch S. 62, 70, 76, und *Donati* S. 17; diese deutliche Trennung von Vertrag und Vereinbarung hebt schon *Bergbohm* S. 60, 80 ff., hervor.

[23] *Triepel*, a. a. O., S. 32.

[24] *Triepel*, a. a. O., S. 82.

[25] *Triepel*, a. a. O., S. 89, und *Jellinek*, System S. 195 f., 299 f.; anders *Bergbohm*, für den jeder Staat „eine gleiche integrirende Theil-Autorität der das objective Völkerrecht setzenden Gesammt-Autorität" bleibt. „Diese letztere Autorität ist nämlich nie eine einzige, keine *rechtliche Einheit*, sondern bleibt immer nur ein *Aggregat* souverainer Einzelwillen" (S. 89), von dem sich ein Staat beliebig lossagen kann. Ein Recht anderer Staaten, die Teilnehmer an der Vereinbarung an ihrem Willen festzuhalten, ist „nicht construirbar", und was bleibt, ist „die Positivität abstracter Rechtssätze, die ebensogut anders lauten könnten ..." (S. 89 f.).

[26] *Triepel*, a. a. O., S. 83, 98.

kann[27], so weist das Völkergewohnheitsrecht nur die Besonderheit auf, als Form der Vereinbarung durch konkludente Handlungen entstanden zu sein[28]. Über diese formale Eigenart hinaus kommt ihm keine Bedeutung zu[29].

Andere haben dieser Lehre kaum Neues hinzufügen können. Erweitert wird ihre Begründung durch den Hinweis auf das Fehlen einer den Staaten übergeordneten Autorität[30], die man durch den Gemeinwillen ersetzt und diesen als den Staaten übergeordnet denkt[31]. Erneut wird betont, mit der Vereinbarung werde keine Norm vollzogen[32], sie sei „ein rechtsbegründender Akt extra legem"[33], der sich „in der Luft der Freiheit, der rechtlichen Ungebundenheit" ereigne[34]. Und wie *Triepel* kommt man über die ungewollte Grundlegung in der Autonomie nicht hinaus. Was für ihn das Gefühl der Bindung bedeutet, ist bei *Binding* „in den Köpfen derer, die zur rechtlichen Ordnung verbunden werden sollen", die Vorstellung „vom Dasein eines überindividuellen Willens, dem die unter ihm stehenden Einzelnen Nachachtung ... schulden"[35]. „Und mehr als dieser Vorstellung bedarf es nicht, um diesem Gemeinwillen die seine Teilnehmer bindende Kraft zu sichern: sie reicht dazu vollkommen aus[36]."

Das Angreifbare seiner Lehre gerade unter diesem Gesichtspunkt hat *Binding* deutlich erkannt. Sie ist ihm, wie er schreibt, „sehr eigenartig: sie scheint nicht ganz frei von einem mystischen Element. Sie geht dahin: durch die Verabredung eines gemeinsamen Wollens... entsteht eine Willensmacht *über* den Verabredenden, der alle Teilnehmer an der Verabredung zu entsprechen haben. Die Vereinbarung wirkt also nicht eine einfache Addition von zwei oder drei inhaltlich gleichen Willen, sondern sie schafft einen Willen *über* zweien oder dreien oder tausenden, dem sie alle Nachachtung schulden"[37].

Auch diese vielleicht beabsichtigte Flucht ins Unerklärliche konnte Angriffe nicht abwenden.

---

[27] *Binding*, Vereinbarung S. 241; *Triepel*, a. a. O., S. 83 f., 283.

[28] *Triepel*, a. a. O., S. 95; wohl auch RGZ 122, Anhang S. 1 ff., 9; anders anscheinend *Jellinek*, System S. 195.

[29] Abweichend *Grosch*, der (S. 586 ff.) neben den Vereinbarungen ein Völkergewohnheitsrecht bestehen läßt (S. 583 f.), ohne aber auf dessen Entstehung einzugehen.

[30] *Cavaglieri*, Consuetudine S. 81 ff.; *Jellinek*, System S. 195.

[31] „Le singole volontà degli Stati si confondino ... nella volontà collettiva, la quale appare quindi come una forza superiore" (*Cavaglieri*, Consuetudine S. 82); s. auch *Binding*, Vereinbarung S. 236 f., 245.

[32] *Binding*, Gründung S. 161.

[33] *Binding*, a. a. O.

[34] *Binding*, Vereinbarung S. 226; so auch S. 234, 237.

[35] Vereinbarung S. 233.

[36] *Binding*, a. a. O., S. 245.

[37] *Binding*, a. a. O., S. 236 f.

Verurteilt wird die methodische Fixierung auf das ausschließliche Rechtsetzungsverfahren der Vereinbarung, da sie die ganze Untersuchung sinnlos mache[38], gerügt wird die unterschiedliche Konstruktion von Vertrag und Vereinbarung, die in nichts begründet sei[39]. In einem Koordinationsrecht wie dem Völkerrecht ließen sich Rechtssatz und Rechtsgeschäft nicht trennen[40]. Da auch unerklärlich sei, wie die Vermischung einzelner Willen einen neuen, überindividuellen Kollektivwillen schaffen könne[41], im Gegenteil der Schluß von der Verbindung subjektiver Elemente auf ein daraus entstehendes objektives Element die „fehlerhafte Hypostasierung einer gedanklichen Abstraktion" darstelle[42], bleibe der Gemeinwille eine unbegründbare[43] Fiktion[44]. Staaten könnten nicht deshalb gebunden sein, weil sie sich gebunden glaubten[45]. Die Vereinbarungslehre stimme letztlich mit der Selbstbindungsdoktrin überein[46], der Staat bleibe auch hier nur verpflichtet, solange er wolle[47]. Auch sei die Theorie inkonsequent, da sie von der Ausschließlichkeit der einzelstaatlichen Normsetzungsfunktion ausgehe, dann aber doch einen neuen Willen ohne Willensträger über den Staaten annehme[48]. Rechtsverbindlichkeit könne im übrigen auch der Gemeinwille, dem aus sich heraus keine normative Bedeutung zukomme[49], nur kraft einer Rechtsnorm erlangen[50].

---

[38] *v. d. Heydte*, FW 1933 S. 295.

[39] *Drost*, Grundlagen S. 46 f. (mit Literatur S. 47 Anm. 16); *Gihl*, Legislation S. 12, 49 f.; E. *Kaufmann*, Wesen S. 161 ff. (sehr ausführlich!); *Kelsen*, Souveränität S. 262, und RC 1926 IV S. 285 f.; *Manigk* S. 57, 59; *Meleń* S. 83; *Ross*, Lehrbuch S. 84; *Schlochauer* S. 8; *Strupp*, RC 1934 I S. 324—329; *Tunkin*, Völkerrecht S. 63 f.; *Vitta* S. 16 f.; *Walz*, Völkerrecht S. 24 f. (mit reichhaltiger Literatur dort Anm. 71 und S. 306 Anm. 113 a).

[40] E. *Kaufmann*, a. a. O., S. 169 f.; s. auch *Meleń* S. 83; *Vitta* S. 18 f.; anders *Castberg* S. 324.

[41] *Cavaglieri*, Corso S. 43; *Duisberg*, Völkergewohnheitsrecht S. 24; *Gihl*, Legislation S. 12, und Character S. 59; *Kelsen*, Souveränität S. 141 Anm. 6 (S. 143: „... der anthropomorphistische Ausdruck für die Annahme einer objektiv gültigen, überstaatlichen Rechtsordnung"); *Quadri*, RC 1964 III S. 266; *Suy* S. 8; vgl. ferner *Heilborn*, RC 1926 I S. 19.

[42] *Kelsen*, Staatslehre S. 9; s. auch S. 14.

[43] *Bentivoglio* S. 106 Anm. 119; *Schoen* S. 307 ff.

[44] *Basdevant* S. 515 f.; *Rousseau*, Principes S. 50; *Scelle*, Précis I S. 37; *Soerensen*, Sources S. 16.

[45] *Hatschek* S. 4: „Es ist das alte Bild von Münchhausen, der sich an seinem eigenen Schopf aus dem Sumpf herauszieht;" *Kelsen*, Souveränität S. 136, spricht von einer „Entgleisung ins Psychologische"; s. endlich auch *Quadri*, RC 1952 I S. 624.

[46] *Drost*, Grundlagen S. 22; *Le Fur*, RC 1935 IV S. 32; *Kelsen*, Souveränität S. 136, 138, und RC 1926 IV S. 285; *Schoen* S. 309; *Suy* S. 8; anders *Lauterpacht*, Function S. 416 und Anm. 2.

[47] *Gihl*, Legislation S. 12, und Character S. 59; *Jurt* S. 63; *Kelsen*, Souveränität S. 136 Anm. 1.

[48] *Ago*, Scienza S. 28; *Cavaglieri*, Corso S. 42; *Jellinek*, Staatslehre S. 479 Anm. 1; *Schoen* S. 307 f.

[49] *Salvioli*, RC 1933 IV S. 7; *Soerensen*, Sources S. 16; *Walz*, Völkerrecht S. 26.

Schließlich sei die Lehre wirklichkeitsfremd: Weder stehe neuen Staaten die Ablehnung des Völkerrechts frei[51], noch machten internationale Gerichte die Anwendung von Sätzen des Völkergewohnheitsrechts von der Zustimmung der betroffenen Staaten abhängig[52].

E. Die Grundnorm „pacta sunt servanda"

Damit standen die Kritiker, die all diese Auffassungen verworfen hatten, vor der Erkenntnis der Unmöglichkeit, den einmal geäußerten Willen des Staates als für ihn zu irgendeiner Zeit verbindlich zu begründen und darzulegen, warum er denn das, was er einmal gewollt habe, auch künftig (wollen) solle. Sieht man von denjenigen ab, die den Staat als rechtlich gegenüber anderen ohnehin nicht verpflichtbar begriffen und sich damit weitere Fragen ersparten, so wurde der Wissenschaft deutlich, daß die Diskrepanz zwischen dem angestrebten Ziel der Rechtsqualität des Völkerrechts und dem Ausgangspunkt im Staatswillen nach entschiedener Auflösung verlangte. Der Weg über die Autonomie führte immer zum Staat zurück; konnte das Recht aber auch weiterhin nur als Sollen verstanden werden, dann nur als heteronomes Sollen, dessen Verbindlichkeit vom Willen des gebundenen Individuums unabhängig war und ohne ihn erklärt werden mußte. Wollte man nicht einen von dem der Staaten verschiedenen Willen als letzten juristischen Geltungsgrund des Völkerrechts annehmen, dann war aus allen Konstruktionen ihre „anthropomorphisierende Tendenz"[1] auszuscheiden und die Rechtsordnung als System von Sollenssätzen zu verstehen, die ihre Verbindlichkeit aus einer jeweils „höheren" Norm ableiteten —, freilich nicht ohne auf die Schwierigkeit zu stoßen, das Völkerrecht unter einen Rechtsbegriff subsumieren zu müssen, der wie etwa bei *Austin* aus den andersgearteten innerstaatlichen Beziehungen gewonnen war, und es scheint nicht undenkbar, daß dieser Begriff umgeformt und von den

---

50 *Baak* S. 9; *Briggs*, Law of Nations S. 22; *Duguit*, Traité S. 722 f.; *François*, RC 1938 IV S. 16; *Härle*, Entscheidungsgrundlagen S. 62, und ZöR 1931 S. 237 Anm. 1 (S. 238); *Jellinek*, Staatslehre S. 377 Anm. 1 („Das Dasein einer völkerrechtlichen Ordnung selbst, die erst allen Vereinbarungen Kraft verleiht, kann doch nicht ... wieder auf Vereinbarung gegründet sein."); *Jenks*, Hommage Basdevant S. 282; *Jurt* S. 64; *Kelsen*, Souveränität S. 141 Anm. 6, S. 262; *Manigk* S. 59; *Morelli*, Nozioni S. 13; *Soerensen*, Sources S. 16; *Starke*, BYIL 1936 S. 72; *Truyol*, RGDIP 1950 S. 413; *de Visscher*, Recueil Gény III S. 390, und RDILC 1933 S. 397 f.; vgl. auch E. *Kaufmann*, Wesen S. 165.

51 *Basdevant* S. 515; *Rousseau*, Principes S. 831; *Suy* S. 8.

52 *Le Fur*, RC 1935 IV S. 198; *Verdross*, Festschrift Kelsen S. 359; vgl. in diesem Sinne auch Norwegen, ICJ Pleadings, Fisheries Case I S. 381, und Großbritannien, ebenda IV S. 40.

1 *Kelsen*, Souveränität S. 106.

Eigentümlichkeiten staatlicher Ordnung abstrahiert wurde gerade in der Absicht, auch das Völkerrecht zu erfassen[2].

Für *Anzilotti*[3], der den vornehmlich von *Kelsen*[4] entwickelten Gedanken der Grundnorm als einer der ersten in noch wenig entwickelter Form in das Völkerrecht übernahm, steht die Grundnorm „jenseits der Erfahrungsmöglichkeit“[5]. Sie bestimmt „die Normen..., die eine gegebene Rechtsordnung bilden“, und ist mit dem Satz „pacta sunt servanda“ identisch[6]. Damit bringt *Anzilotti* die schon früher gelehrte Beschränkung der Völkerrechtsquellen auf Verträge[7] auch in diese neue Konstruktion des Völkerrechts ein[8].

Über die Entstehung von Völkergewohnheitsrecht äußert er sich unklar. Er stellt drei Arten von Regeln einander gegenüber: die stillschweigende Vereinbarung, die Rechtsübung als „tacitum pactum“[9] und

---

[2] Deutlich wird dies bei *Ago*, RC 1956 II S. 883; vgl. ferner *Radnitzky* S. 688 f.

[3] Zu der Entwicklung seiner Lehre s. *Truyol*, RGDIP 1950 S. 413 ff.; *Walz*, Völkerrecht S. 30—34; *Zortea* S. 44 ff.

[4] Der Grundgedanke findet sich außerhalb seiner „Wiener Schule“ etwa bei W. *Jellinek* S. 27 ff. (hierzu wiederum *Kelsen*, Souveränität S. 97 Anm. 1).

[5] Auch für *Fitzmaurice*, BYIL 1959 S. 195 f., begründet der Satz „pacta sunt servanda“ das Völkerrecht, liegt aber als Postulat notwendig außerhalb dieser Rechtsordnung, „for unless the system already had force that principle itself would have no validity, and there would be a circulus inextricabilis“. Das Prinzip stehe indes nicht außerhalb des gesamten Rechts, sei vielmehr im Naturrecht beheimatet. Vgl. auch *Salvioli*, RC 1933 IV S. 6; *Sériadès*, RC 1930 IV S. 186, 205, die den Satz als Rechts- und Moralnorm verstehen.

[6] *Anzilotti*, Lehrbuch S. 33, 38, 48 ff., 53; zu einem weiteren — „realistischen“ — Versuch der Grundlegung des Völkerrechts im Satz „pacta sunt servanda“ s. *Le Fur*, RC 1935 IV S. 147 ff.

[7] Widersprüchlich ist dann die Behauptung „struktureller Funktionsnormen“ im Völkerrecht, die logischerweise in die vertraglich entstandenen Normen „miteinbegriffen“ seien (S. 49); zu diesen Normen s. auch *Starke*, BYIL 1936 S. 78 ff.

[8] Wie *Anzilotti* auch: *Cavaglieri*, Corso S. 45 ff., der sie aber „come una vera e propria norma giuridica“, nicht als bloße Hypothese begreift (ähnlich *Strupp*, Grundzüge S. 11, 25); wieder anders ders., RC 1929 I S. 361 f., wo er sie als ethische Norm bezeichnet; *Constantopoulos* S. 146 ff. (der die Geltung des Satzes entgegen seinem Verständnis des Rechts als in der Autonomie begründet damit erklärt, er sei die „logisch grundlegendere und überhaupt wertvollere Sollensnorm“.); *Härle*, Entscheidungsgrundlagen S. 62 f.; *Redslob*, RDILC 1933 S. 496; *Verdross*, Verfassung S. 29, 32, 128; Kriegshandlung S. 41 f.; RC 1927 I S. 286 f. (hier aber als ethische, nicht nur rechtliche Norm verstanden); ähnlich auch *Kunz*, Anerkennung S. 4, für den der Satz allerdings nicht die einzige Grundnorm des Völkerrechts bedeutet; *Perassi* S. 206: „La teoria delle fonti di norme giuridiche... ha... per punto di riferimento, da cui deduttivamente si sviluppa, la norma giuridica, da cui è contemplato, come fonte di norme giuridiche, l'accordo di Stati.“ Anscheinend ferner auch *Kelsen*, Staatslehre S. 113, 125, 175 (s. hierzu auch *Zortea* S. 40), aber jedenfalls nicht mehr in späteren Arbeiten (RC 1926 IV S. 286, 301 ff., und RC 1932 IV S. 175), in denen er eindeutig zwischen Vertrags- und Gewohnheitsrecht trennt; s. auch ders., Rechtslehre S. 223 Anm.

[9] „Das ist eine Norm, die in der Überzeugung, daß eine Rechtsnorm befolgt wird, praktisch beobachtet wird“ (*Anzilotti*, Lehrbuch S. 53).

das Gewohnheitsrecht, das durch ein Verhalten der Staaten mit opino necessitatis entsteht[10]. Diese Gruppen werden dann auf zwei reduziert, die Rechtsübung und die Verträge, die sich beide aus der Grundnorm herleiten[11]. Im Dunkeln bleibt die Qualifikation der zuvor genannten drei Gruppen, die nicht sämtlich *Anzilottis* Gewohnheitsrechtsbegriff unterfallen können. Die „stillschweigende Vereinbarung" jedenfalls, die etwa für *Strupp* als „pactum tacitum simplex" eine nur formelle Besonderheit des Vertragsschließungsverfahrens enthält[12], bildet sich nach *Anzilotti* „hauptsächlich aus der zur Gewohnheit gewordenen Übung"[13], scheint also doch für das Völkergewohnheitsrecht konstitutiv zu sein. Wie dessen Entstehung aber zu denken ist, bleibt zweifelhaft.

Gegen die Fixierung des Satzes „pacta sunt servanda" als Grundnorm sind mehrere Einwände erhoben worden, die sich sämtlich, wenn auch nicht aus denselben Gründen, gegen die Wahl gerade dieses Satzes richten.

Betrachtet man ihn als Bestandteil der Völkerrechtsordnung, kann er — so *de Visscher*[14] — die Verbindlichkeit des Völkerrechts nicht erklären, da sich ein Rechtsbefehl nicht auf den Willen dessen gründen könne, der ihm unterworfen sei[15]. Da durch Rechtsgeschäfte nur Rechtsverhältnisse geschaffen werden könnten, führe er nicht zu einer Völkerrechtsordnung, sondern nur zu „einer Reihe von Völkerrechten"[16], sei aber auch insofern falsch gewählt, als er über die Gültigkeitsvoraussetzungen von Verträgen nichts aussage und deshalb allein nicht einmal die Grundlage des völkerrechtlichen Vertragsrechts abgeben könne[17]. Hinzu komme — vom monistischen Standpunkt aus — die Unmöglichkeit, damit die Existenz staatlichen Rechts zu konstruieren; denn jedes völkerrechtliche pactum setze schon Vertragsparteien und vertretungsberechtigte Organe voraus, die nur vom nationalen Recht eingesetzt sein könnten, das also nicht seinerseits im völkerrechtlichen pactum grundgelegt sein könne[18]. Schließlich aber gehöre der Satz „pacta sunt servanda" gar nicht dem

---

10 *Anzilotti*, a. a. O.

11 *Anzilotti*, a. a. O.

12 RC 1934 I S. 303, und Grundzüge S. 16, 21 (wo er aber auch die Rechtsüberzeugung in die Definition einbezieht).

13 Lehrbuch S. 49; wieder anders S. 54.

14 Recueil Gény III S. 391, und RDILC 1933 S. 398; ferner: *Bruns* S. 28 f. („Aus dem Vertragsgrundsatz, also dem Prinzip der Bindung durch Zustimmung in jedem Einzelfall, kann doch nicht sein Gegenteil, die Bindung gegen den Willen, gefolgert werden, ohne die eine Rechtsverletzung nicht denkbar ist."); *Burckhardt* S. 351 Anm. 46 (Die Norm pacta sunt servanda „kann unmöglich durch einen Vertrag geschaffen werden".); *Constantopoulos* S. 141; *Küntzel* S. 2 f.; s. selbst *Verdross*, Verfassung S. 30.

15 *Burckhardt*, a. a. O.; *Starke*, BYIL 1936 S. 73.

16 *Baumgarten* S. 321; ähnlich *Guggenheim*, Traité I S. 8.

17 *Le Fur*, RC 1935 IV S. 42 f.

18 *Castberg* S. 323.

Recht, sondern der Logik an, er sei eine „Tautologie der Rechtsobjektivität“[19], bestenfalls „une *idée* normative“[20]. Weiter seien Vertrag und Gewohnheit zwei unterschiedliche Verfahren zur Schaffung von Völkerrechtsnormen[21], der Behauptung von der Vertragsnatur des Völkergewohnheitsrechts liege daher eine petitio principii zugrunde[22], die das voraussetze, was zu beweisen sie sich erst bemühe.

Auch ein methodischer Grund führt einen Teil der Wissenschaft zur Ablehnung gerade dieser Grundnorm: Der Satz „pacta sunt servanda“ sei als Bestandteil des Völkergewohnheitsrechts nachzuweisen, das gesamte internationale Vertragsrecht leite seine Verbindlichkeit inter partes daraus her[23]. Die Frage nach der völkerrechtlichen Grundnorm sei aber diejenige nach der Verbindlichkeit des Völkergewohnheitsrechts und demnach aus einer diesem Normenkomplex angehörenden Regel nicht zu beantworten[24], wie denn überhaupt eine positivrechtliche Grundnorm ein Widerspruch in sich sei. Sie sei Ursprungshypothese, dürfe „daher nicht gesetzt sein“[25].

F. Die neuere Lehre von der Grundnorm

Anzilottis Versuch, den der „reinen Rechtslehre“[1] entliehenen Gedanken der Grundnorm mit dem beschriebenen Inhalt für das Völkerrecht nutzbar zu machen, hat sich in der Literatur nicht durchgesetzt.

Die Mehrzahl der Autoren, die auch heute noch die Grundnorm als Konstruktionselement der Völkerrechtsordnung verwenden, verzichtet freilich auf eine für die Rechtsanwendung brauchbare inhaltliche Bestimmung. Soweit ihr überhaupt ein erkennbarer Inhalt beigelegt wird, sieht man darin eine generalisierende Verweisung entweder auf die allgemeinen Rechtsgrundsätze[2] oder auf das Völkergewohnheitsrecht, das

---

[19] *Heller* S. 132 f. (mit Literatur); vgl. auch *Gihl*, Legislation S. 15.

[20] *Hostie*, RC 1932 II S. 479.

[21] *Castberg* S. 323; *Chailley* S. 82 f.; *Hostie*, RC 1932 II S. 477 f.; *Kelsen*, Rechtslehre S. 223 Anm., und RITD 1939 S. 258, 273 f.; *Kunz*, AJIL 1953 S. 665 und Anm. 19; *Morelli*, Nozioni S. 14; *Starke*, BYIL 1936 S. 73; s. auch *Bourquin* S. 78 und Anm. 2; *Le Fur*, RC 1935 IV S. 42.

[22] *Métall* S. 418; ähnlich auch *Walz*, Völkerrecht S. 126 (mit Literatur).

[23] So auch *Whitton* S. 245; anders *Gralla* S. 59 („unmittelbar evidentes rechtliches Gebot“) und Anm. 1.

[24] *Gihl*, Legislation S. 14 f., und Character S. 62, 75; *Kelsen*, RITD 1939 S. 258; *Küntzel* S. 2; *Métall* S. 419; *Oppenheim*, NZIR 1915 S. 13; *Rudolf* S. 17 f.; *Suy* S. 9; *Vallindas* S. 426. — Im Ergebnis auch *Ago*, RC 1939 II S. 529 Anm. 1.

[25] *Métall*, a. a. O.

[1] Eine kurze Darstellung über ihre Auswirkung auf die Völkerrechtslehre gibt in neuerer Zeit *Truyol*, RGDIP 1951 S. 23 ff.; s. auch *Jones*, passim.

[2] *Pfluger* S. 21 f.; *Verdross*, Völkerrecht S. 24; ders., Festschrift Kelsen S. 362, und Festschrift Wehberg S. 394.

durch die Grundnorm als Rechtsschöpfungsverfahren anerkannt werde[3]. Der Vorgang, in dem seine Normen aber Rechtsverbindlichkeit erlangen, wird — außer in jüngster Zeit von *Kelsen*[4] — bei der Formulierung der Grundnorm nicht näher benannt[5].

Die Grundnorm hat also für diese Autoren vor allem formale Bedeutung: Sie konstituiert die Einheit des Systems[6], ist aber eine wertindifferente[7] Kreationsnorm[8] zur Bestimmung des Rechtserzeugungsverfahrens. Die Frage nach ihrem Inhalt ist metajuristisch, „denn eine Grundnorm, die irgendwie ‚lautet', ist keine Grundnorm"[9]. Wenn sie dann freilich doch wieder mit einem Inhalt erfüllt wird, der durch eine Induktion von den positiven Völkerrechtsnormen aus gewonnen werden soll[10], oder wenn man mit ihr das Normerzeugungsverfahren definiert, dann ver-

---

[3] *Ago*, RC 1939 II S. 529 Anm. 1; *Guggenheim*, Traité S. 9 (Vol. I); *Hoffmann*, Verantwortung S. 10; *Kelsen*, Principles S. 446, 564 („The states ought to behave as they have *customarily* behaved." — Kursiv vom Verf.) (etwas anders ebenda S. 441); ders., Rechtslehre S. 222, 325; Theory S. 369 f.; RITD 1939 S. 259 („... la norme qui institue l'état de fait de la coutume comme acte créateur de droit"); *Morelli*, Nozioni S. 10, und RC 1956 I S. 452 f., 458; *Suy* S. 13 Anm. 16.

[4] Rechtslehre S. 223; vgl. hierzu *Thévenaz*, passim.

[5] Möglicherweise ist diese Zurückhaltung auf die bei *Kelsen*, Souveränität S. 94 Anm. 1 (mitunter selbst noch in seiner Rechtslehre, s. S. 229, 232) deutlich werdende Verkürzung des Induktionsverfahrens bis zur Grundnorm zurückzuführen; denn wenn der Rückgriff schon auf die Grundnorm selbst notwendig ist, um Gewohnheits- und gesetztes Recht als gleichrangig einzuordnen (so *Kelsen*, Souveränität, a. a. O.), wenn also diese neben der Rangbestimmung selbst auch den Tatbestand des Gewohnheitsrechts enthalten muß, ohne den eben diese Rangbestimmung nicht möglich ist, und wenn die Frage nach der Grundnorm — und damit auch nach dem Tatbestand des Gewohnheitsrechts — schon auf die rechtlich nicht faßbaren Voraussetzungen der Rechtsordnung zielt, dann freilich läßt sich ein juristischer Begriff vom Gewohnheitsrecht und dieses Recht als Aufgabe der Rechtswissenschaft nicht wohl denken.

[6] *Hoffmann*, Verantwortung S. 9; *Kelsen*, RITD 1939 S. 256, und Staatslehre S. 104, 232 f. (zustimmend *Verdross*, Verfassung S. 22 f.); *Métall* S. 416 f.; *Ross*, Theorie S. 231; *Suy* S. 1.

[7] *Guggenheim*, 4 ÖZöR S. 279; *Kelsen*, Staatslehre S. 251; *Ross*, a. a. O.; anders wohl *Husserl* S. 45.

[8] *Duisberg*, Völkergewohnheitsrecht S. 33; *v. d. Heydte*, FW 1933 S. 289; *Kelsen*, Souveränität S. 97 Anm. 1; ders., Staatsbegriff S. 99 Anm. 1 (S. 101 f.); Staatslehre S. 104, 232 f. (zustimmend *Verdross*, Verfassung S. 22 f.); RITD 1939 S. 256; *Küntzel* S. 5; *Métall* S. 421; *Perassi* S. 197; ähnlich auch *Ross*, Theorie S. 357.

[9] *Métall* S. 419.

[10] *Pfluger* S. 19; vgl. auch *Kelsen*, RITD 1939 S. 256 („Le contenu de la norme fondamentale est déterminé par le matériel positif qu'on veut comprendre comme droit..."), und Grundlagen S. 65; Staatslehre S. 104, 251; Staatsbegriff S. 99 Anm. 1 (S. 101) zur Notwendigkeit einer inhaltlich bestimmten Grundnorm: „Als Geltungsgrund der Rechtsordnung ... habe ich niemals das reine, inhaltsleere Sollen, sondern eine konkrete, inhaltserfüllte Grundnorm angenommen ... Erst durch den besonderen Inhalt der Grundnorm ... wird das Sollen zum *rechtlichen* Sollen ..."; *Hostie*, RC 1932 II S. 476, 484; *Sperduti*, Fonte S. 71; *Starke*, BYIL 1936 S. 80; *Verdross*, Festschrift Kelsen S. 355; abweichend *Ross*, Theorie S. 281 f., 308 f.

wundert das Fehlen eines jeden Versuches, aus diesem zumindest methodisch verwendbaren Ansatz eine Norm über die Entstehungsvoraussetzungen des Völkergewohnheitsrechts zu gewinnen[11].

Den methodischen Implikationen ihrer eigenen Theorie auf dem hier zu untersuchenden Gebiet ist die reine Rechtslehre bisher kaum nachgegangen, ein eigener Begriff vom Völkergewohnheitsrecht hat sich für sie nicht herausgebildet. Demgemäß richten sich die in großer Anzahl vorhandenen Angriffe nicht gegen den hier allein maßgeblichen Gesichtspunkt der Entstehung von Völkergewohnheitsrechtsnormen, sondern gegen die formale Besonderheit dieser Konzeption in der Annahme einer Grundnorm, so daß sie hier außer Betracht zu lassen sind.

G. Die Theorie von der Rechtsüberzeugung

Besonderer Erwähnung bedarf jene Lehre, die, ohne bestimmten Rechtskonzeptionen notwendig verpflichtet zu sein und in den unterschiedlichsten Auffassungen vom Gewohnheitsrecht nahezu archetypisch sich wiederfindend, das Völkergewohnheitsrecht in ein psychisches und ein materielles Element der Staatenpraxis aufgliedert und dem ersteren ihr besonderes Interesse zuwendet[1]. Was sich jedoch unter dem Stichwort der Rechtsüberzeugung dem oberflächlichen Betrachter als einheitliches Verständnis dieses Kernbegriffes darbietet, zerfällt alsbald in eine verwirrende Vielfalt unvereinbarer, gar einander widersprechender Ansichten.

Daß Völkergewohnheitsrecht ohne ein „psychologisches Element", ohne die sogenannte opinio iuris sive necessitatis nicht entstehen könne, ist der „absolut feststehende" Ausgangspunkt[2]. Der Grund für diese Annahme, der Träger der Rechtsüberzeugung und ihr Begriff selbst

---

[11] Anders heute *Kelsen*, Rechtslehre S. 223 (zustimmend *Verosta* S. 363), der in den Tatbestand einer die Staatengewohnheit einsetzenden Grundnorm die Rechtsüberzeugung der Übenden hineinnimmt als „ein Prinzip ..., das die Grundvoraussetzung alles Gewohnheitsrechts ist". Das neue Element der Rechtsüberzeugung, das sich nicht notwendig aus *Kelsens* Völkerrechtskonstruktion und seiner Auffassung von der Grundnorm ergibt, muß, da seine Einführung vom System der reinen Rechtslehre her nicht geboten ist, an anderer, geeigneter Stelle behandelt werden.

[1] Zur Geschichte dieser Doktrin s. *Guggenheim*, Hommage Basdevant S. 258 ff.; RC 1952 I S. 70; RC 1958 II S. 51 ff.

[2] *Berber*, Rechtsquellen S. 37; ferner: D. O. *Azevedo*, ICJ Reports 1950 S. 336; *Anzilotti*, Lehrbuch S. 53; *Doehring* S. 75; *Heilborn*, Grundbegriffe S. 37; *Hoffmann*, Verantwortung S. 94; *Hudson*, Court S. 609; *Kroneck* S. 55; *Lauterpacht*, BYIL 1929 S. 82; *Mateesco* S. 212, 216; *Rebbe* S. 31; *Reuter*, Institutions S. 85 f.; *de Visscher*, Problèmes S. 225.

bleiben jedoch, ganz im Gegensatz zur Einigkeit über das materielle Element[3], kontrovers und häufig unklar.

Mancher hält es für unmöglich, „das Rechtsbewußtsein begrifflich in eindeutiger Form zu bestimmen“[4], da die unterschiedlichen Bewußtseinszustände, die an der Entstehung der Normen des Völkergewohnheitsrechts mitwirkten[5], ineinander vermengt nur „in Form eines diffusen psychischen Phänomens“ erkennbar seien[6]. Als „bewußten psychischen Vorgang“ rationaler Determination des Handelns dürfe man sich die Rechtsüberzeugung also nicht vorstellen[7]. Ein „Rechtsbewußtsein als wirklich bewußtes Moment“ könne erst der Verstoß gegen das Gewohnte hervorrufen[8].

Die „psychologisch-subjektive Natur“ jenes „zweiten Elements des Gewohnheitsrechts“[9] wird dennoch aufrechterhalten — freilich auch dies nicht unbestritten, da von anderen die Rechtsüberzeugung in bewußtem Gegensatz definiert wird als „der den einzelnen Betätigungsakten nach dem Urteil der Rechtsgenossen zukommende Sinn einer Normerfüllung (eines rechtlich gebotenen Verhaltens)“[10].

Diese Differenz setzt sich fort in der Unklarheit darüber, ob durch das Handeln, in dem sich die Überzeugung nach Ansicht einiger notwendig manifestieren muß[11], die Rechtsüberzeugung schon bewiesen werde[12], oder ob hieraus auf die opinio iuris noch nicht geschlossen werden dürfe[13], dadurch vielmehr nur eine Vermutung zu ihren Gunsten begründet werde[14] oder die Überzeugung lediglich angezeigt sei[15]. Ihr Bezug zur

---

[3] Hierzu statt aller *Duisberg*, Völkergewohnheitsrecht S. 41 ff., und zur einschlägigen Rechtsprechung von StIG und IGH *Barberis*, 14 NTIR S. 367 ff., passim.

[4] *Duisberg*, a. a. O., S. 78; zum folgenden auch ders., 12 JIR S. 143 ff.

[5] — „der Wunsch nach einer Verhaltensnorm, die Anerkennung einer Übung als Regel und der wirkliche oder vermeintliche Zwang, sie zu befolgen“ (*Duisberg*, Völkergewohnheitsrecht S. 78).

[6] *Duisberg*, a. a. O.

[7] *Duisberg*, a. a. O., S. 78 f.; ähnlich *Rümelin* S. 61 f.

[8] *Duisberg*, a. a. O., S. 79.

[9] *Guggenheim*, 11 ÖZöR S. 329 Anm. 7; ähnlich: D. O. *Negulesco*, PCIJ B 14 S. 105; D. O. *Chagla*, ICJ Reports 1960 S. 120 f.; *Ballereau* S. 123; *Berber*, Rechtsquellen S. 37; *Cavaglieri*, Consuetudine S. 56; *Haemmerlé* S. 147 f., 176; *Rosswog* S. 51.

[10] *Larenz* S. 270; vgl. auch *Verdross*, JAIL 1963 S. 3.

[11] Ind. op. *Alvarez*, ICJ Reports 1951 S. 148; *Cavaglieri*, Consuetudine S. 56; *Enneccerus-Nipperdey* S. 266; *Heilborn*, RC 1926 I S. 20 f.; *Scheuner*, RC 1939 II S. 168; *Schoen* S. 293; *Verdross*, JAIL 1963 S. 3; *Wengler*, Völkerrecht S. 177 Anm. 1.

[12] *Gianni* S. 125 („... la durée est ... la preuve que la coutume en question est acceptée ...“), 126; *Ross*, Lehrbuch S. 85.

[13] *Berber*, Rechtsquellen S. 37; *de Visscher*, Théories S. 191.

[14] *Hostie*, RC 1932 II S. 481; *Jaenicke* S. 770.

[15] ICJ Reports 1960 S. 40 (hierzu *de Visscher*, Problèmes S. 227 f.); D. O. *Azevedo*, ICJ Reports 1950 S. 336; *Ballereau* S. 118; *Haemmerlé* S. 148, 165; *Härle*, Entscheidungsgrundlagen S. 8.

Praxis wird aber auch so verstanden, daß das materielle Element ein Indiz für das Bestehen einer Rechtsnorm abgebe, die ohne Rechtsbewußtsein nicht entstehen könne[16], so daß die Praxis die Entwicklung der opinio anregen müsse.

Von denjenigen abgesehen, die das Entstehen von Völkergewohnheitsrecht — wie allen Rechts — nur vom Bewußtsein der Beteiligten abhängig machen[17], wird die opinio häufig aus einer Verschränkung von Praxis und Bewußtsein konstruiert, ohne daß aber wenigstens insoweit Übereinstimmung herrschte.

Einfach stellt sich dieser Vorgang etwa bei *Gihl* dar: „Somebody must have made a beginning, others have followed, and when the usage has been in existence for sometime and has become fairly generally accepted, opinio iuris sive necessitatis arises, so that a custom exist[18]." Nach anderer Auffassung schafft die Übung zunächst individuelle Überzeugungen darüber, daß sie Recht sein sollte, die dann zu der „Gemeinüberzeugung" verschmelzen, etwas sei Recht[19]. Wieder anders wird die Entstehung des Bewußtseins letztlich als das Ergebnis einer Selbsttäuschung dargestellt, herbeigeführt durch eine längerdauernde eigene Praxis, als Glaube an die Verpflichtung zu weiterem gleichartigen Verhalten[20]. Ähnlich geht *Kelsen* vor: Aus einem längeren, gleichartigen Verhalten der Rechtssubjekte und unter gleichbleibenden Bedingungen entsteht bei ihnen der „kollektive Wille..., daß man sich so verhalten soll"[21], der dann die Norm konstituiert. Eine noch weitergehende Inter-

---

[16] *Cavaglieri,* Riv. 1926 S. 169; *Drost,* Festschrift Laun S. 213 f.; *Nickusch* S. 123; *de Visscher,* RGDIP 1955 S. 357.

[17] *Ballereau* S. 123; *Bourquin* S. 51 f.; *Dahm* I S. 13; *Heilborn,* RC 1926 I S. 13; *Liszt-Fleischmann* S. 15; *Meriggi* S. 504 („Le fait que la règle est juridique dépend de la conscience de celui qui, tout en méconnaissant la force obligatoire, sent qu'il la transgresse..."); *Nawiasky* S. 36; *Parry,* 44 GS S. 167; *Rivier* S. 6, 9 f., 12; *Ross,* Lehrbuch S. 88; *Scheuner,* ZaöRV 1950/51 S. 569 (zur „empirischen Grundlage" des Völkerrechts „in der Rechtsüberzeugung der Menschen innerhalb der Staatengemeinschaft"), 584 („Das Völkergewohnheitsrecht hat, wenn auch durch Staatshandlungen gehandhabt und bestätigt, seine Wurzel in den individuellen Rechtsüberzeugungen aller Menschen, die der internationalen Gemeinschaft angehören."), 599, und RC 1939 II S. 100, 114 f., 167; *Seidl-Hohenveldern* S. 86; *Ullmann* S. 43; so im Ergebnis auch diejenigen, für die die Übung nur ein Beweismittel der durch die opinio konstituierten Gewohnheit ist, wie *Raestad,* ASJG 1933 S. 71, und *Zitelmann* S. 412 f. Anders dagegen *Castberg* S. 336 f. („On ne peut pas considérer que la règle coutumière internationale aille plus loin que la pratique effective internationale dans ce domaine."); *Haemmerlé* S. 148; *Härle,* Entscheidungsgrundlagen S. 8.

[18] Character S. 77; ähnlich *Whitton* S. 219 f.

[19] *Wackernagel* S. 362.

[20] D. O. *Armand-Ugon,* ICJ Reports 1960 S. 82; *Cavaglieri,* Consuetudine S. 4 f.; s. auch *Ross,* Lehrbuch S. 79.

[21] Rechtslehre S. 9, 231 (zustimmend *Guggenheim,* 11 ÖZöR S. 328).

dependenz beider Elemente wird schließlich etwa von *Duisberg*[22] und *Haemmerlé*[23] vorgetragen.

Gänzlich umstritten endlich ist, was denn unter dieser Überzeugung zu verstehen sei, über deren Entstehung man sich schon so unterschiedlich, aber bestimmt äußert.

Die Mehrheit der Autoren begreift sie als ein Gefühl rechtlichen Verpflichtetseins[24], andere als Gefühl, ein Handeln sei rechtlich erlaubt[25] oder doch rechtlich relevant[26], nicht verboten[27], es befolge eine Norm[28], stimme mit dem Völkerrecht überein[29] oder verwirkliche es[30]. Soweit man nicht nur ein allgemeines, näher nicht definiertes und allein auf den Inhalt, nicht die Rechtsqualität des Gewohnheitsrechtssatzes bezogenes Verpflichtungsbewußtsein verlangt[31], bei dem aber auch das einer Rechtspflicht gemeint sein kann[32], wird das Wesen der opinio weiter

---

[22] Völkergewohnheitsrecht S. 78 und 12 JIR S. 142 f.; zustimmend *Steinicke* S. 269 f.

[23] S. 176 f.; vgl. *Soerensen*, Sources S. 106, und RC 1960 III S. 50 f.

[24] PCIJ A 10 S. 23, 28; ICJ Reports 1950 S. 276 ff., 286; D. O. *Negulesco*, PCIJ B 14 S. 105, 114; außer den bereits Genannten: *Balladore Pallieri*, Diritto S. 75, 76; *Ballereau* S. 81; *Bentz* S. 84; *Berber*, Lehrbuch I S. 43; *Brie* S. 288 (zustimmend *Henrich* S. 288); *Brierly*, Law of Nations S. 52, 59; *Brownlie* S. 7; *Cansacchi* S. 31; *Cavaglieri*, Consuetudine S. 58, 66; *Christol* S. 148; *Cohen-Jonathan* S. 132; *Delbez* S. 47; *Dictionnaire* S. 179 f.; *Drost*, Grundlagen S. 17; *Fedozzi* S. 45; *François*, Grondlijnen S. 366; *Gouet* S. 73 f.; *Guggenheim*, 11 ÖZöR S. 329 Anm. 7; *Haemmerlé* S. 176; *Heilborn*, RC 1926 I S. 13, 20 f.; *v. d. Heydte*, 16 ZVR S. 468 Anm. 1; *Hudson*, Court S. 609, und YILC 1950 II S. 26 Nr. 11; *Jaenicke* S. 770; *E. Kaufmann*, RC 1935 IV S. 501; *Kosters*, Fondements S. 243; *Kunz*, AJIL 1953 S. 667; *Lauterpacht*, Development S. 379; *Meleń* S. 87; *Menzel*, Völkerrecht S. 93; *Monaco* S. 48; *Ottolenghi* S. 36 f.; *Parry*, Sources S. 61; *Sauer* S. 10; *Séfériadès*, RGDIP 1936 S. 131; *Seidl-Hohenveldern* S. 85; *Siorat* S. 77 f.; *Touscoz* S. 16; *Tunkin*, CLR 1961 S. 424; *Wengler*, Völkerrecht S. 174 f.

Ähnlich auch *Bustamante*, der eine „intention juridique“ fordert (S. 68), sich aber andererseits der Vertragstheorie nähert, indem er „le consentement des nations ou Etats“ als für das Völkergewohnheitsrecht notwendig bezeichnet (S. 67, 71, 79); s. weiter *Rousseau*, Principes S. 834, 842 f., 852; *Sperduti*, Riv. 1956 S. 22 Anm. 22 (S. 25); *Wohlhaupter* Sp. 735.

[25] ICJ Reports 1950 S. 276 f.; D. O. *Chagla*, ICJ Reports 1957 S. 176 f.; *Bock* S. 309, 314; *Gihl*, Character S. 77; *Mähler* S. 89; wohl auch *Castberg* S. 336.

Beides halten für möglich: *Morelli*, RC 1956 I S. 453; *Sereni*, Diritto I S. 121.

[26] *Blühdorn* S. 127.

[27] *Hudson*, YILC 1950 I S. 275 Anm. 5.

[28] D. O. *Moreno Quintana*, ICJ Reports 1960 S. 90; *Morelli*, Nozioni S. 25; *Noël-Henry* S. 82; *Verdross*, Mitteilungen 10 S. 83.

[29] *Malintoppi* S. 284; *Morgenstern* S. 241; noch weitergehend *Lauterpacht*, BYIL 1929 S. 82 („accordance with justice and with the nature of international law and relations“).

[30] *Mähler* S. 68.

[31] *Basdevant* S. 510; *Bastid* S. 378; *Brierly*, RC 1936 IV S. 30, 70; *Drost*, Festschrift Laun S. 213 f.; *Eagleton* S. 39; *Haemmerlé* S. 147; *Hatschek* S. 9; *Kelsen*, Rechtslehre S. 223, und RC 1953 III S. 123; *de Louter* S. 49; *Roche* S. 41 f.; *Strupp*, RC 1934 I S. 303 f.; vgl. auch PCIJ A 10 S. 28; D. O. *Chagla*, ICJ Reports 1960 S. 120 f.

[32] Ablehnend *Kelsen*, Theory S. 114; nur einschränkend ders., Principles

gesehen in der „perception de l'obligation de conformer sa conduite à la pratique générale“[33], also einem Solidaritätsempfinden, wird aber auch als objektiv begründete Ansicht[34], zumindest als Gefühl der — rechtlichen — Notwendigkeit bestimmter Handlungen für die Aufrechterhaltung und Fortentwicklung der internationalen Beziehungen gedeutet[35]. Nicht zu vergessen sind jene, die dann von einer Rechtsüberzeugung sprechen, wenn Präzedenzfälle auf die bewußte Anerkennung einer Regel als Recht hindeuten[36], wie überhaupt als Kundgabe der opinio iuris auch die Anerkennung sei es einer bloßen Übung in Befolgungsabsicht, sei es einer bestehenden Norm ausgegeben wird[37]. Damit bestätigt der in Rechtsüberzeugung handelnde Staat seinen Rechtsetzungswillen[38], der, da er zumindest im Beginn der Gewohnheitsrechtsentstehung bewußt Recht schaffe[39], auch Eigenbindungswille sei[40]. In ähnlichen Sinne wird von dem Erfordernis eines „Rechtsgeltungswillens“ gesprochen, der zu einer bloßen Praxis hinzutrete und ihr dadurch Rechtscharakter verleihe, daß sie jetzt in dem Bewußtsein der Erfüllung einer Rechtsnorm fortgesetzt werde[41]. Diesen Willen aber leugnen andere: Er werde „überhaupt nicht tätig, denn wozu sich verpflichten wollen, wenn die Überzeugung verbreitet ist, daß eine Verpflichtung eben dieses Inhalts schon besteht“[42].

S. 440; *Ross*, Lehrbuch S. 88 („... das subjektive Moment der Gewohnheit [ist] nicht auf die Voraussetzung für eine Verpflichtung des Handelnden zu beschränken ...“); hiergegen wiederum *Kunz*, AJIL 1953 S. 667.

33 *Hostie*, RC 1932 II S. 481; vgl. ferner *Miele* S. 30; *Sperduti*, Fonte S. 191 ff.

34 *Rossen* S. 97 Anm. 3.

35 *Küntzel* S. 14 f.; *O'Connell*, International Law S. 16; *Suy* S. 238; *Verdross*. JAIL 1963 S. 2, 4; ähnlich *Cavaglieri*, Consuetudine S. 4 f., 58, und Corso S. 53 ff. („... è sempre l'opinio necessitatis, che si trasforma in opinio iuris.“ S. 55); *Heffter-Geffcken* S. 5 Anm.; *Rousseau*, Droit S. 63, 65, und RC 1958 I S. 478, 481; *Sibert* S. 32; *de Visscher*, Problèmes S. 221, und RGDIP 1955 S. 357; ablehnend hierzu: *Gihl*, Legislation S. 44; *Quadri*, RC 1964 III S. 327; *Vanni* S. 58 f.

36 ICJ Reports 1960 S. 39; D. O. *Armand-Ugon*, ICJ Reports 1960 S. 82; *Ballereau* S. 118; *Basdevant* S. 513; *Fleischhauer* S. 510; *Sperduti*, Fonte S. 198 f.; *Suy* S. 228 f.; *Touscoz* S. 49; *Verdross*, JAIL 1963 S. 3; wohl auch *Guggenheim*, 11 ÖZöR S. 329 Anm. 7, 334; *Schwarzenberger*, Approach S. 19; vgl. auch *Tunkin*, Völkerrecht S. 80: „Man kann nicht umhin festzustellen, daß diese Auffassung von der opinio iuris praktisch dem Begriff der Anerkennung dieser oder jener Regel als Völkerrechtsnorm gleichkommt und folglich zur Konzeption des stillschweigenden Übereinkommens hinführt.“ — Unbeachtlich soll der Grund für das Verhalten der Staaten sein: *Kosters*, Fondements S. 243, 246; *Ziccardi*, 10 CS S. 237.

37 *Fitzmaurice*, RC 1957 II S. 101 ff.; *Vellas* S. 92.

38 *Härle*, Entscheidungsgrundlagen S. 6 Anm. 4; deutlich *Schoen* S. 293; s. auch *Cohen-Jonathan* S. 132.

39 *Verdross*, Mitteilungen 10 S. 83.

40 *Mähler* S. 89; anders *Heilborn*, Grundbegriffe S. 38.

41 *Enneccerus-Nipperdey* S. 159 f.

42 *Renner* S. 68; ähnlich *Haemmerlé* S. 177, 181.

Endlich stellt sich die Frage nach der Richtigkeit einer wie immer verstandenen Überzeugung; kann sich „eine Verhaltensweise nur dann in (!) opinione iuris vollziehen, wenn sich die Überzeugung vom Recht auf Grund eigenen Erkennens gefestigt hat“[43], so *kann* diese Überzeugung auf einem Irrtum der Übenden[44] beruhen[45], wenn es nicht gar so sein muß[46], was aber wiederum umstritten ist[47].

Hinzuweisen ist endlich auf diejenige Ansicht, die das subjektive Moment als nachträglichen Schluß auf die Rechtsqualität des Verhaltens deutet; danach wird es gebildet „par le rapport ou lien que l'esprit humain établit après coup, a posteriori, entre certaines régularités sociales pour faire de celles-ci les éléments ou matériaux d'un ordre dont il poursuit la réalisation“[48].

Wie sich hier tiefgreifende Meinungsverschiedenheiten zeigen, aus denen als einzige Gemeinsamkeit die der Bezeichnung hervorgeht, unter der so Unterschiedliches verstanden wird, so gewinnt die Lehre auch bei der Frage nach dem Träger der Rechtsüberzeugung nicht an Klarheit.

Vor allem sind es die Staaten, bei denen sie gesucht wird[49], wie man überhaupt bei genossenschaftlicher Rechtsbildung der Überzeugung der Verbandsmitglieder wesentliche Bedeutung zumißt[50]. Mitunter wird dabei noch differenziert nach dem Urheber und dem Subjekt der Übung[51], das allein mit Rechtsbewußtsein handeln müsse, oder nach den Auswirkungen der Übung — Träger der Rechtsüberzeugung müsse nur sein, wer durch die Ausübung beanspruchter Kompetenzen negativ betroffen werde[52]. Bei manchen erhält der Richter eine hervorragende Stellung, da seine Überzeugung von der Rechtsqualität der von ihm angewandten Regeln das Gewohnheitsrecht begründe[53] oder er zumindest den Staatswillen maßgeblich interpretiere[54]. Es wird aber auch ver-

---

[43] *Schuster* S. 226.

[44] Die von *Berber*, Lehrbuch I S. 43 f., behandelte Frage betrifft einen anderen Fall.

[45] *Kosters*, Fondements S. 246.

[46] *Kunz*, AJIL 1953 S. 667; *van Praag* S. 27 Anm. 73; *Renner* S. 65; für *Suy* S. 227 f. ist dies die notwendige Folge einer positivistischen Gewohnheitsrechtsauffassung.

[47] *Duisberg*, Völkergewohnheitsrecht S. 78, und 12 JIR S. 142.

[48] *de Visscher*, RGDIP 1955 S. 356; vgl. auch *Soerensen*, Sources S. 85.

[49] Statt aller: *Berber*, Lehrbuch S. 44; *v. d. Heydte*, 16 ZVR S. 468 Anm. 1.

[50] *Brie* S. 288; *Oppenheim*, NZIR 1915 S. 4; *Ross*, Lehrbuch S. 85.

[51] *Hostie*, RC 1932 II S. 480 f.

[52] *MacGibbon*, BYIL 1957 S. 126 ff., 131, 144, und schon in BYIL 1954 S. 151 Anm. 2; *Mouton*, RC 1954 I S. 432: Die gegenteilige Auffassung „would be like accepting the beauty of a painting because the painter when making it had the conviction that it was beautiful“.

[53] *Basdevant* S. 510; *Mayer* S. 10 f.; s. allgemein auch *Esser*, Festschrift v. Hippel S. 124 ff., und dort, S. 102 ff., auch zu der hiermit ebenfalls angerührten Frage nach Existenz und Wesen des Richterrechts.

[54] *Siorat* S. 77 f.

treten, „daß es sich bei den Trägern der Rechtsüberzeugung der Natur der Sache nach nur um solche Personen handeln kann, die überhaupt irgendwie zum internationalen Recht in Beziehung stehen, wie die Vertreter der Völkerrechtswissenschaft, die Philosophen, die leitenden Staatsmänner... Man kann von der völkerrechtlich tonangebenden Schicht sprechen und hinzufügen, daß die Rechtsüberzeugung dieser tonangebenden Schicht für alle völkerrechtlichen Organe verbindlich ist“[55]. Für andere dagegen liegt die entscheidende Bedeutung bei der „pensée humaine“[56], bei der öffentlichen Meinung der Welt[57].

Diese Meinungsverschiedenheit, die dem Juristen an sich nichts Neues, hier aber gerade deshalb so bemerkenswert ist, weil sich die Lehre von der Rechtsüberzeugung als eindrucksvolles Gefüge identischer, zumindest aber in einem logischen Zusammenhang stehender Lehrmeinungen darzustellen versucht, läßt sich auch bei den Versuchen zur Begründung der Ansichten aufzeigen.

So verweist ein Teil der Lehre darauf, daß die opinio unerläßlich sei für die Unterscheidung von Völkergewohnheitsrecht und Courtoisie[58]; ein anderes Mittel, Recht und Übung gegeneinander abzugrenzen, gebe es nicht[59]. Auch der genossenschaftliche Charakter der Gewohnheitsrechtsentstehung wird hervorgehoben[60], das Fehlen von Aufsichts- und Durchsetzungsinstanzen im Völkerrecht[61], die Identität von Rechts- und Rechtsetzungssubjekten[62]. Soweit man sich auf das Rechtsbewußtsein nicht nur deshalb bezieht, weil es aus sozialpsychologischen Gründen der Gewohnheitsrechtsbildung notwendig vorangehe und sie bewirke[63],

---

[55] *Nawiasky* S. 37.

[56] *de Visscher*, RGDIP 1955 S. 357.

[57] *v. d. Heydte*, Völkerrecht S. 67, und IRD 1956 S. 211 ff.; vgl. auch *You* S. 82 f.

[58] D. O. *Chagla*, ICJ Reports 1960 S. 120; *Ballereau* S. 81; *Brownlie* S. 7; *Fitzmaurice*, RC 1957 II S. 104; *Haemmerlé* S. 177; *Jaenicke* S. 770; *Kosters*, Fondements S. 244; *Kunz*, AJIL 1953 S. 665; *Lauterpacht*, Development S. 387, und RC 1937 IV S. 159; *Le Fur*, Recueil Gény III S. 363, und RC 1935 IV S. 198; *Meleń* S. 88; *Morgenstern* S. 241; *Rousseau*, Principes S. 825; *Schwarzenberger*, RC 1955 I S. 312; *Sereni*, Diritto I S. 123; *Soerensen*, RC 1960 III S. 50; *Spiropoulos*, Traité S. 28; *Steinicke* S. 262; *Touscoz* S. 49; *Verdross*, RC 1929 V S. 293, und JAIL 1963 S. 4; *Virally*, Sources S. 133; *de Visscher*, Théories S. 188 f.; *Waldock*, RC 1962 II S. 45 f.

[59] *Duisberg*, Völkergewohnheitsrecht S. 79, und 12 JIR S. 143; *Soerensen*, Sources S. 110; s. auch *Fitzmaurice*, Symbolae Verzijl S. 162 Anm. 2.

[60] Z. B. von *Schoen* S. 293.

[61] *Doehring* S. 76.

[62] *Oppenheim*, NZIR 1915 S. 4.

[63] D. O. *Armand-Ugon*, ICJ Reports 1960 S. 82; *Balladore Pallieri*, Diritto S. 75; *Cavaglieri*, Consuetudine S. 4 f., und Corso S. 52 f.; *Chauveau* S. 65 f.; *Gihl*, Legislation S. 26 f., 42; *Heller* S. 123; *Ross*, Lehrbuch S. 79 (die „jeder regelmäßig befolgten sozialen Ordnung anhaftende Fähigkeit, sich selbst ein Geltungsgepräge zu verleihen“); *Spiropoulos*, Théorie S. 92; *de Visscher*, Effectivités S. 68; *Zitelmann* S. 459: „Die ewige Rechtfertigung der Geltung des Gewohnheitsrechts liegt... nur in jener eigenthümlichen psychologischen

dem Gewohnheitsrecht notwendig immanent[64] oder die maßgebende „ursprüngliche Quelle des Völkerrechts“ sei[65], werden zur Begründung auch die internationale Praxis[66] oder Artikel 38 Abs. I Ziff. b des Statuts des Internationalen Gerichtshofes herangezogen[67].

Aus seiner „realistischen“ Rechtstheorie begründet *Ross* die Notwendigkeit dieses Bewußtseins: „Ist das Recht ein sozial-psychologisches Ineinandergreifen von Motiven, die Handlungen auslösen, und von Handlungen, die wiederum Motive bilden“[68], dann kann auch die Rechtsüberzeugung als spezifische Art der Motivation betrachtet werden, kausal bedingt durch eine vorgefundene Situation und neue Tatsachen schaffend, und Aufgabe bleibt nur noch festzustellen, wie „das ... eigentümliche Gefühl rechtlichen Gebundenseins entsteht“[69].

Ausdruck eines gänzlich abweichenden Rechtsverständnisses ist derselbe Begriff dann, wenn er für notwendig erachtet wird, um als „kollektiver Willen, dessen subjektiver Tatbestand ein Sollen ist“, einer Rechtsnorm ihren subjektiven Sinn zu verleihen[70].

Anders wiederum sei das Recht nur aus Wertungen zu begründen, da jedes Sollen Ausdruck einer Wertung sei[71]. Ohne Übung und Rechtsbewußtsein könne es aber Werte nicht geben[72].

Schließlich soll die in der opinio hervortretende „rechtlich normative Prätention“[73] sogar in der Lage sein „zu erklären, wieso eine Gewohnheit, also eine soziale Tatsache aus dem Bereich des Seins, zu einem Satz des Sollens werden kann“[74]. „Anders läßt sich die Rechtsnormqualität einer gewohnheitsmäßig entstandenen Regel nicht begründen[75].“

Unangefochten konnte auch eine solche Theorie nicht bleiben; hervorzuheben ist, daß die Gegner dieser vereinfachend als herrschend bezeichneten, im Grunde ein ganzes Bündel von Meinungen umfassenden

---

Erscheinung, daß ein normal denkender Mensch die Vorstellung, daß eine rechtliche Ordnung gelte, dann erzeugt, wenn er das längere thatsächliche Herrschen dieses Satzes beobachtet und erwartet, daß dieses thatsächliche Herrschen auch noch länger andauern werde.“ Ebenso und zustimmend *Jellinek*, Staatslehre S. 339 und Anm. 1, S. 342 f.

64 *Christol* S. 148; *Ross*, Lehrbuch S. 85, 87.

65 *Nawiasky* S. 36.

66 *Lauterpacht*, Development S. 380, 387.

67 *Giraud*, RC 1963 III S. 638; *Rousseau*, Principes S. 842, und RC 1958 I S. 481 f.; *Rudolf* S. 83 f.; *Vellas* S. 91; *Waldock*, RC 1962 II S. 47.

68 Lehrbuch S. 47; vgl. *Soerensen*, Sources S. 24.

69 *Ross*, a. a. O., S. 48.

70 *Kelsen*, Rechtslehre S. 9, 232; ähnlich *Henrich* S. 286.

71 *Rümelin* S. 23.

72 *Rümelin* S. 56.

73 *Rudolf* S. 82.

74 *Rudolf* S. 83; ähnlich auch schon E. *Kaufmann*, Wesen S. 9 Anm. 1.

75 *Rudolf* S. 85; angedeutet ist dieser Gedanke auch in der D. O. von *Armand-Ugon*, ICJ Reports 1960 S. 82, und bei *Drost*, Grundlagen S. 32 f.; *Hostie*, RC 1932 II S. 481; *Steinicke* S. 263.

Lehre weitaus zahlreicher sind als gemeinhin angenommen[76], und daß auf die Rechtsüberzeugung nicht erst seit neuerer Zeit verzichtet wird[77].

Auch ihnen[78] sind aber die Unterschiede der unter dem Stichwort der Rechtsüberzeugung zusammengefaßten Konzeptionen kaum deutlich geworden[79], so daß die Ansatzpunkte der Auseinandersetzung immer nur jeweils dem Begriff entsprechen, von dem man vermutet, er sei derjenige der bekämpften Lehre, so daß damit dann auch die Diskussion zunehmend auf verschiedenen Ebenen ausgetragen wird.

Nach verbreiteter Auffassung ist die Übung das alleinige Kennzeichen des Gewohnheitsrechts[80]. Es sei „ganz unerklärt, warum die durchgängige Überzeugung, daß ein Satz Rechtssatz sein sollte, ihn zum Rechtssatz zu machen fähig sein soll. Das ist eben nichts anderes als eine Behauptung“[81]. Im Gegenteil, die opinio iuris sei „niemals in der Lage ..., das eigentliche Fondement des Rechts zu bilden“[82], sondern weise nur auf die Ansicht der Staaten über den rechtlichen Gehalt ihrer Praxis hin[83] oder sei zwar ein Beweis-, niemals aber ein Entstehungselement des Völkergewohnheitsrechts[84]. Wenn die Staaten der Überzeugung sein müßten, die von ihnen durch Praxis und Überzeugung geschaffene Norm

---

76 Vgl. auch *Quadri*, RC 1964 III S. 323.

77 Ablehnend z. B. schon *Chauveau* S. 66 f.

78 Anders, soweit ersichtlich, nur *Bobbio* S. 52 f. und *Barberis*, Riv. 1967 S. 564.

79 Dieser Vorwurf, den *Wengler*, Völkerrecht S. 177 Anm. 1, zutreffend erhebt, fällt indes auf die auch von ihm geteilte „herrschende“ Meinung zurück, die sich in gänzlicher Verkennung der Tatsachen als einheitlich und eben darum herrschend versteht.

Die Divergenzen innerhalb dieser Lehre betont besonders *Barberis*, Riv. 1967 S. 564, der sie auf die Eigentümlichkeit psychischer Tatsachen zurückführt, sich sehr leicht den Auffassungen ihres jeweiligen Betrachters anzupassen.

80 *Bobbio* S. 55; *Ferrari Bravo* S. 73; *Guggenheim*, RC 1952 I S. 72; *Kopelmanas*, BYIL 1937 S. 127; *Raestad*, Philosophie S. 68, 85; *Reuter*, RC 1961 II S. 464; *Starke*, Introduction S. 37; *Wolfke*, Custom S. 53, 70, und ZNUW 1960 S. 169. Auch die Ausführungen *Guggenheims* in seiner D. O., ICJ Reports 1955 S. 55, lassen auf dieses Ergebnis schließen, und selbst bestimmte Formulierungen der völkerrechtlichen Grundnorm deuten, wenn auch nicht nach dem Willen ihrer Schöpfer, auf eine derartige Auffassung hin. Vgl. auch schon ältere Autoren, die die opinio ebenfalls nicht heranziehen: *Bonfils-Fauchille* S. 25; *Diena* S. 12 f.; *Fauchille* S. 42; *Martens* S. 187 f. (der die Einhelligkeit der Praxis aber auch als Beweis für „die Interessengemeinschaft und die Identität des einigenden Rechtsbewußtseins“ begreift).

Im Ergebnis wohl auch *Dubisson* S. 115; *Glahn* S. 15 f.; *Pinto* S. 420; s. auch *Bisschop* S. 236.

81 *Zitelmann* S. 424 f.; so im Hinblick auf das Rechtsgefühl auch *Schreiber* S. 136 f.

82 *Hagemann* S. 86 f.; ähnlich *Triepel*, Völkerrecht S. 30 f.

83 *Hagemann* S. 87; *Nickusch* S. 123 (Diese Ansicht verwechsele „das Bewußtsein von Etwas mit dem Etwas selbst“); *Quadri*, Diritto S. 97; *Zitelmann* S. 425; vgl. auch *Gralla* S. 67.

84 *Bobbio* S. 55 f.; *Quadri*, RC 1964 III S. 327; *Venturini* S. 389; vgl. auch *Nelson* S. 16.

gelte bereits, dann könne diese nicht erst Ergebnis dieser Praxis, sondern allein Norm des — abzulehnenden — Naturrechts sein[85], an deren Bestand die Praxis nichts ändern könne und für die sie daher nutzlos sei[86]. Hier liege zugleich ein Widerspruch: Die opinio sei zur Entstehung des Völkergewohnheitsrechts notwendig, obwohl sie nach ihrem eigenen Inhalt gar kein Recht schaffe; sie solle Rechtsnormen erzeugen, die sie als bereits verbindlich schon voraussetze[87].

Wird der Vorwurf des Naturrechts nicht erhoben, dann sei die Theorie doch deshalb falsch, weil die Staaten an die Existenz einer erst in statu nascendi vorhandenen Norm glauben, sich also im Irrtum befinden müßten[88], und das Völkergewohnheitsrecht danach absurderweise auf diesem Irrtum ruhe. Sonst müsse die Lehre in einen Zirkelschluß geraten: Lasse erst die Überzeugung rechtlichen Verpflichtetseins eine Rechtsnorm entstehen, dann müsse schon die Norm, von deren Geltung der Staat überzeugt sei, durch den Glauben an eine erneut vorangehende Norm geschaffen sein, „ed il ragionamento cade in un circolo vizioso da cui non può più uscire“[89].

Ferner zeigten die Fälle der Entstehung von Völkergewohnheitsrecht durch den Abschluß von Verträgen, daß die opinio überflüssig sei, da die Staaten hier in aller Regel nicht bestehende Normen anwenden, sondern neues Recht inter partes schaffen wollten[90]. Auch gebe es Normen des Gewohnheitsrechts, die wegen ihres wertneutralen Inhalts nicht Gegenstand einer Rechtsüberzeugung sein könnten[91]. Häufig entstehe eine Übung gerade im Bewußtsein ihrer Rechtswidrigkeit[92]. Wenn aber

---

85 *Guggenheim*, Festschrift Scelle S. 276; *Kelsen*, RITD 1939 S. 263; *Tunkin*, Völkerrecht S. 81; Fragen S. 260 f.; RC 1958 III S. 16 f.; CLR 1961 S. 424; *Wolfke*, Custom S. 53; ähnlich *Amado*, YILC 1950 I S. 6 Nr. 44, und *Scelle*, ebenda Nr. 46.

Diese naturrechtliche Auffassung soll nach *Putzier* S. 11 f. der Entscheidung des BVerfG 16 S. 27 ff. zugrunde gelegen haben.

86 *Quadri*, RC 1964 III S. 324.

87 *Bobbio* S. 54.

88 *Ago*, Scienza S. 87 Anm. 1, und RC 1956 II S. 938 („conclusion absurde“); *Bobbio* S. 53; *Gralla* S. 67; *Kelsen*, RITD 1939 S. 263; *Quadri*, Diritto S. 94, und RC 1964 III S. 324; *Suy* S. 227 f.; *Verdross*, Verfassung S. 56; vgl. hierzu auch *Vanni* S. 13 Anm. 1, S. 58.

Für *Lissitzyn*, International Law S. 35, stellt sich das Problem des Verhältnisses von opinio und Praxis unter einem noch anderen Aspekt der Überzeugungsbildung. Ihm ist fraglich, wie der Glaube an ein völkerrechtliches Geoder Verbot entstehen könne, wenn eine vorhergehende einschlägige Übung fehle.

89 *Vanni* S. 12; so auch *Bobbio* S. 53; *Quadri*, Diritto S. 94.

90 *Kelsen*, RITD 1939 S. 264; *Kopelmanas*, BYIL 1937 S. 137 (hierzu *MacGibbon*, BYIL 1957 S. 128; *Suy* S. 242 Anm. 71), S. 151; *Vanni* S. 66 f.

Bedeutungslos wird dieses Argument jedoch, wenn mit *Suy* S. 238 die Rechtsüberzeugung verstanden wird als „la conviction que la matière était juridiquement importante et nécessaire“; vgl. auch ders. S. 242 f.

91 *Zitelmann* S. 416.

92 *Wolfke*, Custom S. 53.

diese Sätze „binden, ohne daß die allgemeine Volksüberzeugung des gedachten Inhalts der Grund ihrer bindenden Kraft ist, so ist auch für die übrigen Sätze des Gewohnheitsrechts dieser Grund nicht der Maßgebende.., d. h. kurz: die allgemeine Rechtsüberzeugung... ist niemals Erforderniß und niemals Grund der bindenden Kraft irgend eines Gewohnheitsrechtssatzes“[93].

Es gebe ferner vor der Entstehung der Gewohnheitsrechtsnorm keinen die Staaten bindenden Rechtssatz: „Les actes constituant la coutume sont, objectivement, accomplis aussi librement que le sont la conclusion d'un traité créateur de droit[94].“ „Cette théorie n'a aucune fonction que de *dissimuler* le rôle important... que joue, dans la formation du droit coutumier, *l'arbitraire de l'organe compétent à appliquer le droit*[95].“

Die Rechtsüberzeugung schließlich als „normative Prätention“, als Glaube, daß etwas Recht sein solle, wird abgelehnt, weil „die Überzeugung... kein fremdbezogener Akt“ sei und schon deshalb auch bei ihrer Kundgabe keine Verbindlichkeit begründen könne[96]. Überhaupt aber sei die strikte Trennung von materiellem und ideellem Element verfehlt — in Betracht kämen beide immer nur als Bestandteile eines rechtserzeugenden Tatbestandes[97]; die rechtliche Erheblichkeit der Rechtsüberzeugung setze also eine Norm voraus, die ohne Rechtsüberzeugung zustandegekommen sein müsse[98].

Angegriffen wird die Lehre endlich in ihrem Kern, in der Annahme der Existenz von Rechtsüberzeugungen. Was *Kelsen* gegen *Triepel* eingewandt hat, gilt auch der hier besprochenen Auffassung: „Es ist... die Tatsache eines Staatsgefühls höchst fragwürdig[99].“ Sekundär ist dem-

---

[93] *Zitelmann* S. 418.

[94] *Kelsen*, RITD 1939 S. 263 f.; als zu schematisch, wenngleich logisch unwiderlegbar, wird dessen Behandlung der opinio von *Soerensen* beurteilt (Sources S. 106).

[95] *Kelsen*, a. a. O., S. 266; zustimmend *Soerensen*, Sources S. 110 („... il y a dans cette affirmation une grande part de vérité...“), 111.
Zum weiten Ermessensspielraum des rechtsanwendenden Organs vgl. ferner die Entscheidung im Fischbach und Friedericy-Fall, RIAA X S. 388 ff., 397: „Any nation has the power and the right to dissent from a rule or principle of international law, even though it is accepted by all the other nations.“ Zustimmend *Rousseau*, Principes S. 843; vgl. weiter *Guggenheim*, Traité I S. 48; Festschrift Scelle S. 280 f.; RC 1952 I S. 72; *Lauterpacht*, Development S. 368 („There are no clear limits to the comprehensiveness of judicial freedom of appreciation. Many an act of judicial legislation may in fact be accomplished under the guise of the ascertainment of customary international law.“); *Roxburgh* S. 77 f.

[96] *Gralla* S. 67.

[97] H. J. *Wolff* S. 395: „... nicht die Überzeugung selbst, sondern eben der Satz, der sie und die langdauernde Übung zum Inhalt hat, (begründet) die Rechtlichkeit der Übung... Die Rechtsüberzeugung ist hier nur ein Tatbestand, nicht selbst Recht.“ Vgl. auch *Nelson* S. 76 f., und — nur auf die Praxis bezogen — *Quadri*, RC 1964 III S. 328, 331 Anm. 19.

[98] *Nelson* S. 78.

[99] Souveränität S. 136; *Atassy* S. 97; *Wolfke*, Custom S. 54: „Legal convic-

gegenüber der Hinweis, die Frage nach der Rechtseigenschaft von Verhaltensweisen stelle sich ein Staat gemeinhin nie und nur bei einem Verstoß gegen das angebliche Recht[100], wie sich denn bei der Entwicklung staatlicher Motivation die verschiedensten Einflüsse geltend machten[101], rechtlich jedoch belanglos seien[102] und sich im Gegenteil das Recht weniger an der Rechtsüberzeugung als an der Machtverteilung orientiere[103].

Vor allem aber sei die Rechtsüberzeugung nicht nachweisbar[104], weder an sich noch mit einem bestimmten Inhalt zu erkennen[105], solange man sie als psychische Tatsache betrachte[106]. Schon aus diesem Grunde, aber auch, um den — etwa von *Hoffmann*[107] geschilderten — Folgen der Rechtsunsicherheit zu entgehen[108], sei nur auf den erklärten Willen[109], damit aber allein auf das äußere Verhalten abzustellen[110]. Ferner wird darauf verwiesen, daß Proteste die Entstehung von Völkergewohnheitsrecht zu Lasten des protestierenden Staates verhindern könnten, obwohl sie weder aus einer Rechtsüberzeugung noch gerade wegen ihres Fehlens erhoben werden müßten[111]. Auch die „Gemeinüberzeugung", aus der das Gewohnheitsrecht entstehen solle und die mehr und anderes sei als

---

tion of a State amounts to an anthropomorphism which is unacceptable in international relations."

100 *Williams,* Aspects S. 44 f.

101 D. O. *Badawi Pasha,* ICJ Reports 1949 S. 63 f.: „The actions of a State are generally the result of deliberation, of a compromise between different views, and sometimes of suggestions or advice from foreign sources, or various other considerations which cannot possibly be circumscribed or determined." Vgl. auch *Wolfke,* Custom S. 66.

102 *Meleń* S. 106 f.; *Nippold* S. 52 Anm. 37.

103 *Nelson* S. 17.

104 *Guggenheim,* Traité I S. 47; Festschrift Scelle S. 277, 280; RC 1952 I S. 71; *Kopelmanas,* BYIL 1937 S. 148; *Touscoz* S. 40 f.; *Wolfke,* Custom S. 54; dies räumen, wenn auch eingeschränkt, selbst *Duisberg,* 12 JIR S. 148, und *Soerensen,* RC 1960 III S. 49, 51, ein.

105 *Bentz* S. 50; *Geiger* S. 185, 383; *Roxburgh* S. 79 f.; *Wolfke,* ZNUW 1960 S. 163.

106 *Castberg* S. 321: „On ne peut nier que soient dépassées l'expérience et la limite de la connaissance fondée sur elle, lorsqu'on opère sur des états de consciences et des événements psychiques chez d'autres personnes. Toute recherche psychique qui n'est pas fondée sur le ‚behaviourisme' pur et simple est, en effet, d'ordre métaphysique ou plutôt elle contient des éléments métaphysiques." Nach *Amado,* YILC 1963 I S. 43 Nr. 56, „... the state of international law was such that there could ... be no inquiry into the parties' intentions. The parties' intentions, which were a key factor in private law, could not carry equal weight in international law." *Rosenne,* YILC 1966 I S. 19 Nr. 10, spricht ebenfalls von der „impossibility of examining the psychological factors motivating the conduct of a State"; vgl. auch *Zippelius* S. 147.

107 Verantwortung S. 107 f.

108 Zur Unterschiedlichkeit der individuellen Rechtsgefühle auch *Kelsen,* Rechtslehre S. 427 f.

109 *Bentz* S. 49 f.; *Geiger* S. 383 ff.; *Nippold* S. 52; *Wolfke,* Custom S. 54.

110 *Bobbio* S. 57.

111 *Wolfke,* Custom S. 57; anders *Malintoppi* S. 282, 295.

die Summe einzelner Überzeugungen, könne es nicht geben[112], schon weil „ein Subjekt derselben . . ., also eine Gesammtperson," fehle[113].

Für die Zweifler[114] und Gegner der Lehre von der opinio iuris als constituens von Völkergewohnheitsrechtsnormen mögen daher die polemischen Formulierungen *Geigers* gelten, die Rechtswissenschaft nehme hier zu einer „Paraphrase des Nicht-Wissens" von den Ursachen des Rechtes[115] Zuflucht, obwohl für sie doch „wahrlich kein Anlaß (bestehe), sich durch eine veraltete Bewußtseins-Psychologie verquacksalbern zu lassen"[116].

H. Die Lehre vom „droit objectif"

Auch eine andere Theorie zieht die Rechtsüberzeugung dazu heran, die Entstehung von Normen des Völkergewohnheitsrechts zu schildern, stellt sie jedoch hinein in ein Rechtsverständnis, das einerseits von soziologisch-biologischen Erwägungen ausgeht und andererseits naturrechtlich das Völkerrecht und insbesondere das Gewohnheitsrecht auf Ideen der Gerechtigkeit und der Moral, der „solidarité sociale" und der Notwendigkeit „sozialer Regeln" ruhen läßt[1].

Die Entstehung und Bedeutung von Normen des Völkergewohnheitsrechts läßt sich hier nur deutlich machen, wenn die Begriffe des Rechts und der Rechtsquelle, wie sie sich nach dieser Auffassung darstellen, geklärt sind.

Unter dem positiven Recht wird das Erzeugnis einer Umformung „objektiven Rechts", der Kausalgesetze für die Existenz einer Gesellschaft, ins Normative verstanden[2]. Wegen dieser Übereinstimmung mit

---

112 *Zitelmann* S. 371, 418 f., 421.

113 *Zitelmann* S. 423.

114 So z. B. *Sontag* S. 59.

115 S. 110.

116 S. 385; *Quadri* bescheinigt dieser Lehre nicht weniger deutlich „le manque complet de logique soit critique, soit constructive" (RC 1964 III S. 324); *Rehfeldt* S. 140 spricht von der „noch immer mitgeschleppten gemeinrechtlichen Krücke der opinio necessitatis", obwohl dieses Gefühl doch schon gegenüber dem gesetzten Recht unterschiedlich sei. Für *Lissitzyn*, International Law S. 34, „the artificiality of this construction and the difficulties it may cause — particularly in an era of rapid change — are patent". Einzelne Einwände s. auch dort S. 34 f.

1 *Duguit*, Traité S. 190; *Glaser*, Infraction S. 46, und RGDIP 1953 S. 404; *Gouet* S. 48; *Haemmerlé* S. 183; *Le Fur*, Recueil Gény III S. 363, und RC 1935 IV S. 198; im wesentlichen zustimmend *Cavaré* S. 203; *Menzel*, Völkerrecht S. 96; zur „solidarité sociale" vgl. *Duguit*, Traité S. 85 ff.; *de Visscher*, RC 1925 I S. 339 ff.; zu der gesamten Lehre, die hier notwendig sehr verkürzt behandelt wird: *Duguit*, Traité S. 116 ff.; *Duisberg*, Völkergewohnheitsrecht S. 27 ff.; *Le Fur*, RC 1935 IV S. 72 ff., 95 ff.; *Scelle*, Précis I S. 1 ff.; *Truyol*, RGDIP 1951 S. 33 ff.; *Zortea* S. 51 ff.

2 *Scelle*, Précis II S. 298: „Le caractère obligatoire du droit positif vient

dem objektiven sei das positive Recht verbindlich[3], während andere zu diesem Zweck die Übereinstimmung des Rechts mit der Gerechtigkeit für notwendig erklären[4]. „Objektiv" sei dieses Recht, „parce qu'il ne peut être entaché d'aucune subjectivité, n'étant encore ni capté, ni traduit, ni voulu par une intelligence humaine"[5]. Naturrecht ist damit nicht gemeint[6], sondern „l'ensemble des lois *causales* qui déterminent l'apparition, la permanence et le développement du fait social"[7]. Auch das Gewohnheitsrecht verwirkliche diese objektive Vorgegebenheit[8], nicht ohne sie freilich subjektiv zu verformen und zu entstellen[9]. Demnach wende jede Völkergewohnheitsrechtsnorm das objektive Recht nur an, das zur Positivierung der Nachvollziehung durch Menschen bedürfe[10] in dem Gefühl, einer sozialen Notwendigkeit zu entsprechen[11], sich dem „droit objectif" anzupassen[12].

Der Begriff der Rechtsquelle hat dementsprechend nur formellen Sinn als Entäußerung, als Formalisierung eines schon vorhandenen Rechts[13], so daß nicht die Form, sondern die vorausgesetzte Übereinstimmung positives Recht schafft.

---

de la descendance directe qui s'établit entre la loi causale et la loi normative." Vgl. ders., Recueil Gény III S. 401, und RC 1933 IV S. 349.

[3] Vgl. *Scelle*, a. a. O.; dabei geht er (Précis II S. 298; RC 1933 IV S. 349 f., 428) von einer „hypothèse du bien légiféré" aus, um die Beständigkeit des Rechts jedenfalls bis zum Beweis der Nicht-Übereinstimmung zu sichern; vgl. ähnlich schon *de Louter* S. 51 f.

[4] *Alvarez*, Codification S. 143 (zu *Alvarez* s. *Le Fur*, RC 1935 IV S. 124 ff.); *Gouet* S. 49, 67.

[5] *Scelle*, Recueil Gény III S. 401; s. ders., RC 1933 IV S. 349.

[6] *Scelle*, RC 1933 IV S. 348 f.; zum dennoch vorhandenen naturrechtlichen Element in dieser Lehre vgl. *Scheuner*, ZaöRV 1950/51 S. 588.

[7] *Scelle*, RC 1933 IV S. 348; ders., Recueil Gény III S. 424.

[8] *Scelle*, RC 1933 IV S. 428; weiter: *Duguit*, Traité S. 154; *François*, RC 1938 IV S. 173; *Hoog* S. 74 ff.; *Lauterpacht*, RC 1937 IV S. 157 ff. (auch unter Berufung auf Art. 38 Abs. 1 Ziff. 2 des StIGH); *Le Fur*, RC 1927 III S. 402; *de Visscher*, RC 1925 I S. 340, 345; wohl auch *Lorimer* S. 19 ff.; *Raestad*, Philosophie S. 24 f.

Mit Recht weist *Kelsen*, 1 ÖZöR S. 51 f., darauf hin, daß auch *Drost* mit seiner Lehre von der positiven Rechtsnorm als bloßem Indiz schon latent vorhandener Normen (Grundlagen S. 41, 43, 50—52, 136) auf dem Boden einer solchen objektiven Theorie steht, obwohl er scharf gegen ein „soziologisch-utilitaristisch fundiertes Naturrecht" zu Felde zieht (a. a. O., S. 30; s. auch S. 83).

[9] *Scelle*, Recueil Gény III S. 401.

[10] *Scelle*, RC 1933 IV S. 432.

[11] *Scelle*, Précis II S. 309 f., und RC 1933 IV S. 434 (dies als Mittel zur Unterscheidung von Gewohnheitsrecht und Übung); *de Visscher*, RC 1925 I S. 352.

Bei *Kopelmanas*, BYIL 1937 S. 148, führt dieser Gedanke zur Leugnung jedes subjektiven Elements: „Whenever the facts themselves impose a certain conduct on subjects of law we have a customary rule;" und: „Sometimes it is merely the satisfactory and reasonable character of the custom which allows a decision whether a particular rule has or has not the character of a legal rule" (S. 151).

[12] *Scelle*, Recueil Gény III S. 405; abweichend in Précis II S. 304.

[13] *Scelle*, Précis I S. 6, II S. 299; *de Visscher*, RC 1925 I S. 345 f., 349.

Der Gedanke vom positiven Recht als bloßer Wiederholung vorgegebener Rechtsnormen findet sich auch bei denen, die für das Gewohnheitsrecht eine Übereinstimmung der opinio mit überpositiven Normen der Ethik postulieren[14]. Begreift man das hiermit angesprochene Ideal der Gerechtigkeit „non comme un sentiment subjectif, mais comme une notion objective ou idéale dont la valeur reste indépendante des représentations assurément variables et plus ou moins imparfaites“[15], dann entstehen die Normen des Völkergewohnheitsrechts durch die ständige Umbildung von Gerechtigkeitsregeln in positive Rechtsnormen im Glauben an ihre Notwendigkeit für die Verwirklichung der Gerechtigkeit[16] und für das gemeine Wohl[17]. Allein diese Bewußtseinslage verwandelt bloße Übung in Recht[18].

Aber auch, wenn nach wieder anderer Ansicht die Übereinstimmung von Norm und Rechtsidee nur subjektiv bestehen muß[19] und allein in ihr der Geltungsgrund des Völkergewohnheitsrechts liegt[20], ist es doch auch hier die opinio necessitatis als Überzeugung von der Rechtlichkeit und Billigkeit eines Handelns, die durch die damit implizierte Anerkennung einer präexistenten Norm zur Entstehung von Völkergewohnheitsrecht führt[21].

---

[14] *Gouet* S. 38, 49, 67; *Haemmerlé* S. 165 f., 183; *de Visscher*, RDILC 1933 S. 402 f.

[15] *de Visscher*, a. a. O., und Recueil Gény III S. 392 f.

[16] *Bentz* S. 85; *Glaser*, Infraction S. 46; *Le Fur*, Recueil Gény III S. 363 f.; *de Visscher*, a. a. O.

[17] *Glaser*, a. a. O.

[18] *Glaser*, RGDIP 1953 S. 404; *de Visscher*, Recueil Gény III S. 393, und RDILC 1933 S. 403.

Hier mag auch auf diejenigen hingewiesen werden, für die die Vernünftigkeit des Rechts nicht nur der historische Entstehungsgrund (so D. O. *Wellington Koo*, ICJ Reports 1960 S. 67; *Ballereau* S. 123; *Eagleton* S. 29), sondern mehr noch Maßstab der Rechtsqualität einer Regel ist (*Cobbett* S. 9; *Jenks*, Prospects S. 264; *Kaplan-Katzenbach* S. 256; *McDougal*, AJIL 1955 S. 359 — mit Literatur —, 361; *Sperduti*, Fonte S. 173 ff.; vgl. auch *Castberg* S. 358 ff. — zustimmend *Soerensen*, Sources S. 121 —; *Nys* S. 146 f.; ablehnend: *Cavaglieri*, Consuetudine S. 111 f.; *Gihl*, Legislation S. 17 Anm. 1; *Holtzendorff* S. 94; *MacGibbon*, BYIL 1957 S. 133 ff.; *Nippold* S. 13 ff.; *Pradier-Fodéré* S. 79; *Rudolf* S. 83; *Waldock*, BYIL 1951 S. 150).

[19] Vgl. *Le Fur*, RC 1935 IV S. 172 ff., 175: „Les règles auxquelles il (sc.: l'homme) se soumet lui sont données par ... les sens spirituels de l'homme;“ damit stimmt die Berufung auf die „goldene Regel“ zusammen als „la règle première de la justice“ (S. 178); s. auch ders., RC 1927 III S. 385 ff.

[20] *Haemmerlé* S. 183: „C'est en cette croyance juridique, croyance en l'ordre social que la coutume internationale puise ... sa véritable force.“ Siehe auch S. 189 f. und *Gouet* S. 40: „Le fondement du Droit est ... la norme existant dans la conscience sociale du groupe ...“; vgl. auch S. 55, 58.

[21] *Duguit*, Traité S. 153 f.: Was die Rechtseigenschaft einer Norm begründet, „c'est la conscience existant dans la masse des individus composant le groupe, qu'il est nécessaire pour le maintien de la solidarité sociale et qu'il est juste qu'une sanction de contrainte intervienne.“ Vgl. S. 93 ff., 186 f., 191 (zustimmend *de Visscher*, RC 1925 I S. 339 ff., wenngleich mit Abweichungen,

Einen ersten Gegenstand der Kritik bildet die Annahme objektiver, über den positiven Rechtsnormen stehender, aber gleichwohl verbindlicher Werte, deren konkretisierende Rezeption positive Normen erst zu Rechtssätzen macht. Die Diskussionen über Naturrecht und Rechtspositivismus können hier jedoch nicht wieder aufgenommen, sondern nur die gegen die geschilderte Auffassung gerichteten Argumente referiert werden.

Für *Kelsen* etwa, dessen Rechtspurismus einer gänzlich anderen Grundeinstellung entspringt, ist die Existenz eines „droit objectif" im weitesten Sinne nicht wissenschaftlich nachprüfbar und schon deshalb abzulehnen[22] — „wissenschaftliche Erkenntnis (kann) nicht irgendeinen jenseits aller möglichen Erfahrung behaupteten Vorgang zum Gegenstand haben"[23], was in gleicher Weise auch für die Annahme eines kollektiven Bewußtseins gilt[24]. Damit verbindet sich der Vorwurf, hier werde aus dem „Sein der organischen Zusammengehörigkeit ... das Sollen des Rechts abgeleitet"[25] — unnötigerweise überdies, denn das Völkerrecht brauche weder gerecht noch human zu sein[26] und bedürfe einer ethischen Rechtfertigung nicht, da es ein Verhältnis der Über- und Unterordnung nicht kenne[27]. Gerügt wird die mangelnde Präzision der Begriffe, deren sich die Theorie zur Konkretisierung ihrer überpositiven Rechtsvorstellungen bediene[28], und die auch praktisch unbrauchbar seien, daher als Maßstab bei Änderungen des Gewohnheitsrechts nicht herangezogen werden könnten[29]. Wie internationale Gerichte nicht nach Kriterien des aequum et bonum entscheiden dürften, könne das Verhalten der Staaten auch sonst nicht danach beurteilt werden[30].

Bei der Annahme eines objektiven Rechts sei weiter nicht klar, warum denn die Schaffung positiver Rechtsnormen noch notwendig sei[31]; unerläutert bleibe auch, warum nicht der Staat, der sich einer von anderen Staaten als dem objektiven Recht entsprechend geübten Praxis widersetze, als Rechtsbrecher behandelt werde[32]. Wolle man also nicht die

s. S. 346 f.); *Gianni* S. 133, 157; *Gouet* S. 43; *Haemmerlé* S. 189 f.; *Le Fur*, RC 1935 IV S. 198.

[22] Principles S. 442; RITD 1939 S. 261 Anm. 1; RC 1953 III S. 125.

[23] *Kelsen*, Rechtslehre S. 227, auch S. 18, 233 f.; s. ferner *Zippelius* S. 93 ff.; *Zitelmann* S. 421.

[24] *Rousseau*, Principes S. 832 f.

[25] *Constantopoulos* S. XII, 30, 43; *Gouet* S. 48.

[26] *Christol* S. 162.

[27] *Raestad*, Philosophie S. 63.

[28] *Ago*, RC 1956 II S. 907; *Gihl*, Legislation S. 17; *Guggenheim*, Festschrift Scelle S. 279 f.; *MacGibbon*, BYIL 1957 S. 135; *Touscoz* S. 48; ähnlich *Sontag* S. 58 f., und im Ergebnis auch *Hoffmann*, Verantwortung S. 106 ff.

[29] *Touscoz* S. 48.

[30] *MacGibbon*, BYIL 1957 S. 135.

[31] *Suy* S. 228; vgl. auch *Quadri*, RC 1964 III S. 331.

[32] *Suy* S. 233; deutlich wird diese Lücke etwa bei *François*, RC 1938 IV S. 175.

Eigenständigkeit der Rechtsnormen als Kategorie beseitigen[33], müsse man auch dem Gewohnheitsrecht rechtsschöpferische Funktion zubilligen[34], womit dem äußeren Vorgang der Rechtsetzung entscheidende Bedeutung zukomme[35].

I. Völkergewohnheitsrecht als „spontanes Recht“

In bewußtem Gegensatz zu dem bisher Dargestellten hat sich in neuester Zeit eine Lehre vom Völkergewohnheitsrecht als „spontanem Recht“ entwickelt[1]. Vertraut an ihr ist nur der Name; denn daß Völkergewohnheitsrecht „spontanes“ Recht sei, wurde schon früher und wird noch immer betont[2], doch soll damit herkömmlich über seine Bedingungen nichts ausgesagt, sondern seine unreflektierte Entstehung[3] als „un processo... in certo senso misterioso del diritto“[4] gekennzeichnet werden.

Ausgangspunkt nun dieser neuen Lehre[5], die mit den zitierten Tendenzen nicht mehr als die Bezeichnung gemein hat, ist ein radikaler Bruch mit jener Auffassung — einem „irrigen Vorurteil“[6] —, die von

---

[33] *Ago*, RC 1956 II S. 907.

[34] *Bobbio* S. 36 ff., 47; *Bock* S. 310; *Kelsen*, RITD 1939 S. 259, 261 Anm. 1; *Suy* S. 224, 233.

[35] *Härle*, Entscheidungsgrundlagen S. 54 Anm. 5; *Raestad*, Philosophie S. 27; ablehnend auch *Guggenheim*, Traité I S. 46; *Kunz*, AJIL 1953 S. 664; *Mateesco* S. 250. Selbst *Kopelmanas*, der grundsätzlich für die Lehre vom „droit objectif“ eintritt, hat doch aus dem Gesichtspunkt der Kompetenz zur Setzung positivierender Akte Bedenken gegen diese Meinung, s. RGDIP 1936 S. 300.

[1] Sie ist weithin zu unbekannt, als daß hier einige kurze Angaben hinreichen könnten; kennzeichnend hierfür ist die Äußerung *Steinickes* S. 259, es handele sich hier um eine Theorie, „die allen rechtstheoretischen Schwierigkeiten aus dem Wege geht“ und „vor allem von *Jaenicke* vertreten“ werde.

Kurze Behandlung findet sie bei *Kunz*, AJIL 1958 S. 85 ff.; *Monaco* S. 26 ff.; *Morelli*, RC 1956 I S. 451 f.; *Sereni*, Festschrift Perassi S. 283 ff.; vgl. auch *Quadri*, Diritto S. 26 ff., 79 f.; Festschrift Schätzel S. 404 ff. und Anm. 7; RC 1964 III S. 273 Anm. 40.

[2] *Anzilotti*, Lehrbuch S. 53; *Basdevant* S. 518; *Bobbio* S. 6; *Dahm* I S. 32; *Despagnet* S. 64; *Lorimer* S. 27; *Ottolenghi* S. 37, 40; *Reuter*, Droit S. 49; *Scelle*, Précis I S. 6, II S. 307; Manuel S. 574 f.; RC 1933 IV S. 433; *Sperduti*, Fonte S. 205, und Riv. 1956 S. 22 Anm. 22 (S. 24); etwas anders *Holtzendorff* S. 92. Von dem phänomenologischen Begriff des „spontanen Aktes“ bei *Reinach* (S. 37 ff.) ist der hier angesprochene wohl zu unterscheiden!

[3] s. *Cavaglieri*, Consuetudine S. 73; *Gouet* S. 60; *Reuter*, Institutions S. 86; *Scelle*, RC 1933 IV S. 433.

[4] *Sperduti*, Fonte S. 201.

[5] Elemente finden sich bereits bei *Bobbio* S. 28 ff., für den das Gewohnheitsrecht als „fatto normativo“ seine Rechtlichkeit nur aus anderen Fakten, nicht aus Normen begründen kann; manche der im folgenden zitierten Gesichtspunkte (Identität von Rechtssatz und Rechtsquelle, Unzulänglichkeit normativer Ableitung, Spontaneität des Gewohnheitsrechts, Maßgeblichkeit der „Rechtserfahrung“) werden schon von ihm gebraucht.

[6] *Ago*, RC 1956 II S. 884 f.

Rechtsnormen nur spricht, wenn sich deren Rechtsqualität aus anderen Normen herleitet[7]. Wolle die Rechtswissenschaft ihres Anspruches würdig sein, dürfe sie sich nicht auf die Erkenntnis solcher abgeleiteter Normen beschränken[8]; gerade dieser falsche Rechtsbegriff habe zur Fehlentwicklung der Lehre vom Völkergewohnheitsrecht geführt[9]. Im Gegenteil könne man das Recht nur zusammen mit dem „milieu social" erfassen, in dem es entstanden sei[10], der Rechtsbegriff habe sich an den empirisch verifizierbaren Kriterien der Struktur und Wirkung einer Regel im Zusammenhang mit anderen Normen zu orientieren[11]. Recht sei ein empirisch erkennbarer[12] Funktionszusammenhang[13], Aufgabe der Rechtswissenschaft sei, unter Ablehnung jedes „Vorurteils mit spekulativer Tendenz"[14] „ein Phänomen zu studieren, das durch seine Zugehörigkeit zur sozialen Sphäre nicht weniger als die physischen Erscheinungen ein Phänomen der empirischen Welt" sei[15]. Als soziales Phänomen wirke sich das Recht in der Gesellschaft aus und müsse unter dem Gesichtspunkt ihrer Bedürfnisse betrachtet und verstanden werden[16]; die Rechtsnorm sei „un jugement qui affirme la présence ... de certaines prétentions et de certains devoirs réciproques"[17], sei nur eines von vielen in einer Gesellschaft wirksamen „jugements sociaux"[18]. Die Bestimmung ihrer Rechtsqualität[19] obliege der Rechtswissenschaft, indem sie nach der

[7] *Ago*, a. a. O., S. 897 f.; 6 AVR S. 300; Scienza S. 30 f., 77.

[8] *Ago*, RC 1956 II S. 898, 919 f.: „La tâche de la science juridique consiste à vérifier et à démontrer qu'une norme d'un contenu donné existe et fonctionne au sein d'un certain système objectivement vivant; elle ne ... consiste pas à faire comme sienne l'affirmation d'un ‚devoir être' que la norme peut contenir."

[9] *Ago*, Scienza S. 90 f., und RC 1956 II S. 939.

[10] *Ago*, RC 1956 II S. 908; doch soll mit der Existenz bloßer Regeln in einer Gesellschaft noch nicht deren Rechtssatzqualität gegeben sein, die auch nicht aus der Entstehung als Produkt der Gesellschaft folge (*Ago*, RC 1956 II S. 902 f.; vgl. auch Scienza S. 62). Entsprechend lehnt *Ago* die „Identifizierung von Recht und Gesellschaft" ab (Scienza S. 55).

[11] *Ago*, Scienza S. 59; RC 1956 II S. 921, 923, 925; 6 AVR S. 290, 303 f.; vgl. auch *Bentivoglio* S. 83 f.

[12] *Ago*, Scienza S. 10, 51 f.; RC 1956 II S. 912; *Sperduti*, Riv. 1956 S. 27.

[13] *Ago*, RC 1956 II S. 919 f.

[14] *Ago*, Scienza S. 64.

[15] *Ago*, a. a. O., und RC 1956 II S. 919.

[16] *Ago*, RC 1956 II S. 921 f.

[17] *Ago*, a. a. O., S. 923; diese Definition wird ergänzt: „... la règle ... se présente toujours ... comme un jugement qui envisage une certaine situation de fait et qui, par rapport avec cette dernière, s'exprime par une affirmation ou par une négation;" ebenda S. 924; vgl. auch ders., Scienza S. 69, und schon früher, RC 1939 II S. 427; s. auch *Bentz* S. 51. — Anders *Quadri*, Festschrift Schätzel S. 405.

[18] *Ago*, RC 1956 II S. 925.

[19] Sie ist für *Ago* eine „catégorie créée par la pensée humaine qui réfléchit sur les phénomènes sociaux: cette pensée range dans une telle catégorie des règles déterminées, dont elle constate la présence dans la vie sociale, à cause du fait qu'elles et elles seules se révèlent posséder, dans leur ensemble, certains aspects objectifs" (RC 1956 II S. 922; ähnlich 6 AVR S. 301, 303; anders früher, Scienza S. 59 f.); s. auch *Bentivoglio* S. 84 f.

Eigenschaft der Regel frage „di esercitare una concreta influenza sulla posizione rispettiva dei membri del corpo sociale, in quanto, in presenza di certe condizione di fatto, essi operano, direttamento o indirettamente, nel senso di attribuire (o togliere) a dati enti il possesso di determinate situazioni soggettive"[20].

Es muß dieser Auffassung zufolge Normen geben, die nur wegen ihres Inhalts und ihrer spezifischen Wirksamkeit Rechtssätze sind — ein insoweit keineswegs neues Ergebnis[21], das auch bei manchen Definitionen der Positivität des Rechts wiederkehrt[22]. Neu ist aber die Konsequenz, mit der aus dieser Prämisse die Existenz spontaner Urteile — und das sind nach *Ago*: Rechtsnormen — entwickelt wird. Diese spontanen Normen sollen sich allein in der Tatsache ihrer Existenz zeigen[23] und nicht aus Rechtsquellen abgeleitet sein[24] — die Frage danach oder gar nach den Grundlagen der gesamten Rechtsordnung sei vom rechtlichen Standpunkt aus absurd, da die Spontaneität der Normen ihre Begründung aus Rechtsquellen gerade verbiete[25]. Sie entstünden unbewußt und unbeabsichtigt durch ein Handeln, das nur auf die Erreichung sozialer Ziele[26] und nicht auf die Schaffung einer Norm gerichtet sei[27], auch wenn sie ihre Grundlage in den Vorstellungen der Rechtssubjekte fänden[28], im vom Willen unabhängigen Bewußtsein der Mitglieder einer Gesellschaft[29]. Rechtsnorm und Rechtsquelle „s'identifient dans une réalité

---

[20] *Ago*, Scienza S. 69 (s. dort auch — S. 69 ff. — weitere Kriterien der Rechtsqualität), RC 1956 II S. 926 f.

[21] s. etwa *Zitelmann* S. 445: „Ein Rechtssatz entsteht dadurch, daß er längere Zeit da, wo er Anwendung zu finden hatte, auch thatsächlich als Rechtssatz angewendet, geübt worden ist." Siehe auch S. 464, ferner *Anzilotti*, Teoria S. 26; *Gihl*, Legislation S. 18; *Somló* S. 93 ff.

[22] Vgl. M. *Huber* S. 10; *Meriggi* S. 500; weiter auch *Ago*, 6 AVR S. 280 f.; H. *Huber* S. 59 f.

Dagegen stellt es *Ago* selbst an anderer Stelle (RC 1956 II S. 897, 950) für das „positive" Recht auf den Setzungsakt ab; anders wieder ders., 6 AVR S. 305.

[23] *Ago*, RC 1956 II S. 929 f.; *Tommasi di Vignano*, RHDI 1963 S. 38; *Ziccardi*, 10 CS S. 236.

[24] *Ago*, a. a. O., S. 929 f., 940, 942, 948; *Ziccardi*, 10 CS S. 257.

In diesem Zusammenhang betont *Ago*, daß selbst die reine Rechtslehre zu solchen Normen kommen müsse: Auch die Grundnorm könne keine gesetzte, abgeleitete Norm sein. Da sie aber dieselbe Qualität haben müsse wie die aus ihr sich herleitenden Normen und selbst nur spontan entstanden sein könne, so müsse es auch in dieser Konstruktion spontane Normen geben (Scienza S. 40 f.; RC 1956 II S. 893; 6 AVR S. 270 f.).

[25] *Ago*, Scienza S. 79, 99, und RC 1956 II S. 929 f. Etwas anders *Bentivoglio* S. 91 ff., S. 92: „‚Provare' che una norma, priva di fonte, è venuto in essere, significa, in effetti, ‚spiegare' le ragioni storiche della sua esistenza." Wieder anders setzt *Sperduti*, Riv. 1956 S. 15 Anm., „Spontaneität" und „Bildung ohne geistig-schöpferische Tätigkeit" gleich; s. auch dort S. 16.

[26] *Vanni* S. 57 f.

[27] *Balladore Pallieri*, Riv. 1928 S. 345; *Bentz* S. 84.

[28] *Tommasi di Vignano*, RHDI 1963 S. 24; s. auch *Bentz* S. 51.

[29] *Ago*, Scienza S. 80 ff., 83 Anm. 1, 94 Anm. 1, und RC 1956 II S. 932, 934 und öfter; *Bentivoglio* S. 83. Dieser Hinweis bringt *Ago* und seine Lehre für

seule et inscindible, la *conscience sociale*“[30], die die Existenz der Normen aufzeige[31]. Die Spontaneität gehöre nicht zur Definition der Norm, denn gerade damit würde ihre Entstehung beschrieben, formalisiert, würde der Spontaneität beraubt[32], sondern sie weise nur im negativen Sinne darauf hin, daß die Entstehung der Norm aus ihrem Begriff herausgenommen werde „sì che quel diritto si definisce senza avere riguardo ad essi (sc.: „i fattori concreti di formazione della regola“), come se fosse spontaneo“[33]. Erkannt wird die Rechtsnorm durch einen Induktionsschluß von äußeren Verhaltensweisen auf den Inhalt des „sozialen Bewußtseins“[34].

Solche spontanen Normen sollen notwendig in jeder Rechtsordnung gelten[35] mit Vorrang vor den bewußt gesetzten Normen[36], die ihre Geltung alle auf eine spontane Norm zurückführen[37]. Damit werde eine solche Norm auch zum Geltungsgrund der gesamten Rechtsordnung, indem sie diejenigen Faktoren bestimme, die als formelle Rechtsquellen Recht schüfen[38], ohne aber ihrerseits wegen der Vielzahl spontaner, unabgeleiteter Normen Grundnorm sein zu können[39].

Kunz, AJIL 1953 S. 664 f., in die Nähe der Theorie vom „droit objectif“. Einen gewissen Anhaltspunkt dafür gibt *Scelle,* RC 1933 IV S. 349: „Nous avons qualifié ces ordres juridiques spontanés et nécessaires de droit objectif, parce qu'ils sont soustraits en effet à tout espèce de détermination subjective ... Ils sont, seulement.“

30 *Tommasi di Vignano,* RHDI 1963 S. 24., auch S. 37 Anm. 5; vgl. *Ago,* RC 1956 II S. 943.

31 *Tommasi di Vignano,* a. a. O., S. 24 Anm. 10; *Ziccardi,* 10 CS S. 234 Anm. 29, 237 f. und Anm. 3, 253; anders *Ago,* RC 1956 II S. 913, 922, und Scienza S. 63: „... col riferirsi semplicemente a certe rappresentazioni od a certe sensazioni psicologiche dei membri del corpo sociale non si indica un criterio obbiettivo che possa scientificamente valere a distinguere il diritto dal non diritto.“ Dies verkennt *Kunz,* AJIL 1953 S. 665.

32 Deshalb auch die scharfe Ablehnung jedes Versuches, das spontane Recht in ein solches mit nachweisbarem Entstehungsvorgang zu verwandeln (*Ago,* RC 1956 II S. 935). Vor allem aber dürfe die Entstehung spontaner Normen nicht als rechtlicher Vorgang aufgefaßt werden (*Ago,* Scienza S. 79; RC 1956 II S. 929; 6 AVR S. 288 f.).

33 *Ziccardi,* 10 CS S. 228; s. auch *Bentivoglio* S. 86. Anders *Sperduti,* Riv. 1956 S. 23 Anm., der als spontan die Bildung der Normen im Bewußtsein der Mitglieder des „corpo sociale“ bezeichnet und die Fiktion einer grundlosen Entstehung ablehnt, da nichts aus nichts hervorgehen könne; vgl. ferner *Quadri,* RC 1964 III S. 274 Anm.

34 *Ago,* Scienza S. 80 ff., und RC 1956 II S. 932, 934, 942; *Bentz* S. 85.

Maßgeblich ist nicht der Bewußtseinsinhalt jedes einzelnen Gesellschaftsmitgliedes, sondern die Tatsache „que le corps social pris dans son ensemble a conscience du fait qu'elle (sc.: la règle) existe“ (*Ago,* RC 1956 II S. 934).

35 *Ago,* a. a. O., S. 943.

36 *Ago,* a a. O., S. 945, und Scienza S. 96 f.; *Quadri,* Diritto S. 81 ff.

37 *Ago,* RC 1956 II S. 932; zur Feststellung „positiver“ Regeln s. *Ago,* ebenda S. 929 ff., und Scienza S. 80 f.; ihr Unterschied gegenüber „spontanen“ Normen besteht aber im eigentlichen nicht im Vorgang ihrer Entstehung, sondern in der Art ihrer Erkennbarkeit (*Ago,* Scienza S. 81; RC 1956 II S. 923, 930 f., 943; *Bentivoglio* S. 93 f.).

38 *Ago,* Scienza S. 94, und RC 1956 II S. 953.

39 *Ago,* Scienza S. 98.

Alles Gewohnheitsrecht sei spontan[40], sei „un fait essentiellement sociologique“[41] ohne formelle Rechtsquelle[42]. Auch das Völkergewohnheitsrecht und im Gegensatz zum Vertragsrecht das gesamte allgemeine Völkerrecht sei spontanes Recht[43], das den gesetzten Normen im Rang vorangehe[44] und sich schon deshalb nicht aus ihnen herleiten könne, weil es sonst nicht spontan wäre[45]. Diese Feststellung baue auf der durch Erfahrung gewonnenen Erkenntnis auf, daß in der internationalen Gemeinschaft Regeln mit Rechtsnormqualität gälten und ein organisches, einheitliches System bildeten[46].

Das außeritalienische Schrifttum hat sich dieser Lehre bislang kaum angenommen[47], und kritische Stellungnahmen sind gering.

Die Merkmale, nach denen *Ago* die Rechtsnormen bestimmt, werden als ungeeignet betrachtet, Rechtssätze und andere soziale Verhaltensregeln voneinander zu unterscheiden[48]; desgleichen könnten die „particolari garanzie“, die den Rechtsbegriff definieren sollen[49], ihre Aufgabe in dieser Form nicht erfüllen[50]. Auch das Kriterium der Spontaneität selbst[51] und des spontanen Rechts könne nicht zur genaueren Bestimmung der Rechtsnorm verhelfen[52]. Die gesamte Theorie bleibe schließlich bei dem Ergebnis stehen, das Recht durch sich selbst zu definieren: „Per essa, in ultima analisi, il diritto é ciò che é[53].“

---

40 *Ago*, RC 1956 II S. 935 f.; spontanes und Gewohnheitsrecht sind nach *Ziccardi*, 10 CS S. 240, jedoch nicht identisch. Anders *Ago*, Scienza S. 92 Anm. 2 (S. 93): „Consuetudine e diritto spontaneo sono pertanto termini che non possono essere usati che come sinonimi.“

41 *de Visscher*, Problèmes S. 220; vgl. *Virally*, Pensée S. 162.

42 *Ago*, RC 1956 II S. 939, und 6 AVR S. 295 f.; *Jaenicke* S. 770; *Tommasi di Vignano*, RHDI 1963 S. 37 Anm. 55, S. 38; *Virally*, a. a. O.; *de Visscher*, a. a. O.; *Ziccardi*, 10 CS S. 205; ähnlich *Redslob*, RDILC 1933 S. 495.

43 *Ago*, Scienza S. 107 f.; RC 1956 II S. 944; 6 AVR S. 304.

44 *Ago*, RC 1956 II S. 946 f.

45 *Ago*, a. a. O., s. auch o. S. 55 und Anm. 25.

46 *Ago*, a. a. O., S. 951; vgl. auch Scienza S. 75 f., 100 ff.

47 Die einzige dem Verf. bekanntgewordene ausländische Kritik gibt *Kunz*, AJIL 1958 S. 85 ff., der sich vor allem mit *Agos* Auffassung von der Positivität des Rechts (besonders in 6 AVR S. 257 ff., 300 ff.) auseinandersetzt, aber — nach *Quadri*, Festschrift Schätzel S. 406 Anm. 12 — „par ailleurs ne paraît guère être au courant des précédents italiens de cette théorie“.

48 *Sereni*, Festschrift Perassi S. 284.

49 *Ago*, Scienza S. 70.

50 *Sereni*, Festschrift Perassi S. 285.

51 *Kunz*, AJIL 1958 S. 90 f.

52 *Sereni*, Festschrift Perassi S. 287.

53 *Sereni*, a. a. O., S. 288.
Einen ähnlichen Vorwurf erhebt *Ago* selbst (RC 1956 II S. 939 f.) gegen diejenigen, die die „Quelle“ des Gewohnheitsrechts in der Tatsache seiner Existenz sähen: „... une conclusion semblable revient à affirmer que le fait provoquant la naissance d'une norme ne serait rien autre que sa naissance“ (S. 940).

Jedes Rechtssystem erfordere Normen zur Bestimmung dessen, was innerhalb des Systems Recht sein solle[54], jede Rechtsnorm, auch die „spontane“, entstehe in einem Normerzeugungsverfahren[55], mit anderen Konstruktionen sei auch die *Agos* pseudo-naturrechtlich[56]. Die Annahme spontaner Normen — die dann immer nur generell und abstrakt sein könnten[57] — mache eine vom Recht geregelte Beziehung von Normen unmöglich, weil diese, soll es solche Beziehungen geben, in einem rechtlichen Verfahren entstanden sein müßten. Anders werde mit seiner Einheit auch das Rechtssystem selbst aufgelöst[58]. Schließlich gebe es aber eine spontane Entstehung von Völkergewohnheitsrecht gar nicht, jede Rechtsnorm habe einen Ursprung, der überdies „bis zu einem gewissen Punkte gewollt und kalkuliert“ sei[59].

Zweiter Abschnitt

Staatliche Definitionen des Völkergewohnheitsrechts

Äußerungen über Begriff und Entstehungsbedingungen des Völkergewohnheitsrechts sind nicht nur der Wissenschaft zu verdanken. Auch die Staaten selbst haben gelegentlich die Art der Normen bestimmt, nach denen sie ihre Streitigkeiten entschieden sehen wollten.

A. Artikel 38 Absatz I des Statuts des Internationalen Gerichtshofes

Während Schiedsverträge im 19. und noch im beginnenden 20. Jahrhundert, sofern sie überhaupt das anzuwendende Recht benannten, auf „die Regeln des internationalen Rechts“ verwiesen[1], nannte das Statut

---

[54] *Sereni*, a. a. O., S. 286.

[55] *Guggenheim*, SchwJIR 1951 S. 53 Anm. 39 (S. 54); *Morelli*, Nozioni S. 24; wohl auch *Bindschedler*, Festschrift Verdross S. 72.

[56] *Kunz*, AJIL 1958 S. 90.

[57] *Kunz*, a. a. O., S. 88.

[58] *Sereni*, Festschrift Perassi S. 287; vgl. auch *Monaco* S. 28.

[59] *Cavaglieri*, Consuetudine S. 55 f., und Corso S. 55.

[1] s. Art. 7 Abs. II des XII. Haager Abkommens vom 18. 10. 1907 über die Errichtung eines Internationalen Prisenhofes (bei Hecker-Tomson S. 648); ähnlich auch Art. 73 der Haager Schiedsakte vom 18. 10. 1907, RGBl. 1910 S. 5, und schon die jeweiligen Art. 6 Abs. I der Verträge von Santiago zwischen Chile und Frankreich vom 2. 11. 1882 (La Fontaine S. 233), Italien vom 7. 12. 1882 (La Fontaine S. 236), mit Großbritannien vom 4. 1. 1883 (La Fontaine S. 242) und mit Deutschland vom 23. 8. 1884 (La Fontaine S. 274); in neuerer

des Ständigen Internationalen Gerichtshofes[2] aus dem Jahre 1920 in seinem Art. 38 Abs. I erstmals die Rechtsnormen, nach denen das Gericht entscheiden sollte, darunter auch in Ziff. 2 „la coutume internationale comme preuve d'une pratique générale acceptée comme étant le droit", „international custom, as evidence of a general practice accepted as law"[3].

I. Würdigungen der Gesamtkonzeption

An der Richtigkeit der Gesamtkonzeption des Art. 38 Abs. I ist kaum Kritik laut geworden. Zwar sei die Aufzählung von Vertrag, Völkergewohnheitsrecht und allgemeinen Rechtsgrundsätzen, zu denen Schrifttum und Gerichtsurteile als Rechtserkenntnisquellen hinzutreten, nicht über jeden Zweifel erhaben[4], wie man überhaupt sich nicht darauf beschränken dürfe, die Vorschrift im Glauben an ihre Unantastbarkeit nur zu interpretieren und nicht zu kritisieren[5]. Man müsse sie vielmehr „im wesentlichen analog einer wissenschaftlichen Theorie" behandeln[6]. Daran knüpft sich die Feststellung, Art. 38 enthalte keine völkerrechtliche Quellenlehre[7], habe dies nie beabsichtigt[8] und sei auch nicht dazu fähig, da er nur auf Normen verweise und das Gericht nur nach Normen entscheiden könne[9]. Es sei also unzulässig — dies auch im Hinblick auf die Vertragsnatur des Statuts —, darin eine endgültige Formulierung der Quellen zu erblicken[10]. Zwar ist das nicht ganz unbestritten[11]; unzweifelhaft ist jedoch die praktische Bedeutung[12] dieser Vorschrift[13], und Einig-

Zeit vgl. die Verträge der Türkei mit Italien vom 30. 5. 1928 (Art. 3 Abs. V; Survey S. 377), mit Bulgarien vom 6. 3. 1929 (Art. 6 Abs. II; Survey S. 536) und mit Belgien vom 8. 4. 1931 (Art. 31; Survey S. 892); s. ferner Art. 6 der Satzung des „Schiedsgerichtshofes für das Abkommen über deutsche Auslandsschulden" (BGBl. 1953 II S. 464); Art. 6 der Satzung der „Gemischten Kommission für die Auslegung der Anlage IV des Abkommens über deutsche Auslandsschulden" (BGBl. 1953 II S. 468); Art. 26 des „Europäischen Übereinkommens zur friedlichen Beilegung von Streitigkeiten" (BGBl. 1961 II S. 82).

[2] RGBl. 1927 II S. 236; über dessen Entstehung zusammenfassend Statut S. 1—8; das Statut des IGH findet sich in UNCIO XV S. 293 ff.

[3] Zur Vorgeschichte des Art. 38 s. Statut S. 272 ff.; *Wolfke*, Custom S. 20 ff.

[4] *Meleń* S. 84, 109; *Vallindas* S. 425.

[5] *Alvarez*, Annuaire 1934 S. 494 f.

[6] *Ross*, Lehrbuch S. 91; vgl. *Quadri*, RC 1964 III S. 344.

[7] *Jaenicke* S. 767; *Jennings* S. 389; *Münch* S. 352, der die Vermengung der Quellenbegriffe in Art. 38 betont.

[8] *Brierly*, RC 1936 IV S. 78; *Fitzmaurice*, Symbolae Verzijl S. 173, 176; wohl auch *Parry*, Sources S. 5.

[9] *Wolfke*, Custom S. 12 f.

[10] *Fitzmaurice*, Symbolae Verzijl S. 173 („simply a sort of standing directive"); *Soerensen*, Sources S. 28 f.; vgl. auch *Bishop* S. 214; *Ross*, Lehrbuch S. 81.

[11] Anders z. B. *Friedmann*, AJIL 1963 S. 279.

[12] s. *Ballereau* S. 33 f.; *Meleń* S. 78 f.

keit besteht auch, vom Streit über die allgemeinen Rechtsgrundsätze abgesehen, darüber, daß sie keine Änderungen in das Völkerrecht hineintragen, sondern lediglich seinen Inhalt wiedergeben[14] und damit das gesamte Völkerrecht erfassen wollte[15]. Diese nur geringfügigen Differenzen über den Wert der Vorschrift in ihrer Gesamtheit mögen ihre Kennzeichnung als eines „der wenigen kodifikatorischen Glücksfälle in der neueren Zeit“[16] und das von den Alliierten des Zweiten Weltkrieges zur Vorbereitung eines neuen Statuts berufene Komitee zur Abgabe einer Erklärung für die Beibehaltung des Art. 38 veranlaßt haben[17].

Auch während der Verhandlungen über das Statut des neuen Internationalen Gerichtshofes wurde ausdrücklich betont, Art. 38 solle unverändert bleiben, da er für die Praxis weniger Schwierigkeiten als für die Theorie bereitet und der Ständige Internationale Gerichtshof befriedigend damit gearbeitet habe[18]. Selbst die Präzisierung der Aufgabe, nach Völkerrecht zu entscheiden, wie sie auf Antrag Chiles[19] in Art. 38 eingefügt wurde[20], sollte, so wurde betont, die Aufgaben des Gerichts nicht ändern, sondern nur verdeutlichen[21].

---

[13] Vgl. die große Anzahl von Verträgen, in denen auf Art. 38 verwiesen wird (Survey S. 117 f. — IV, V —), und diejenigen, die seinen Wortlaut, mitunter mit geringen Abweichungen, übernehmen, so die Verträge zwischen Norwegen und Polen vom 9. 12. 1929 (Art. 6; Survey S. 710), Deutschland und Luxemburg vom 11. 9. 1929 (Art. 5; Survey S. 655), Japan und den Niederlanden vom 19. 4. 1933 (Art. 8; Survey S. 1024), Persien und der Anglo-Persian Oil Company Ltd. vom 29. 4. 1933 (Art. 22 Ziff. F; ICJ Pleadings, Anglo-Iranian Oil Co. Case, United Kingdom v. Iran, S. 20); Art. 18 Abs. II der Revised General Act for the Pacific Settlement of International Disputes vom 28. 4. 1949 (Berber, Dokumentensammlung S. 1747); Art. 10 der Model Rules on Arbitral Procedure der ILC (YILC 1958 II S. 83); s. endlich die Administrative Decision No. II der MCC Deutschland/USA, RIAA VII S. 23 ff., 27 f., und die Entscheidungen im Falle Goldenberg (Deutschland ./. Rumänien), RIAA II S. 901 ff., 908 und Anm. 1, und des deutsch-portugiesischen Schiedsgerichts vom 31. 7. 1928, RIAA II S. 1011 ff., 1016; ferner: U. S. Court of Appeals, 2nd Circuit, im Sabbatino-Fall, ILM 1962 S. 1 ff., 34.

[14] *Cansacchi* S. 23; *Castberg* S. 368; *Hudson*, Cour Permanente S. 614; ders., Court S. 604; *Soerensen*, Sources S. 35, 38; *Williams*, Chapters S. 20.

[15] PCIJ A 20/21 S. 19; Ind. op. *Anzilotti*, PCIJ A/B 65 S. 61; D. O. *Read*, ICJ Reports 1955 S. 39 (zustimmend *Schwarzenberger*, Approach S. 160); vgl. auch UNCIO XIII S. 164.

[16] *Menzel*, JuS 1963 S. 43.

[17] Report S. 20, Nr. 62; ähnlich *Tammes*, NTIR 1953/54 S. 374.

[18] *Basdevant*, UNCIO XIV S. 170 (vgl. auch seinen Draft Report, ebenda S. 843), und *Wang Chung-Hui*, ebenda S. 171; s. weiter die Entwürfe UNCIO XIV S. 607, 670, und die Stellungnahmen Venezuelas, UNCIO III S. 230, XIV S. 373, 436.

[19] UNCIO XIII S. 493; s. auch ebenda S. 284 f.

[20] „The Court, whose function is to decide in accordance with international law such disputes as are submitted to it, shall apply ...“ — „La Cour, dont la mission est de régler conformément au droit international les différends qui lui sont soumis, applique ...“ Siehe hierzu *Rosenne* S. 57 f.; vgl. auch die

II. Zur Interpretation von Art. 38 Abs. I Ziff. b StIGH

Diese Einigkeit im Grundsätzlichen verflüchtigt sich bei der Behandlung von Einzelfragen, und auch während der Verhandlungen des Jahres 1945 wurden Änderungswünsche gerade hinsichtlich der Ziffer 2 des Art. 38 laut[22].

Man hat in dieser Norm einen Hinweis auf das „droit objectif" sehen wollen[23], „una felice intuizione può essere ravvisata nella visione della consuetudine come prova di una comune accettazione pratica di norme giuridiche"[24]. Doch wird damit der Wortlaut verfälscht, demzufolge die Gewohnheit der „Beweis" für eine als Recht anerkannte Praxis, nicht aber umgekehrt die anerkannte Praxis der „Beweis" einer vorgegebenen Norm ist, wie es doch diese Lehre fordert[25]. Dieser Gewohnheit im Sinne des Statuts haftet nichts erkennbar Vorpositives an, selbst wenn sie als Synonym entweder für das Gewohnheitsrecht[26] oder für die bloße Übung im Gegensatz zum Gewohnheitsrecht gebraucht wird. Damit kann aber insoweit das Statut entgegen anderslautenden Entwürfen[27] nicht als Ausdruck naturrechtlicher Lehren gedeutet werden[28].

Resolution der UNO-Vollversammlung 171 (II) vom 14. 11. 1947, UN Yearbook 1947/48 S. 186 f.

[21] UNCIO XIII S. 314, 392; *Jessup* S. 22. Nach *Kelsen,* United Nations S. 532, stellt dieser Vorspruch jedenfalls eine authentische Angabe der Ziele des Art. 38 dar; vgl. auch D. O. *Córdova,* ICJ Reports 1956 S. 165; Italien, ICJ Pleadings, Case of the Monetary Gold removed from Rome in 1943 . . ., S. 163.

[22] s. die Vorschläge Ekuadors (UNCIO III S. 412: „International custom and principles of law, either continental or regional, applicable to controversies between states belonging to the continent or region involved") und Kubas (UNCIO III S. 520: „International usage"; UNCIO XIV S. 435: „International customs").

[23] *Chailley* S. 59 („. . . le Statut . . . consacre le droit naturel . . ."); *Hagemann* S. 87 f.; *Kelsen,* Principles S. 442; RITD 1939 S. 259 f.; RC 1953 III S. 124; *Kunz,* AJIL 1953 S. 664; *Meleń* S. 89; *Soerensen,* RC 1960 III S. 35; *de Visscher,* RC 1925 I S. 352; wohl auch *Hudson,* Cour Permanente S. 617.

Für eine solche Auslegung des Statuts selbst durch den Internationalen Gerichtshof spricht seine Entscheidung im Asylfall, ICJ Reports 1950 S. 276: „The Colombian Government must prove that the rule invoked by it is in accordance with a constant and uniform practice practised by the States in question, and that *this usage is the expression of a right* appertaining to the State granting asylum and a duty incumbent on the territorial State. This follows from Art. 38 of the Statute . . ." (Kursiv vom Verf.).

Dieselbe Einstellung scheint auch Art. 24 des Statuts der ILC (UN Yearbook 1947/48 S. 211—213) zugrunde zu liegen, das die Dokumente der Staatenpraxis als „evidence", nicht als konstitutiv für das Völkergewohnheitsrecht bezeichnet. (Zu dieser Regel s. *Briggs,* International Law Commission S. 213 ff.).

[24] *Ziccardi,* 10 CS S. 240 f.

[25] Vgl. auch *Quadri,* RC 1964 III S. 331.

[26] So die offizielle deutsche Übersetzung in RGBl. 1927 II S. 236 ff.: „. . . das internationale Gewohnheitsrecht als Ausdruck einer allgemeinen als Recht anerkannten Übung." In diesem Sinne zu Art. 38 auch der Dictionnaire S. 180 f.

[27] Entwurf der argentinischen Regierung, Statut S. 279: „. . . la coutume internationale, attestation d'une pratique fondée sur les principes de justice

Versteht man unter „coutume“ und „custom“ jeweils die schon zum Recht gewordene Übung[29], so läßt sich von dorther allein Art. 38 nicht befriedigend interpretieren. Das Völkergewohnheitsrecht als Beweismittel für eine Praxis — damit würde dem Gericht eine Aufgabe gestellt, deren Lösung für den Rechtsstreit unerheblich ist; kennt das Gericht die Norm schon, ist nicht erfindlich, warum es mit ihrer Hilfe noch eine als Recht anerkannte Praxis suchen sollte.

Diese Überlegung hat die Mehrzahl der Autoren dazu geführt, den Wortlaut des Art. 38 Abs. I Ziff. b umzukehren: Das Völkergewohnheitsrecht sei kein Beweis für die Praxis, sondern die als Recht anerkannte Übung schaffe oder beweise zumindest das Völkergewohnheitsrecht[30], so daß Art. 38 im Grunde nicht den Beweis für die Existenz der Übung, sondern des Gewohnheitsrechts meine[31]. Haltbar ist auch dies nicht: Da nur bewiesen werden kann, was vorhanden ist, bleibt unklar, warum gerade mit einer bestimmten Praxis ein Recht bewiesen werden soll, das aus anderen, nicht angegebenen, Gründen bereits gilt. Diese Gründe aber sind es, die in Frage stehen und bei solcher Interpretation fraglich bleiben.

Das Problem vereinfacht sich nicht, wenn „coutume“ und „custom“, einem ebenfalls möglichen Sprachgebrauch zufolge, als Übung ohne rechtliche Verbindlichkeit verstanden werden — eine Auffassung, die von denjenigen als möglich betrachtet wird, die Art. 38 Abs. I Ziff. b vorwerfen, er verwische den Unterschied von Übung und Recht[32], von Rechtsschöpfungs- und Rechtserkenntnisquelle[33], und gehe von einer logischen Unmöglichkeit aus: Gewohnheit lasse sich nicht anwenden, sondern nur eine Rechtsnorm[34], eine Praxis nicht als Recht akzeptieren, sondern nur ihre Manifestation[35]. Vor allem aber mit einer Gewohnheit die Existenz einer als Recht anerkannten Übung beweisen zu wollen, hieße deren Bedeutung dann überschätzen, wenn dieser Beweis eine Bindung des Gerichts bewirken soll in dem Sinne, daß allein mit der

---

et d'humanité, et acceptée comme loi.“

[28] Insbesondere ergibt sich aus den Verhandlungen des Juristenkomitees von 1920 kein eindeutiger Hinweis auf solche Einflüsse.

[29] s. o. Anm. 26; für die englische Fassung statt aller *Oppenheim-Lauterpacht* S. 26.

[30] *Cohen-Jonathan* S. 122 Anm. 9; *Dahm* I S. 29 Anm. 1; *Duisberg*, Völkergewohnheitsrecht S. 40; *Hudson*, YILC 1950 I S. 4 Nr. 5; *Meleń* S. 89; *Rousseau*, Principes S. 825; *Schwarzenberger*, International Law S. 39 f.; *Siorat* S. 27, Anm. 12; *Venturini* S. 385 Anm. 48; *Verdross*, JAIL 1963 S. 3; *Verzijl* II S. 392 Anm. 21; *Virally*, Sources S. 130; *de Visscher*, RC 1925 I S. 352, und RC 1954 II S. 475.

[31] *Wolfke*, Custom S. 28.

[32] *Briggs*, Law of Nations S. 46, und AJIL 1951 S. 728.

[33] *Rousseau*, Principes S. 120.

[34] *Hudson*, Court S. 609; *Kelsen*, United Nations S. 533; *MacGibbon*, BYIL 1957 S. 119 Anm. 2; *Verzijl* II S. 392 Anm. 21; *Wolfke*, Custom S. 18.

[35] *Wolfke*, a. a. O.; s. auch *Hudson*, Cour Permanente S. 617.

Gewohnheit schon unumstößlich auch feststände, daß die die Gewohnheit begründende Praxis als Recht angesehen werde und deshalb „anzuwenden" sei. So wäre das Statut nur auszulegen, wenn es auf eine Fiktion der Übung als rechtlich anerkannt abzielte, wofür aber nichts spricht.

Hat man erkannt, daß keine Übersetzung von „coutume" und „custom" bei im übrigen unveränderter Interpretation des Art. 38 diesem einen Sinn verleihen kann, so muß der Fehler bei der Auslegung der Worte „preuve", „evidence" gesucht werden. Jede Interpretation dieser Vorschrift im Sinne einer Beweisregelung zeigt die Unmöglichkeit, dem Statut etwas über die Entstehung von Normen des Völkergewohnheitsrechts zu entnehmen und dem Gerichtshof Kriterien zu vermitteln, die ihm eine Entscheidung über das Vorliegen von Völkergewohnheitsrecht ermöglichen. Selbst wenn das Statut — abschwächend — nur eine Bestimmung über ein vom Gerichtshof zu beachtendes bloßes Erkenntnismittel des Gewohnheitsrechts hätte treffen wollen[36], wäre hiermit die Frage nach seinem Gewohheitsrechtsbegriff noch nicht beantwortet. Noch immer wäre zu klären, wie ein solches möglicherweise sogar mit bindender Wirkung für das Gericht in den von Art. 38 Abs. 1 Ziff. b StIGH vorgeschriebenen Formen nachgewiesenes Recht entstanden sein könnte.

Auch der Rückgriff auf die Verhandlungen des Juristenkomitees, das im Jahre 1920 das Statut ausgearbeitet hatte, scheint zunächst nicht mehr weiterzuhelfen. Dort definierte dessen Vorsitzender *Descamps* als eine der „règles à appliquer par le juge pour la solution des différends internationaux": „la coutume internationale comme attestation d'une pratique commune des nations, acceptée par elles comme loi"[37], und in kaum veränderter Form fand dieser Vorschlag Aufnahme in dem Entwurf der Kommission[38]. Tatsächlich aber lag es *Descamps* fern, mit dieser Bezeichnung als „attestation d'une pratique" die Beziehung von Beweismittel und Beweisthema auf das Verhältnis von Recht und qualifizierter Übung zu übertragen. Beide sind ihm in Gegenteil identisch: Er spricht „d'une coutume nettement caractérisée, d'une règle établie par la pratique constante, générale des nations, devenue, à ce titre, une loi pour elles"[39].

---

[36] Vgl. den Entwurf des Juristenkomitees von 1920: „... la coutume internationale, attestation d'une pratique commune acceptée comme loi ..." (Procès-Verbaux S. 730).

[37] Procès-Verbaux S. 306.

Diesem Vorschlag stimmten ausdrücklich zu: *Root*, a. a. O., S. 293 (aber mit Zweifeln an der Annahme einer solchen Bestimmung durch die Staaten), *Loder* (S. 294) und Lord *Phillimore* (S. 295), der das Völkergewohnheitsrecht zwar selbst abweichend versteht („la coutume internationale étant une pratique commune acceptée comme loi par les nations"), aber bezeichnenderweise zwischen beiden Definitionen keinen Unterschied sieht.

[38] Vgl. Procès-Verbaux S. 605, 636, 655, 666, 730.

[39] Procès-Verbaux S. 322.

Damit gibt er eine Definition des Völkergewohnheitsrechts, in der für einen besonderen Nachweis dieses solchermaßen geschaffenen Rechts kein Bedürfnis mehr besteht. Die Vorschrift des Statuts, die infolge unglücklicher Wortwahl eine falsche Kausalbeziehung wiederzugeben scheint, dunkel blieb und schon ihrer Mehrdeutigkeit wegen abgelehnt wird[40], die den Vätern des Statuts den Vorwurf einbrachte, sie hätten keine klare Vorstellung vom Wesen des Völkerrechts besessen[41], und die von der Wissenschaft scharf angegriffen wird[42] — diese Norm bestimmt also das Völkergewohnheitsrecht in einer klareren Weise als es ihr Wortlaut vermuten läßt: Das Gewohnheitsrecht *ist* die „pratique générale acceptée comme étant le droit". Dem Gebrauch der Worte „preuve" und „evidence" kommt eine eigene Bedeutung nicht zu[43]. Beseitigt ist damit die Ungereimtheit einer Anweisung an das Gericht, die Übung selbst, nicht etwa die durch sie begründete Norm anzuwenden; im Lichte genetischer Interpretation erweist sich die Notwendigkeit, die „coutume" schon als Rechtssatz selbst zu verstehen.

Damit zeigt die Auslegung dieses für die völkerrechtliche Quellenlehre besonders bedeutsamen Textes neben terminologischen Unsauberkeiten nicht nur, wie sehr er voluntaristischen Auffassungen verpflichtet ist, sondern weiter eine so vielfältige Interpretierbarkeit auch bei Klarheit über das Verhältnis von anerkannter Praxis und Völkergewohnheitsrecht, daß jede buchstabengetreue Anwendung unmöglich ist. Ob die Praxis anerkannt sein muß im Sinne der Selbstverpflichtungs- oder der Vertragslehre[44] oder ob die Anerkennung infolge einer Rechtsüberzeugung oder durch diese möglich und hinreichend ist[45], kann aus dem Wort-

---

[40] *Wolfke,* Custom S. 23.

[41] *Hudson,* YILC 1950 I S. 6 Nr. 45.

[42] *Anzilotti,* Lehrbuch S. 76 („unglücklicher Artikel"); *Borchard* S. 347 („most ambiguous"); *Briggs,* Law of Nations S. 46, und AJIL 1951 S. 728 („curious drafting"); *Cavaglieri,* RC 1929 I S. 325 („peu heureuse"; so auch *Hudson,* Cour Permanente S. 617); *Cohen-Jonathan* S. 122 („trop défectueuse"); *Fitzmaurice,* Symbolae Verzijl S. 174 („notoriously defective"; so auch *Shihata* S. 71 Anm. 78); *Hostie,* RC 1932 II S. 485 Anm. 4 („peu correcte"); *Lissitzyn,* International Law S. 38 („Read literally, the language of Art. 38 ... is hardly a trustworthy guide to the ‚sources' of international law."); *Rousseau,* Principes S. 120 („terminologie vague et malheureuse"); *Scelle,* Manuel S. 576 Anm. 1 („mal rédigé"); *Schwarzenberger,* International Law S. 39 („... the faulty draftsmanship which is responsible for the somewhat unhappy formulation ..."); *Sereni,* Diritto I S. 122 („formula impropria"); *Siorat* S. 27 Anm. 12 („formule erronée); *Verzijl* II S. 392 („nonsensical formula"); *Wolfke,* Custom S. 25 („enigma", „very confusing and even unintellegible").

[43] So auch *D'Amato,* HILCJ 1961 Nr. 2 S. 13: „In this sense evidence becomes a synonym for ‚source'."

[44] In jedem Fall muß in der Hervorhebung des „accepted as law" der Ausdruck eines Voluntarismus gesehen werden; so auch *MacGibbon,* BYIL 1954 S. 151; *Wolfke,* Custom S. 36; vgl. weiter *Brierly,* RC 1936 IV S. 78; anders: *Chailley* S. 59.

[45] Von diesen Zweifeln unberührt bleibt, daß Art. 38 die Notwendigkeit von objektivem und subjektivem Element betont (*Ballereau* S. 146 f.; *Duis-*

laut und selbst aus der Entstehungsgeschichte nicht beantwortet werden. Sollte diese Unbestimmtheit gewollt sein, um möglichst vielen Staaten die Unterzeichnung zu ermöglichen, dann tritt die allgemeine Unklarheit über die Entstehungsweise des Völkergewohnheitsrechts besonders deutlich hervor, die schon hier feststellbare nur sehr relative Bedeutsamkeit staatlicher Äußerungen für die Erkenntnis der Rechtslage und das Angewiesensein des Statuts auf die Interpretation durch den (Ständigen) Internationalen Gerichtshof. Dabei hat das Gericht vom Statut keine Hilfe zu erwarten — im Gegenteil: „Its opportunity of utility... lies in disregard of the definitional limitation placed upon ‚international custom'[46]."

III. Die Anwendung durch den StIG und den IGH

Der Internationale Gerichtshof[47] und sein Vorgänger haben sich wenig Mühe mit der Interpretation des Art. 38 Abs. I Ziff. 2 des Statuts gegeben und ihm nie entscheidende Bedeutung beigelegt[48]. Zwar haben sie das subjektive Element im Völkergewohnheitsrecht stets besonders hervorgehoben, und gerade der Internationale Gerichtshof verweist in seinen theoretischen Ausführungen immer wieder darauf, doch urteilten beide über die von ihnen für notwendig gehaltene Rechtsüberzeugung jeweils nur von der Praxis aus, entweder, indem aus der Praxis ohne weitere Darlegungen auf die opinio iuris geschlossen wurde, oder durch Berufung auf das Fehlen einer Übung.

So verwies im Lotus-Fall der Ständige Internationale Gerichtshof zunächst darauf, er kenne kein Argument „d'où il résulterait que les Etats se *reconnaissent* obligés ... de tenir compte seulement du lieu où se trouve l'auteur du délit"[49]. Im Gegenteil bestehe eine weitergehende

---

berg, Völkergewohnheitsrecht S. 40; *Hudson*, Festschrift Beale/Williston S. 136; E. *Kaufmann*, RC 1935 II S. 501), auch wenn damit die opinio iuris nicht schon zum eigentlichen Konstitutivum des Völkergewohnheitsrechts wird (anders aber *Drost*, Grundlagen S. 49) und der Rechtsüberzeugung in ihrem von der Mehrheit vertretenen Sinne keine Bedeutung zukommt (*Hagemann* S. 87 f.).

46 *Borchard* S. 348. — Möglicherweise ist die Weigerung der ILC, die Völkerrechtsquellen zu kodifizieren (s. YILC 1949 S. 36), auch aus dieser allgemeinen Ablehnung eines konkreten Definitionsversuches und der Erkenntnis seiner Unzulänglichkeit herzuleiten. Zumindest ist angesichts des Meinungsstreits über diesen Gegenstand nicht zu erkennen, warum an einem solchen Unternehmen kein praktisches Interesse bestehen sollte (so aber *Spiropoulos*, YILC, a. a. O., und ähnlich das Memorandum des UN-Generalsekretärs „Survey of International Law in Relation to the Work of Codification of the ILC", A/CN. 4/1/Rev. 1 S. 22 Nr. 33).

47 Zu dessen Praxis s. insbes. *Hagemann, Barberis*, Riv. 1967 S. 563 ff., und *Böhme*, ferner Großbritannien, ICJ Pleadings, Fisheries Case II S. 426 f.

48 So auch *Rousseau*, Principes S. 121; *Soerensen*, Sources S. 84; *Wolfke*, Custom S. 36; vgl. weiter *Sereni*, Diritto I S. 122.

49 PCIJ A 10 S. 23 (Kursiv vom Verf.).

Praxis nationaler Gerichte, und die von Frankreich vorgetragenen Fälle des Verzichts auf eine Strafverfolgung seien unmaßgeblich, weil sich daraus das Bewußtsein einer Unterlassungspflicht nicht herleiten lasse: „C'est seulement si l'abstention était motivée par la conscience d'un devoir de s'abstenir que l'on pourrait parler de coutume internationale. *Le fait allégué ne permet pas de conclure que les Etats aient été conscients de pareil devoir*; par contre . . ., il y a d'autres circonstances qui sont de nature à persuader du contraire[50]."

Grundlage der Entscheidung ist nach diesen Ausführungen, den einzigen, die das Gericht in solcher Gründlichkeit dem Völkergewohnheitsrecht gewidmet hat[51], die erkennbare Praxis[52], deren Uneinheitlichkeit das Gericht veranlaßte, den Staaten die Rechtsüberzeugung abzusprechen. Wenn es, wie daraus zu schließen ist, unzulässig gewesen wäre, allein wegen der Differenzen der Staatenübung das Bestehen der behaupteten Norm abzulehnen, dann konnte es freilich nicht genügen, deren zu diesem Zweck allein nicht hinreichende Spaltung als Indiz für das Fehlen der opinio iuris anzugeben, ohne unabhängig davon die Ansichten der Staaten zu ihrem eigenen Handeln zu erforschen[53].

Der Internationale Gerichtshof hielt im Asyl-Fall, ausgehend von der Regel, jeder Staat habe das von ihm in Anspruch genommene Recht zu beweisen[54], eine Überzeugung der Staaten von der Zulässigkeit verbindlicher einseitiger Qualifikation der Asylvoraussetzungen nicht für nachgewiesen — auch dies wieder auf Grund einer wenig geschlossenen Praxis: „Les faits soumis à la Cour révèlent tant d'incertitude et de contradictions, tant de fluctuations et de discordances dans l'exercice de l'asile diplomatique et dans les vues officiellement exprimées . . .; il y a eu un tel manque de consistance dans la succession rapide des textes conventionnels relatifs à l'asile, ratifiés par certains Etats et rejetés par d'autres, et *la pratique a été influencée* à tel point *par des considérations d'opportunité politique* dans les divers cas, qu'il n'est pas possible de dégager de tout cela une coutume constante et uniforme acceptée comme étant le droit[55]."

---

[50] PCIJ A 10 S. 28 (Kursiv vom Verf.).

[51] Die Unergiebigkeit der anderen Entscheidungen ergibt sich deutlich aus ihrer Aufzählung bei *Haemmerlé* S. 13—132.

[52] — vor allem eine Praxis der Proteste; so *Ballereau* S. 184; *Soerensen*, Sources S. 103; *Wolfke*, Custom S. 123 f.

[53] Vgl. *Guggenheim*, Traité I S. 47 Anm. 1, und RC 1952 I S. 71 f.; dagegen kommentiert *Steiner* S. 416: „When custom has been cited . . . the Court has carefully distinguished between mere practice (or its absence) and the existence of a legal rule" — was aber nur in der Theorie, nicht in der Praxis der Rechtsanwendung zutrifft.

[54] ICJ Reports 1950 S. 276; wiederholt ebenda 1952 S. 200.

[55] ICJ Reports 1950 S. 277 (Kursiv vom Verf.).

Deutlich wird zum einen, daß das Ergebnis ausschließlich von der Interpretation der Übung abhängig gemacht wird; nur auf Grund ihrer Widersprüchlichkeit und Unklarheit auch in den offiziellen Äußerungen, die nach dem Zusammenhang als Teil der Praxis, nicht etwa als dieser gegenüber eigenständiges Mittel der Bewußtseinskundgabe behandelt werden[56], kommt das Gericht zur Behauptung von „Erwägungen politischer Opportunität", die die Praxis beeinflußt hätten[57], und die auch hier wieder als jede Rechtsüberzeugung ausschließende Motive neben die uneinheitliche, Völkergewohnheitsrecht schon deshalb nicht begründende Praxis gestellt werden. Doch können diese Erwägungen wie schon im Lotus-Fall nicht neben der solchermaßen qualifizierten Praxis eigenes Gewicht besitzen und ihrer eigenen Erheblichkeit wegen zur Klagabweisung führen, da zu ihrer Begründung keine Anhaltspunkte gegeben, andere historische Beispiele als eben die in sich unschlüssigen Übungshandlungen nicht gebracht werden.

Zum anderen zeigt dies die für den Rechtserkenntnisvorgang durchaus sekundäre Bedeutung des subjektiven Elements[58]. Schon das Gericht selbst fordert unter Berufung auf sein Statut nur „que cet usage traduit un droit... et un devoir"[59]. Mit Recht weist *Hagemann* darauf hin[60], daß diese Formel völlig offenlasse, wodurch eigentlich Normen begründet werden, und daß ein Hinweis auf die Rechtsüberzeugung darin jedenfalls nicht gesehen werden könne[61].

Im Fischerei-Fall bleibt der Internationale Gerichtshof der einmal gewählten Methode treu: Die Rechtmäßigkeit des von Norwegen geübten Verfahrens zur Begrenzung seiner Hoheitsgewässer folgert er daraus, daß „cette méthode avait été consolidée par une pratique constante et suffisamment longue en face de laquelle l'attitude des gouvernements atteste que ceux-ci ne l'ont pas *considérée* comme étant contraire au droit international"[62].

---

[56] Anders *Hagemann* S. 76 — In der Entscheidung im Fischerei-Fall weicht der IGH hiervon ab: „On ne saurait interpréter un tel langage que comme l'expression réfléchie d'une conception juridique considérée... comme compatible avec le droit international" (ICJ Reports 1951 S. 136). Wenn dagegen im Streit um die Minquiers und Ecrehos eine Note als „evidence of the French official view" bezeichnet wird, (ICJ Reports 1953 S. 71), dann ist hier keine innere und zugleich „offizielle" Überzeugung vom Recht, sondern eine politische Stellungnahme gemeint.

[57] Deutlich auch ICJ Reports 1950 S. 286.

[58] Vgl. auch die Interpretation der Entscheidung durch Portugal, ICJ Pleadings, Case concerning Right of Passage... II S. 542; IV S. 509.

[59] ICJ Reports 1950 S. 276; so auch ICJ Reports 1952 S. 200.

[60] *Hagemann* S. 84.

[61] Anders ohne Begründung *Cohen-Jonathan* S. 129.

[62] ICJ Reports 1951 S. 139 (Kursiv vom Verf.).

Auch diese „attitude des gouvernements" aber ist Staatenpraxis. Die Fragen, ob der Schluß hieraus auf die Überzeugung von der Völkerrechtmäßigkeit zutreffend, ob er gar so zwingend ist, wie das Gericht meint, ob diese Überzeugung wirklich das einzig mögliche Motiv der Praxis sein muß oder ob sie so pauschal unterstellt werden darf — all diese Fragen werden nicht erkannt und nicht gestellt.

Im Fall der Rechte amerikanischer Staatsangehöriger in Marokko hält das Gericht weiter an seinem Verfahren fest. Bei der Frage nach der gewohnheitsrechtlichen Grundlage der Ausübung von Jurisdiktionsbefugnissen werden zwar Fälle solcher Ausübung ohne vertragliche Grundlage aufgezählt, doch „this is not enough to establish that the States exercising consular jurisdiction in pursuance of treaty rights enjoyed in addition an independent title based on custom or usage"[63].

Trotz einer diesmal unzweideutigen Praxis wird hier die Existenz von Völkergewohnheitsrecht abgelehnt, wiederum ohne Prüfung der opinio[64], das Fehlen einer Norm apodiktisch festgestellt: „... there has not been sufficient evidence..."[65]. Ungewöhnlich ist die Entscheidung nur insofern, als das Gericht sich nicht der Mühe einer näheren Begründung unterzieht und es damit unmöglich macht, die rechtlichen Voraussetzungen zu erkennen, auf denen sie beruht. Deutlich ist nur, daß jedenfalls das Fehlen der opinio nicht zur Ablehnung geführt haben kann, da sich das Gericht hiermit gar nicht beschäftigt.

Während bisher die Bedeutung des subjektiven Elements immer im Negativen lag, da ihr mit der Uneinheitlichkeit der Staatenpraxis begründetes Fehlen zur Ablehnung von Völkergewohnheitsrechtsnormen führte, kommt ihr nach Andeutungen schon im Fischerei-Fall zuerst im Nottebohm-Fall positive Bedeutung zu, da das Gericht sich hier ausdrücklich auf eine „Überzeugung" der Staaten über die Notwendigkeit einer effektiven Staatsangehörigkeit beruft: „La pratique de certains Etats qui s'abstiennent d'exercer la protection au profit d'un naturalisé lorsque celui-ci a rompu, de fait, par son éloignement prolongé, son rattachement avec ce qui n'est plus pour lui qu'une patrie nominale, manifeste, chez ces Etats, la *conviction* que, pour mériter d'être invoquée contre un autre Etat, la nationalité doit correspondre à la situation de fait."[66]

Zu seinem Ergebnis kommt das Gericht aber auch hier, nicht anders als in den Fällen, in denen es das Vorliegen der opinio ablehnte, nur mehr auf Grund einer nach seiner Auffassung eindeutigen Praxis. Für

63 ICJ Reports 1952 S. 200.
64 Anders *Hagemann* S. 74.
65 ICJ Reports 1952 S. 200.
66 ICJ Reports 1955 S. 22 (Kursiv vom Verf.).

ein wie immer gestaltetes Bewußtsein als Motiv dieser Übung bringt das Gericht nichts bei, und unverständlich bleibt, warum es sich mit der Feststellung dieser allgemeinen Praxis nicht begnügen konnte, die doch als einzige die Grundlage seiner Rechtsausführungen darstellt.

Vor allem aber im portugiesisch-indischen Streit um Durchgangsrechte über indisches Gebiet erlangt diese behauptete Rechtsüberzeugung entscheidendes Gewicht, da hier die Erwägungen, die das Gericht zur Bejahung der opinio veranlaßten, besonders deutlich gemacht werden. Das Gericht definiert das anzuwendende Recht als „long continued practice between two States *accepted* by them as regulating their relations“[67]. Das Ergebnis aber gewinnt es wieder allein aus der Praxis, von der aus auf ihre Hinnahme als rechtsverbindlich geschlossen wird: *„This practice having continued over a period extending beyond a century and a quarter ... the Court is*, in view of all the circumstances of the case, *satisfied that that practice was accepted as law* by the Parties and has given rise to a right and a correlative obligation[68].“

Was für das Gericht feststeht, ist die Praxis; was daraus ohne Zögern gefolgert wird, ist, wie schon im Fischerei- und im Nottebohm-Fall, einmal die Rechtsüberzeugung der Übenden und dann aus beidem die Rechtseigenschaft der aus der Übung abgeleiteten Verhaltensregel[69].

In der Frage des Durchzugsrechts bewaffneter Polizei und Streitkräfte gewinnt das Gericht ebenfalls allein aus der Übung, in diesen Fällen die Erlaubnis des Gebietsherrn einzuholen, die Überzeugung vom Fehlen eines solchen Rechts: „This necessity for authorization before passage could take place constitutes ... a negation of passage *as of right.* The practice predicates that the territorial sovereign had the discretionary power to withdraw or to refuse permission[70].“

Seine Untersuchung zu diesem Gegenstand leitet das Gericht zwar mit der Feststellung ein, daß „there is nothing to show that passage of armed forces and armed police ... was permitted or exercised *as of right*“[71], bezieht sich also verbal auf das Bewußtsein der Übenden. Am Ende aber steht allein die Subsumtion aus der Praxis: Die Behauptung vom Fehlen der Rechtsüberzeugung kann das Gericht nur wagen, weil neben

---

[67] ICJ Reports 1960 S. 39 (Kursiv vom Verf.).

[68] ICJ Reports 1960 S. 40 (Kursiv vom Verf.).

[69] *de Visscher*, Problèmes S. 227 f.: „L'opinio iuris se dégageait aux yeux de la Cour d'une analyse comparative des situations de fait.“ Vgl. auch *Cot*, AFDI 1960 S. 332 f.; *Wolfke*, Custom S. 130: Die Beschränkung auf den Nachweis der Praxis sei „of an opportunist character“, begründet in Beweisschwierigkeiten. Deshalb habe das Gericht hier „gänzlich und ausdrücklich“ auf den Beweis für das subjektive Element verzichtet (a. a. O., S. 128).

[70] ICJ Reports 1960 S. 42 (Kursiv vom Verf.).

[71] a. a. O., S. 40 f. (Kursiv vom Verf.).

den Verträgen eine — inhaltlich parallele oder widersprechende — Praxis nicht erkennbar ist.

Damit wird die Rechtsüberzeugung, die nichts anderes ist als die nur behauptete, vom Richter als möglich gedachte und dann als wirklich fingierte Wertung einer Praxis durch die Beteiligten, zu einer leeren Formel, das Bekenntnis zu ihr[72] ein Ritual[73], dessen Überflüssigkeit durch Beispiele aus Entscheidungen nationaler Gerichte in völkerrechtlichen Fragen[74] noch bestätigt wird[75].

---

[72] s. etwa: PCIJ A 10 S. 18: „Les règles de droit liant les Etats procèdent donc de la volonté de ceux-ci, volonté manifestée dans des conventions ou dans des usages *acceptés* généralement ..." (Kursiv vom Verf.); ICJ Reports 1960 S. 44: „Where therefore the Court finds a practice clearly established between two States which was *accepted* by the Parties as governing the relations between them, the Court must attribute decisive effect to that practice" (Kursiv vom Verf.). Dagegen enthält das von *Böhme* S. 98 und *Duisberg*, Völkergewohnheitsrecht S. 84, angeführte Zitat (ICJ Reports 1951 S. 25) nur einen Hinweis auf den bei der Auslegung des Genocidabkommens zu berücksichtigenden Willen der Vertragspartner.

[73] Dieses Verhältnis zwischen theoretisierender Stellungnahme und praktischer Rechtsanwendung vernachlässigen z. B. *Böhme* S. 104 ff.; *Duisberg*, Völkergewohnheitsrecht S. 80 ff.; *Soerensen*, RC 1960 III S. 47 f.; *Steinicke* S. 257 f.

Zu dem in den Ausführungen genannten Ergebnis gelangen auch *Guggenheim*, Festschrift Scelle S. 278; *MacGibbon*, BYIL 1957 S. 128 f.; *Soerensen*, Sources S. 110; *Suy* S. 234; *Virally*, Sources S. 134; weniger betont *Wolfke*, ZNUW 1960 S. 168 f.; anders dagegen *Hagemann* S. 79. Wenn *de Visscher*, Problèmes S. 227, resümiert: „La Cour fait appel à l'absence de l'élément psychologique quand l'élément matériel lui paraît incertain," wenn sich das Gericht also bei Unklarheit der Praxis immer nur auf die Abwesenheit, nie auf die grundsätzlich dennoch gegebene Möglichkeit einer Rechtsüberzeugung beruft, so daß Praxis und opinio hierbei nicht auseinanderfallen, so bestätigt das jedenfalls insoweit unser Ergebnis.

Vgl. schließlich allgemein auch *Kelsen*, Principles S. 450 f.; *Waldock*, RC 1962 II S. 47.

[74] s. hierzu statt aller *Nanda* S. 198 ff. und *Mosler*, Völkerrecht S. 30 ff.

[75] So hat das BVerfG auf eine Vorlage gemäß Art. 100 Abs. II GG hin über den Umfang der Staatenimmunität das Völkergewohnheitsrecht definiert als „ein(en) von der überwiegenden Mehrheit der Staaten im Bewußtsein rechtlicher Verpflichtung für längere Zeit geübte(n) Brauch" (BVerfGE 15, S. 25 ff., 35), hat dann überaus gründlich die Gerichtspraxis der Staaten, Vertragsentwürfe und Lehrmeinungen durchforscht und schließlich das Vorliegen des fraglichen Satzes verneint. Die Rechtsüberzeugung wurde dabei nicht einmal mehr erwähnt, wenngleich das Problem einer Erörterung wert gewesen wäre, ob sie nicht schon deshalb gefehlt hat, weil die nationalen Richter, die Völkerrecht anwenden und auf deren Entscheidungen sich das BVerfG vor allem stützt, hierzu nur kraft ihres nationalen Rechts befugt sind (zur generellen Notwendigkeit einer solchen Ermächtigungsnorm s. *Hoffmann*, DÖV 1967 S. 438) und ihre Rechtsüberzeugung als „Bewußtsein rechtlicher Verpflichtung", wenn sie richtig sein soll, sich daher nur auf dieses nationale Recht beziehen kann, innerhalb dessen die Völkerrechtsnorm ein Tatbestandsmerkmal des Rechtsanwendungsbefehls, nicht aber selbst verpflichtende Norm, also Grund und Gegenstand eines Verpflichtungsbewußtseins, sein kann. Dasselbe Problem wirft auch die Entscheidung BVerfGE 16 S. 27 ff. auf, in der das Völkergewohnheitsrecht ebenfalls „ein von der weitaus größeren Zahl der Staa-

B. Andere staatliche Äußerungen

Zu den Erfordernissen des Völkergewohnheitsrechts liegen auch außerhalb der Verträge Stellungnahmen vor, die freilich ebensowenig klar sind und gerade in ihrem Streit über die Bedeutung des subjektiven Elements keine mehr als nur terminologische Übereinstimmung erkennen lassen.

Auf die Entscheidungen vornehmlich anglo-amerikanischer Gerichte war bereits hingewiesen worden, nach denen das gesamte Völkerrecht auf einem „common consent", einem „tacit agreement", beruhe[1]. Im Lotus-Fall nahm die Türkei eine ähnliche Haltung ein, als sie das Völkergewohnheitsrecht als ein „Prinzip" bezeichnete, das „le consentement général des membres de la société" besitzen müsse[2]. Auch andere Spielarten völkerrechtlicher Theorien finden sich wieder, so vor allem der Hinweis auf das Erfordernis der opinio iuris[3], die zur Abgrenzung der Courtoisie vom Völkergewohnheitsrecht benötigt werde[4], da auch die Staaten selbst stets zwischen Übung und Recht unterschieden hätten. Ohne dieses Element sei das Völkerrecht nur Willkür und Zufall[5]. Im weiteren trennen sich aber die Konzeptionen.

So wurde das subjektive Element im Laufe der Verhandlungen vor dem Ständigen Internationalen Gerichtshof verstanden als „sentiment juridique général des membres de la communauté internationale"[6], genauer noch als „la conscience juridique qu'ils (sc.: les Etats) considèrent ces faits comme la manifestation d'une règle qu'ils veulent suivre"[7].

---

ten im Bewußtsein rechtlicher Verpflichtung geübter Brauch" (S. 52) ist. (Zu dieser Entscheidung insgesamt s. *Putzier*).

Als das BVerwG über das Rechtsverhältnis der Konsuln zum Empfangsstaat zu entscheiden hatte, sagte es zwar, daß das Konsularrecht „durch seine langjährige, gleichmäßige Entwicklung ... zu einer feststehenden, *allgemein anerkannten* ... Einrichtung" geworden sei (BVerwGE 15 S. 59 ff., 60; Kursiv vom Verf.), doch lassen die nachfolgenden Ausführungen Hinweise auf beides vermissen, auf Praxis und allgemeine Anerkennung.

Eine ähnliche Vernachlässigung (auch) der Rechtsüberzeugung ist schließlich für das Reichsgericht nachweisbar, vgl. z. B. RGZ 112, Anhang S. 21 ff., besonders S. 26 f.; 116, Anhang S. 18 ff., 31; 141 S. 290 ff.; 157 S. 389 ff.

[1] s. o. Abschnitt I. C. Anm. 2, 6, 7.

[2] PCIJ C 13 II S. 229; an anderer Stelle hält sie für notwendig „l'adhésion unanime des membres de la communauté internationale" (a. a. O., S. 226; s. auch S. 244). Auf den consensus gentium, „l'opinion commune des Etats", stellt es in demselben Fall auch *Basdevant* als Vertreter Frankreichs ab (a. a. O., S. 50 f.) und läßt ihn zur Begründung des Völkergewohnheitsrechts hinreichen.

[3] Kolumbien, ICJ Pleadings, Asylum Case I S. 324; II S. 81; Peru ebenda I S. 120; Norwegen, ICJ Pleadings, Fisheries Case I S. 379; III S. 288 f., 435; Großbritannien ebenda IV S. 39; Portugal, ICJ Reports 1960 S. 11.

[4] Norwegen, a. a. O., I S. 379; Großbritannien, a. a. O., II S. 426.

[5] Peru, ICJ Pleadings, Asylum Case I S. 119.

[6] Polen, PCIJ C 3 III 2 S. 718; dort ist ähnlich auch die Rede von einem „sentiment légal de cette communauté internationale" (S. 726 f.).

[7] Rumänien, PCIJ C 13 IV, 1 S. 211.

Auf den Glauben an die Gehorsamspflicht stellt es eine andere Definition ab[8], mit der sich wiederum jene nicht vereinbaren läßt, die Rechte und Pflichten lediglich aus dem „usage immémorial" herleiten will[9], also eher das Element der Verwirkung als das der Rechtsüberzeugung betont, und weiter die Bindung an Gewohnheitsrecht von einer unter Kenntnis aller Umstände abgegebenen Zustimmung abhängig macht[10].

Vor dem Internationalen Gerichtshof definiert Peru die Rechtsüberzeugung als „conscience... d'obéir à la nécessité sociale"[11], Recht entstehe — das auch nach portugiesischer Meinung[12] — durch die Übereinstimmung einer Praxis mit den Geboten der Ethik und sozialer Notwendigkeit; auch nach französischer Ansicht „la coutume est la reconnaissance d'un bien commun"[13]. Hinweise auf die objektivistische Rechtsschule finden sich auch in englischen Stellungnahmen[14], ohne ihr aber maßgeblich verpflichtet zu sein. Denn während etwa Peru trotz Beweisschwierigkeiten an dem Erfordernis der Rechtsüberzeugung festhält[15] und auch Indien Beweise hierfür verlangt[16], stellt Großbritannien die Einheitlichkeit der Praxis in den Vordergrund, die dem Gericht lediglich die Überzeugung vermitteln müsse, die Staaten hätten sie als Recht anerkannt. Überdies besitze das Gericht hierbei „a wide freedom in appreciating the status of a particular custom"[17], mit Beweisen für das Rechtsbewußtsein würde Unmögliches verlangt[18]. Demgegenüber versucht Norwegen, das Fehlen einer Rechtsüberzeugung zu belegen, indem es aus einer Verbalnote[19], in der nur das Fehlen einer allgemeinen Regelung festgestellt und die Notwendigkeit spezieller Bestimmungen betont wird, schon auf das Fehlen der opinio und auf bloße politische, wirtschaftliche und strategische Motive schließt[20].

---

[8] *Fedozzi* in seiner „observation" für die Türkei, PCIJ C 13 II S. 380 („la conviction d'un commandement de la part du droit international").

[9] Rumänien, PCIJ C 13 IV, 1 S. 202, 208.

[10] Rumänien, a. a. O., S. 208, 212.

[11] ICJ Pleadings, Asylum Case I S. 118.

[12] ICJ Pleadings, Case concerning Right of Passage... II S. 540, 558; IV S. 434.

[13] ICJ Pleadings, Morocco Case II S. 68; vorgenommen wird diese Anerkennung von der „conscience collective" (Frankreich, ebenda S. 69), den Staatsorganen und der „collectivité politique au sein de laquelle la coutume se forme" (Peru, ICJ Pleadings, Asylum Case I S. 119).

[14] ICJ Pleadings, Corfu Channel Case II S. 289, 293; s. auch in ICJ Pleadings, Fisheries Case II S. 501.

[15] s. o. Anm. 3; s. auch Norwegen, ICJ Pleadings, Fisheries Case I S. 379.

[16] ICJ Pleadings, Case concerning Right of Passage... III S. 277.

[17] Großbritannien, ICJ Pleadings, Fisheries Case II S. 430; s. auch S. 427, 501: „The true relevance of the continuity of a custom is its logical value as proof of the general acceptance of the custom as law." Siehe weiter S. 574; IV S. 39; Norwegen, a. a. O., III S. 290 f.; Portugal, ICJ Pleadings, Case concerning Right of Passage... II S. 541, 558; IV S. 435 f., 506 ff.

[18] Großbritannien, a. a. O., IV S. 39; Portugal, a. a. O., II S. 540 f.; IV S. 436.

[19] ICJ Pleadings, Fisheries Case III S. 673 f.

[20] ICJ Pleadings, Fisheries Case III S. 345 f.

Im mitunter bewußten Gegensatz[21] zu dieser Auffassung vom Völkergewohnheitsrecht als einem bloßen Erkenntnismittel steht auch hier die Ansicht von seiner rechtsschöpferischen Bedeutung[22]. Die opinio iuris wird als „sentiment de remplir un devoir juridique“[23], als „will ... to initiate a compulsory system“, „a consciousness ... of conforming to a legal obligation“[24], das Gewohnheitsrecht dagegen als „volonté tacite“ definiert[25], insofern widersprüchlich, da derselbe Staat — Kolumbien — in einem anderen Verfahren diesen voluntaristischen Begriff ausdrücklich verwirft[26].

Eine Auseinandersetzung sei es mit den Ansichten anderer Staaten, sei es mit Art. 38 des Statuts findet sich nicht, da man entweder nur auf diese Vorschrift verweist[27], sie ignoriert oder sie als verfehlt einfach umkehrt[28].

C. Zusammenfassung

Die Ausführungen der Staaten über die Grundlagen des Völkergewohnheitsrechts, an dessen Schaffung sie doch maßgeblich beteiligt sind, zeigen eine ihrer Überzeugungskraft abträgliche Orientierung an dem erwünschten Ergebnis des gerade anhängigen Rechtsstreits und stellen schon aus diesem Grunde sich selbst und darüber hinaus die Existenz individueller staatlicher Rechtsüberzeugungen in Frage, die mehr sind als die ins Rechtliche gewendeten und als rechtmäßig behaupteten Interessen an der Gestaltung völkerrechtlich relevanter Sachverhalte. Unschwer wäre nachzuweisen, wie deutlich die jeweiligen Definitionen auf die prozessualen Bedürfnisse der Parteien zugeschnitten sind. Als theoretische Aussagen genommen, teilen sie die Schwächen der Doktrinen, aus denen sie sich herleiten. Dieses ihres Charakters wegen haben sie nicht die Bedeutung verbindlicher Aussagen, wozu sie auch wegen ihrer gänzlichen Unvereinbarkeit untereinander nicht gezählt werden können.

---

21 Vgl. Indien, ICJ Pleadings, Case concerning Right of Passage ... III S. 276 f.; IV S. 691 ff.

22 Kolumbien, ICJ Pleadings, Asylum Case I S. 18: „... une norme de droit coutumier établie par les précédents ...“

23 Kuba, ICJ Pleadings, Haya de la Torre Case S. 173; ähnlich auch: Frankreich, ICJ Pleadings, Morocco Case II S. 54; Honduras, ICJ Pleadings, Case concerning the Arbitral Award made by the King of Spain ... II S. 59, 380; Indien, ICJ Pleadings, Case concerning Right of Passage ... I S. 176; Norwegen, ICJ Pleadings, Fisheries Case IV S. 482.

24 Indien, a. a. O., V S. 226.

25 Kolumbien, ICJ Pleadings, Haya de la Torre Case S. 25 f.

26 ICJ Pleadings, Asylum Case II S. 69 f.

27 Z. B. Indien, ICJ Pleadings, Case concerning Right of Passage ... III S. 276 f.; IV S. 688 ff.; Portugal, ebenda II S. 540; Norwegen, ICJ Pleadings, Fisheries Case I S. 379.

28 Peru, ICJ Pleadings, Asylum Case I S. 118.

Sie bleiben Stellungnahmen, die zu nichts verpflichten und nur die wissenschaftliche Schulung der jeweiligen Rechtsberater zeigen, ihr Wert ist der relative einer jeden wissenschaftlichen Äußerung, die ständigem Zweifel ausgesetzt sein und sich dauernder Auseinandersetzung offenhalten muß.

Der Überblick über die Rechtsprechung zeigt, besser noch als es abstrakte Ausführungen könnten und klarer als die Divergenzen unter den staatlichen Äußerungen, wie falsch es wäre, aus der weitgehenden Einigkeit über das Erfordernis eines subjektiven und eines objektiven Elementes die Berechtigung abzuleiten, damit die Frage nach der Entstehung von Völkergewohnheitsrecht als geklärt anzusehen. Die Spannung zwischen dem Anspruch dogmatischer Fundierung des Völkergewohnheitsrechts und seiner Verwirklichung zeigt sich gerade dann, wenn das rechtsanwendende Organ aufgerufen ist, seine — hier mit der herrschenden übereinstimmende — Auffassung in die Wirklichkeit umzusetzen. Daß dies selbst dem Haager Gerichtshof nicht befriedigend gelungen ist, sollte die Gegenüberstellung von Theorie und Wirklichkeit der Normfindung deutlich machen.

ZWEITER TEIL

Die Entstehung des Völkergewohnheitsrechts entwickelt aus den individuellen Normerzeugungsverfahren

Erster Abschnitt

Theoretische Grundlegung

A. Vorbemerkungen

Der Überblick über die Versuche, die Entstehung von Völkergewohnheitsrechtsnormen zu erklären oder doch juristischer Behandlung zugänglich zu machen, läßt manche übereinstimmend betonten Grundgedanken und dennoch eine solche Zerstrittenheit gerade in den entscheidenden Fragen nach den Kriterien des Völkergewohnheitsrechts und ihrer Begründung, sogar nach ihrer Notwendigkeit erkennen, daß sich kein zur Anwendung von Völkerrecht berufenes nationales oder internationales Organ vorbehaltlos und im Vertrauen auf ihre Richtigkeit auf Mehrheitsmeinungen stützen kann. Vor allem aber wecken die dargestellten Lehren Mißbehagen unter den Gesichtspunkten sowohl ihrer dogmatischen Grundlegung als auch ihres Verhältnisses zur praktischen Rechtsanwendung[1].

Zunächst einmal wird wenig deutlich gemacht, wie die Lehren ihre Beziehung zur Realität des Völkerrechts verstehen[2]. Ihr durchaus praktischer Anspruch, der Normanwendung brauchbare Kriterien an die Hand zu geben, und ihr ständiger Rückgriff auf das Statut des Internationalen Gerichtshofes legen es nahe, sie nicht als Dogmen zu begreifen, die etwa aus Gründen der Normlogik oder soziologischer Erkenntnisse die Wirklichkeit der Gewohnheitsrechtsentstehung so zeichnen, wie sie aus eben diesen Gründen zu sein hätte, sondern als Denkmodelle, um diese Vorgänge mit ihrem tatsächlichen Ablauf in einem System zu

[1] Das Ungenügen der bisherigen Quellenlehren betont auch *Lissitzyn*, International Law S. 37.
[2] Vgl. hierzu allgemein *Wagner* S. 222 ff.

erfassen und aus diesem System heraus verständlich zu machen. Uns erscheint dieses zweite Ziel als das hier allein anzustrebende. Daß seiner Verwirklichung bedeutende, vielleicht kaum überwindbare Schwierigkeiten entgegenstehen, wird noch deutlich werden; daß es aber verfolgt werden muß und Ergebnisse notwendig sind, die sich endlich nicht mehr nur widerspruchslos zu einem gedanklichen Gebäude zusammenfügen lassen, sondern ihre Richtigkeit bei einer — notwendig sehr eingeschränkten — Überprüfung an der Praxis nachweisen können, zeigt gerade die Vielfalt von Theorien, die, alle mit unterschiedlichen Bezugspunkten, zu nur system-immanent zutreffenden und daher für andere unverbindlichen Ergebnissen gelangen. Wenn es des einheitlichen, einigenden Bezugspunktes bedarf, an dem allein eine Theorie zur Entstehung von Völkergewohnheitsrecht sich als zutreffend zu erweisen hat, so kann dies nur eben der Vorgang sein, in dem dieses Recht sich entwikkelt[3]. Daher auch wurde beiden, Theorie und staatlichen Äußerungen, besonderer Raum gegeben; es war zu zeigen, wie sehr sie dieses unser Ziel jedenfalls verfehlen, wie wenig sie eine Antwort auf die hier gestellte Frage geben können.

Damit ist noch nicht jene Gegenposition bezogen, die im Recht nur noch kausale Zusammenhänge sieht. Denn unbefriedigend bleibt auch eine vorbehaltlose Hinwendung zur angeblichen Praxis mit dem Ergebnis, das Völkergewohnheitsrecht entweder als spontanes Produkt „des internationalen Lebens selbst“[4] ohne eigentlichen Entstehungsvorgang darzustellen — über den dann freilich doch berichtet wird — oder andererseits einen bestimmten, schematisch ablaufenden Prozeß sei es des Entstehens, sei es des Erkennens von Völkergewohnheitsrecht ohne weitere Begründung als gleichsam naturnotwendig anzugeben[5] oder schließlich Zuflucht zu nichtssagenden Metaphern zu nehmen[6]. Hier fehlt jede Möglichkeit der Kontrolle und jeder Versuch zur Begründung der Rechtseigenschaft entstandener Regeln, obgleich der Versuch zu begrüßen ist, von theoretischen Vorgefaßtheiten bei Angabe der Konstitutionsmerkmale des Völkergewohnheitsrechts abzusehen.

---

[3] Zur notwendigen Realitätsbezogenheit einer Methode s. auch *Müller* S. 13.

[4] *Bastid* S. 380.

[5] *Bastid* S. 378; *Hudson*, Court S. 609; ders., YILC 1950 II S. 26 Nr. 11 (Diskussion hierzu in YILC 1950 I S. 4 ff., 275 ff.), und ebenda I S. 275 Anm. 5; *McDougal*, AJIL 1955 S. 357 f.

[6] Zu denken ist hier vor allem an den berühmt gewordenen Vergleich von *Cobbett* S. 5 („The growth of usage and its development into custom may be likened to the formation of a path across a common.“), dem eine Anzahl von Autoren zustimmt: *Ballereau* S. 78 f.; *Christol* S. 151 Anm. 106; *Finch* S. 47 f.; *Gouet* S. 66 f.; *Haemmerlé* S. 175; *Mouton* S. 430; *Scelle*, Précis II S. 306 f.; *Rousseau*, Principes S. 837; *de Visscher*, Théories S. 189 f.
Angedeutet ist dieses Bild schon bei *Lorimer* S. 27.

B. Mögliche Fehlerquellen

Wenn im Folgenden versucht werden soll, einen eigenen Beitrag zur Lehre von der Entstehung des Völkergewohnheitsrechts zu geben, dann mit dem Ziel, zu Ergebnissen zu gelangen, die nach Möglichkeit mit der Praxis und den Postulaten der Theorie vereinbar sind. Dies erfordert freilich eine dogmatische Grundlage, die, in sich zutreffend, doch nicht zu Aussagen über die Gestaltung der Rechtslage verleitet, die erst zur Untersuchung steht.

In der Auseinandersetzung mit bisherigen Lehren wird danach zunächst vor allem darauf zu achten sein, aus den Ansätzen der Behandlung des Völkergewohnheitsrechts alle diejenigen Elemente zu entfernen, die dem hier allein behandelten Vorgang der Normentstehung von Völkergewohnheitsrecht fremd sind, zu seiner Kenntnis nicht verhelfen, die Aussage aber in ihrem Sinne beeinflussen können. Von vornherein abzulehnen sind daher zwei Tendenzen, die sich bei den meisten Doktrinen wiederfinden und nicht wenig zur Entschiedenheit und Völkerrechtsfremdheit der Auseinandersetzungen beigetragen haben. Gemeint ist der enge Zusammenhang, in den die Lehre vom Völkergewohnheitsrecht einmal mit der Begründung der Verbindlichkeit des Völkerrechts als Rechtsordnung[1], zum anderen mit der innerstaatlichen Lehre vom Gewohnheitsrecht immer wieder gerät.

I. Die Vermischung von Rechtsentstehung und Sollensbegründung

Schon früh hatte sich die Erkenntnis durchgesetzt, daß die Verbindlichkeit des Rechts vom Recht selbst nicht begründet werden kann[2], da

---

[1] Siehe hierzu *Duisberg*, Völkergewohnheitsrecht S. 18, und 12 JIR S. 141; *Jaenicke* S. 767.

[2] Schon *Jellinek*, Staatenverträge S. 5, 16, trennt zwischen dem „metajuristischen" und dem „formalen" Geltungsgrund des Rechts; *Triepel*, Völkerrecht S. 81, stellt fest: „Der ‚Rechtsgrund' der Geltung des Rechts ist kein rechtlicher." Zust.: *Brierly*, Law of Nations S. 54; RC 1928 III S. 546; RC 1936 IV S. 34; *Heilborn*, RC 1926 I S. 12; *Heller* S. 122; *Jaffe* S. 93; *de Visscher*, Effectivités S. 10.

Der Sache nach ebenfalls: *Ago*, Scienza S. 99 f.; RC 1956 II S. 888, 953 f.; *Anzilotti*, Teoria S. 68; *Balladore Pallieri*, Diritto S. 29, 31 f.; *Berber*, Lehrbuch I S. 39; *Burckhardt* S. 195 (Er spricht von der „Unmöglichkeit, die Verbindlichkeit des... Rechts aus anderen gültig anerkannten Normen abzuleiten".); *Dahm* I S. 11, 12; *Fitzmaurice*, Symbolae Verzijl S. 161; RC 1957 II S. 45 f.; BYIL 1959 S. 196 Anm. 4; *Jaenicke* S. 767; *Kelsen*, Hauptprobleme S. 353; RITD 1939 S. 257; RC 1953 III S. 129; *Kopelmanas*, RDI 1938 S. 102; *Kunz*, Völkerrechtswissenschaft S. 49 f.; *Oppenheim-Lauterpacht* S. 15 Anm. 1; *Perassi* S. 200, 205; *Rousseau*, Principes S. 53; RC 1958 I S. 478; *Scheuner*, RC 1939 II S. 115; *Silving* S. 614; *Sperduti*, Riv. 1956 S. 18; *Strupp*, RC 1934 I S. 299; *Suy* S. 13 f.; *Wohlhaupter* Sp. 735; anders dagegen *Gralla* S. 35.

Von dieser rechtlichen Unbegründbarkeit zeugen auch die Versuche zur Begründung der Verbindlichkeit des Rechts; s. hierzu die Übersichten bei *Ago*,

sie ihm notwendig anhaftet. Ihre Begründung aus einem Rechtssatz wäre eine Tautologie, kann daher zwar soziologisch[3], moralisch[4] oder naturrechtlich[5], nicht aber rechtlich versucht werden. Sie muß, wie *Fitzmaurice* besonders deutlich gezeigt hat[6], zu einer unendlichen Reduktion von Rechtsnorm zu (höherer) Rechtsnorm führen. Dieses Ergebnis aber zwingt die Rechtswissenschaft, das Problem als von ihr nicht lösbar zu erkennen[7], und sollte die Unzulässigkeit des Versuches deutlich machen, die juristisch nicht zu beantwortende Frage nach dem Verbindlichkeitsgrund des Rechts mit der grundsätzlich lösbaren nach der Entstehung des Völkergewohnheitsrechts zu vermengen[8].

Weiter darf in eine Definition des Gewohnheitsrechts die Begründung seiner eigenen Verbindlichkeit nicht einbezogen werden — dies selbst dann nicht, wenn es als „ursprüngliche Rechtsschöpfung", als originär und extrasystematisch aus der Gesellschaft unmittelbar hervorgehendes Recht betrachtet wird. Sicher ist „Gewohnheitsrecht... erst dann vorhanden, wenn es in der betreffenden Rechtsgemeinschaft als verbindlich gilt"[9]. Daraus kann aber nicht gefolgert werden, „die verbindliche Kraft des Gewohnheitsrechts" gehöre „notwendigerweise mit zum Ergebnis seines Entstehungsprozesses", so daß „die Frage nach der verbindlichen Kraft des Gewohnheitsrechts sich von derjenigen nach seiner Entstehung nicht wohl trennen" lasse[10]; das ist nur dann richtig, wenn die Verbindlichkeit der Norm nicht selbst zu einem Teil ihres Tatbestandes erklärt wird, sondern mit ihrer Entstehung begründet ist — in diesem Fall eine Binsenweisheit.

RC 1956 II S. 900 ff., *Whiteman* S. 1—35, und *Zortea* passim; im einzelnen etwa *Brierly*, RC 1928 III S. 547 ff.; *Constantopoulos* S. VII f., X, XIV, 117 Anm. 287, 157; *Jenks*, Hommage Basdevant S. 286 ff., 298 f.; *Mateesco* S. 246; *Meriggi* S. 523; *Rümelin* S. 23 f.; *Venturini* S. 388; *Westlake* S. 81; *Zitelmann* S. 457 ff.

[3] *Basdevant* S. 516; *Suy* S. 14.

[4] *Anzilotti*, Teoria S. 68 f.; *Brierly*, RC 1936 IV S. 34; *Drost*, Grundlagen S. 90, 94; *Jenks*, Hommage Basdevant S. 298 f.; *Kelsen*, RITD 1939 S. 257; *Rümelin* S. 23 f.

[5] *Fitzmaurice*, Symbolae Verzijl S. 166 f.

[6] a. a. O., S. 161 und BYIL 1959 S. 196 Anm. 4.

[7] *Walz*, Völkerrecht S. 27; auch mag hier auf *Kelsen*, Souveränität S. 96, verwiesen werden: „Die Wahl des juristischen Ausgangspunktes juristisch bestimmen zu wollen, hieße sich selbst auf die Schulter steigen, käme dem Versuch Münchhausens gleich, sich an dem eigenen Zopf aus dem Sumpf zu ziehen." Ebenso K. *Wolff* S. 496.

[8] Gegen diese Vermengung auch *Briggs*, Law of Nations S. 44; *Kopelmanas*, RDI 1938 S. 104 Anm. 8; *Kunz*, AJIL 1958 S. 89. — Anders *Duisberg*, Völkergewohnheitsrecht S. 18.

[9] *Wackernagel* S. 361.

[10] *Wackernagel*, a. a. O.; vgl. *Duisberg*, Völkergewohnheitsrecht S. 18: „Eine Untersuchung ... muß ... notwendig zu der Frage nach dem Ursprung der so entstandenen Normen führen, nach dem Grund, der sie spezifisch zu Rechtsnormen macht und ihnen verbindliche Kraft gibt." So auch ders., 12 JIR S. 141; vgl. weiter *Zitelmann* S. 358 f.: „Kennten wir jenen Grund (sc.: der bindenden Kraft des Gewohnheitsrechts)..., so würden sich aus ihm alle Erfordernisse des Gewohnheitsrechts von selbst ergeben."

II. Die Gleichsetzung von Völker- und Landesgewohnheitsrecht

Ebenso fragwürdig ist die apriorische Gleichsetzung von völkerrechtlichem und landesrechtlichem Gewohnheitsrecht, die beiden Normkomplexen als Ausgangspunkt, nicht als Ergebnis der Analyse dieselben Entstehungsvoraussetzungen zuweist[11]. Schon die Möglichkeit eines einheitlichen Begriffes vom Gewohnheitsrecht ist bislang nicht erwiesen, eine überzeugende Konzeption des nationalen Gewohnheitsrechts nicht entwickelt. In jedem Fall kann diese Gleichsetzung aber nur am Ende eines Erkenntnisprozesses stehen, der zunächst bemüht ist, die im Völkerrecht und die im Landesrecht gewohnheitsrechtlich entstandenen Regeln als Normen innerhalb ihrer jeweiligen eigenen Rechtsordnung zu erfassen[12], ohne daß hiermit eine Entscheidung für Monismus oder Dualismus präjudiziert wäre. Eine dann vielleicht erkennbare Übereinstimmung der Entstehungsvorgänge ist aber vom juristischen Standpunkt aus ein Zufall, für die Betrachtung des jeweils anderen Rechts unverbindlich und nur geeignet, den Blick unvoreingenommener Betrachtung zu trüben.

Auf die methodische Unzulässigkeit eines solchen Analogieschlusses vom nationalen auf das Völkerrecht oder eines antezipierten Gewohnheitsrechtsverständnisses deutet schon die Einzigkeit des nur im Landesrecht entstehenden Problems der Möglichkeit konkurrierender Geltung gewohnheitsmäßig entstandenen und gesetzten Rechts und ihres Verhältnisses zueinander[13]. Die Behauptung eines staatlichen Rechtsetzungsmonopols, die Unterworfenheit des Einzelnen unter die staatliche Rechtsordnung verlangen von der Lehre vom nationalen Gewohnheitsrecht eine Lösung des Gegensatzes staatlicher und gesellschaftlicher Rechtsbildung, etwa im Sinne einer Theorie von der notwendigen Anerkennung des Gewohnheitsrechts durch den Gesetzgeber[14]. Für das Völker-

---

[11] So aber *Berber*, Lehrbuch I S. 41 f. (für den die Übereinstimmung nationaler und völkerrechtlicher Definitionen gar „ein interessantes Symptom einer gemeinsamen Rechtsüberzeugung der zivilisierten Nationen über Begriff und Verbindlichkeit des Gewohnheitsrechts darstellt"); *Dahm* I S. 29; *Heilborn*, RC 1926 I S. 20 (an anderer Stelle — Grundbegriffe S. 37 — bezeichnet er das Gewohnheitsrecht als Begriff der „allgemeinen Rechtslehre"; ähnlich *Monaco* S. 48 f.); *Mateesco* S. 216; *Menzel*, Völkerrecht S. 93; *Morelli*, Nozioni S. 28, und RC 1956 I S. 455; *Mosler*, Völkerrecht S. 33; *Rosswog* S. 51; *Wengler*, Völkerrecht S. 174; *Wenzel* S. 347 Anm. 1; anscheinend auch *Balladore Pallieri*, Riv. 1928 S. 338 und passim; *Lauterpacht*, Development S. 387; BYIL 1929 S. 84.

[12] So grundsätzlich auch *Bryde* S. 215; *Oppenheim*, NZIR 1915 S. 4.
Vermittelnd ist nach *Gihl*, Legislation S. 22, das Landesgewohnheitsrecht doch geeignet, die Entstehung auch von Völkergewohnheitsrecht klarer werden zu lassen.

[13] Hierauf weisen hin: *Cavaglieri*, Consuetudine S. 29 f.; *Fedozzi* S. 48; *Triepel*, Völkerrecht S. 96.

[14] Vertreten u. a. von Ph. *Zorn*, ZgS 1880 S. 7, und noch von *Nickusch*

recht konnte sich dieses Problem nie stellen[15], dort sind Rechts- und Rechtsetzungssubjekte zumeist identisch.

Das völkerrechtliche muß daher ohne Beziehung zum innerstaatlichen Gewohnheitsrecht behandelt, auf Spekulationen über ihm immanente Wesenszüge muß verzichtet werden[16]. Gefragt wird allein, wie die Entstehung des Völkergewohnheitsrechts zu begreifen ist.

III. Präjudizierung des Ergebnisses durch rechtstheoretische Festlegungen

Abzulehnen ist weiter eine Deduktion aus theoretischen Grundlagen, die das Ergebnis der Untersuchung schon zu Beginn in solcher Weise beeinflussen, daß eine unbefangene Anschauung und Eingliederung des der Praxis entnommenen Materials nicht mehr möglich ist[17]. So darf nicht gefragt werden, wie das Völkerrecht nach denjenigen Besonderheiten der internationalen Ordnung, die man dort zu erkennen vermeint, zu sein hätte, um dann dieses Postulat unbemerkt, vielleicht unbewußt in eine Aussage über den gegebenen Rechtszustand zu verfälschen. Der Jurist, mit dem Ziel, eine als rechtlich normiert vorausgesetzte zwischenstaatliche Ordnung zu erkennen, muß anders verfahren; er muß fragen, wie die faktischen und auch die schon als Recht erkannten Eigentümlichkeiten dieser Ordnung in ein rechtliches System einzugliedern sind und wie der Inhalt seiner Sätze tatsächlich gestaltet ist, nicht, wie die Rechtssätze formal beschaffen sein müssen, die hier gelten sollen. Das Vorgegebene hat das Recht, hat damit seine Verbindlichkeit zu sein; diese aus der Struktur der Gemeinschaft erklären zu wollen, in der das Recht gilt, muß zu falschen Ergebnissen führen.

1. Der Staatswille als Grund rechtlicher Verbindlichkeit

Ein solcher schon methodisch abzulehnender Ansatz liegt vor allem in einem Verständnis des Staates, das die Spielarten der Selbstverpflichtungslehre hindert, seine Bindung an das Recht zu erfassen. Eine Rechts-

---

S. 122 ff. (vgl. auch die Angaben bei *Enneccerus-Nipperdey* S. 263); anders z. B. *Cavaglieri*, Consuetudine S. 32, wieder anders aber in Corso S. 51.

[15] *Cavaglieri*, Consuetudine S. 33 f.; *Triepel*, Völkerrecht S. 96.

[16] So auch *Bobbio* S. 28; *Triepel*, Völkerrecht S. 91 Anm. 3, 96 f.; vgl. Portugal, ICJ Pleadings, Case concerning Right of Passage ... IV S. 437 und f.: „Il n'y a en effet aucun parallélisme entre la coutume internationale et la coutume interne.“ Zu unterschiedlicher Wertung von Völker- und Landesgewohnheitsrecht kommen auch *Perassi* S. 302 f.; *Rousseau*, Principes S. 823 f.; *Wolfke*, Custom S. 131, und ZNUW 1960 S. 164. Grundsätzlich gegen einen Ausgangspunkt in der staatlichen Theorie des Rechts ist *Kantorowicz* S. 31 f.

[17] Zur Unmaßgeblichkeit der Logik für die inhaltliche Gestaltung von Rechtssätzen s. *Drucker* S. 4; *Fachiri*, BYIL 1929 S. 53 f.; *Nelson* S. 27; *Wolfke*, Custom S. 164.

wissenschaft, die davon ausgeht, die internationalen Beziehungen seien rechtlich normiert, und die das Recht als heteronom geltend begreift, kann die Staaten nicht zugleich als Schöpfer der Verbindlichkeit des Rechts und als diesem unterworfene Rechtssubjekte betrachten; das Völkerrecht läßt sich bei diesem Ausgangspunkt nicht als Ergebnis eines Staatswillens deuten, der seine eigene Voraussetzung, seine Erheblichkeit, erst schafft[18].

2. *Die Unverpflichtbarkeit des Staates*

Gleichermaßen widersprüchlich ist es aber, aus dieser Unmöglichkeit die Konsequenz zu ziehen und den Staat als rechtlich nicht verpflichtbar zu verstehen. Will man ihn innerhalb eines rechtlich zu erfassenden Systems erkennen und das Völkerrecht als Aufgabe der Rechtswissenschaft betreiben, dann darf der Staat nicht als außerhalb des Rechts stehend angenommen werden.

3. *Das Völkergewohnheitsrecht als notwendig vertraglich entstandenes Recht*

Eine weitere unzulässige Einschränkung liegt darin, daß das Völkergewohnheitsrecht als in jedem Falle und notwendig vertraglich entstanden ausgegeben wird[19]. Zwar darf nicht ausgeschlossen sein, daß hierin die Antwort auf die Frage nach der Entstehung von Völkergewohnheitsrecht liegt; als Ansatzpunkt kann aber dieses nur mögliche Resultat nicht gewählt werden.

4. *Die Rechtsnorm als Ergebnis eines Willensaktes*

Abzulehnen ist endlich jene außerhalb aller individueller Völkerrechtslehren stehende Voreingenommenheit, die Rechtsnorm immer nur als Ergebnis eines Willensaktes zu bestimmen, nach dem dann auch die Lehre vom Völkergewohnheitsrecht zu suchen und alsdann im Näheren die Art und Weise der Rechtwerdung auf der Grundlage des gefundenen Willens zu erforschen hätte.

So definiert etwa *Kelsen* als Norm einen Willensakt mit dem subjektiven und objektiven Sinn eines Sollens[20] und steht dadurch vor der Notwendigkeit, auch im Gewohnheitsrecht einen solchen Willen zu erkennen als „kollektiven Willen, dessen subjektiver Sinn ein Sollen ist".[21] Mit der Definition der Rechtsnorm vermischt sich die des positiven als

---

[18] Vgl. hierzu auch *Drucker* S. 19 f.

[19] So auch *v. d. Heydte*, FW 1933 S. 295.

[20] Rechtslehre S. 7 und passim; auf den Willen stellen es ausdrücklich ferner ab: *Esser*, Grundsatz S. 137; *Salvioli*, RC 1933 IV S. 8; *Scrimali* S. 192.

[21] Rechtslehre S. 9; s. auch S. 231 f.

gesetzten Rechts: „Wenn Gewohnheitsrecht ... positives, d. h. gesetztes Recht ist, muß es einen individuellen oder kollektiven Willensakt geben, dessen subjektiver Sinn ein Sollen ist[22]."

Dieser Betrachtungsweise liegt ein methodischer Fehler zugrunde: *Kelsen* erhält seine Begriffe der Rechtsnorm und des positiven Rechts aus der Betrachtung des „typischen", des innerstaatlichen gesetzten Rechts und folgert von dort auf die anderen formellen Rechtsquellen[23]. Was aber für das im staatlichen Gesetzgebungsverfahren entstandene Recht begriffliche Entstehungsbedingung ist — eben die gewollte Setzung —, ist es nicht notwendig für diejenigen Normen, die gerade nicht aus einem solchen Verfahren hervorgegangen sind. Theoretisch möglich mag freilich auch dies sein, aber als Voraussetzung genommen verengt die Analogie zum innerstaatlichen Recht als petitio principii den Blickwinkel und fordert gebieterisch die Weiterentwicklung des einmal gewählten, nicht zweifelsfreien Ansatzes.

Hinzuzufügen ist, daß auch *Kelsen* dieses sein Positivitäts- und Rechtsverständnis nicht folgerichtig durchführt. Wenn er etwa als Rechtsnorm nicht nur den Inhalt eines Willens-, sondern auch eines Denkaktes bezeichnet[24], wenn er die rechtliche Regelung menschlichen Verhaltens auch im negativen Sinne, also insofern möglich sein läßt, als „dieses Verhalten durch die Ordnung nicht verboten ist, ohne durch eine den Geltungsbereich einer verbietenden Norm einschränkende Norm positiv erlaubt zu sein"[25], wenn er in Fällen von (rechtspolitischen) Rechtslücken die „Anwendung der Rechtsordnung" insgesamt für zulässig hält[26], dann räumt er hier immer die Möglichkeit der Geltung von Rechtssätzen ein, denen kein Willensakt zugrundeliegt.

Zugleich verengt *Kelsen* den Begriff des positiven Rechts. Ohne des Näheren auf diese nur terminologische Frage einzugehen, soll hier unter positivem ein inhaltlich geschaffenes im Gegensatz zu einem „natürlichen" Recht verstanden werden[27], wie dies auch *Kelsen* tut[28]. Falsch

---

[22] Rechtslehre S. 232; in Widerspruch hierzu stehen seine Ausführungen in RC 1953 III S. 123, wo er zwar wie auch später zur Begründung des Gewohnheitsrechts ein Verpflichtungsbewußtsein fordert, zugleich aber die Entstehung dieser Normen als unbewußten, unbeabsichtigten Vorgang beschreibt.

[23] Siehe auch allgemein *Gihl*, Legislation S. 27.

[24] Rechtslehre S. 9.

[25] Rechtslehre S. 16; s. auch S. 43—45, 248 f.

[26] Rechtslehre S. 251.

[27] *Kunz*, AJIL 1958 S. 87: „,Positive' law means from the earliest times not just enacted, but man-made law in contrast to natural law; and this is the meaning today. Law is positive law ... because it is man-made." So auch schon ders., Völkerrechtswissenschaft S. 5; ebenfalls gegen das Naturrecht gerichtet ist der Positivitätsbegriff bei *Verdross*, Einheit S. 80 und Anm. 6, der das positive Recht jenem gegenüber aber nicht nach der Entstehung, sondern der Realisierung durch Organakte abgrenzt.

Ohne aber auf den Streit um die Bedeutung der Positivität des Rechts einwäre es jedoch, aus dieser Einbeziehung des Setzungsaktes schon auf das Erfordernis einer dem staatlichen Recht entsprechenden formalisierten und zweckgerichteten Setzung zu schließen. In einer früheren Schrift hat sich *Kelsen* mit Recht gerade unter Hinweis auf das Gewohnheitsrecht dagegen verwahrt, „die Positivität des Rechts ... mit seiner Gesatztheit zu verwechseln, das hier entscheidende Moment in den Satzungsakt, in die Tatsache zu verlegen, daß die Rechtsnorm in einem Gesetzgebungsprozeß erlassen wird“[29]. Von dieser Feststellung abzugehen, besteht auch heute kein Grund. Positivität soll demnach als Eigenschaft verstanden werden, die ausschließlich Rechtsnormen und darunter nur denjenigen zukommt, die, wie *Kunz* treffend betont, in irgendeiner Weise „man-made“ sind, ihren Inhalt durch einen von Menschen sich herleitenden Kreationsakt empfangen haben[30].

5. *Das Sollen als Produkt des Wollens*

Dieselbe Begründung der Rechtsnorm aus einem Willen, seine Aufnahme in die Definition der Rechtsquelle[31] findet sich dort, wo das Recht als Sollen und demzufolge scheinbar notwendiges Produkt eines Willens

zugehen, sei doch angemerkt, welche Bedeutung dem Terminus in der sonstigen völkerrechtlichen Literatur zukommt. Für *Baumgarten* ist „positivrechtlich ... eine Norm, insofern sie ausgeht von einer Stelle, deren Befehle in der Mehrzahl der Fälle ausgeführt werden“ (Recueil Gény III S. 322). Auf die inhaltliche Festlegung des Rechts „durch die Erklärung einer Autorität“ stellt es ähnlich auch *Burckhardt* ab (S. 351; s. aber S. 196!), und schon *Bergbohm* bestimmt die Positivität nach dem „competenten rechtsbildenden Willen“, nach dem Erlaß der Norm durch eine „äußere Autorität“ (S. 40 f.; vgl. auch *Cavaglieri*, Corso S. 35; hiergegen *Kelsen*, Souveränität S. 89 Anm. 1; *Verdross*, Einheit S. 78; auch *Ago*, RC 1956 II S. 897, 950; *Ross*, Theorie S. 6). Für andere ist es die Art, in der das Recht sich zeigt, seine Wirksamkeit, die die Positivität begründet (*Meriggi* S. 501 f.; ähnlich *Ago*, 6 AVR S. 290; *Giraud*, Hommage Basdevant S. 216 ff.; *Laun*, Festschrift Spiropoulos S. 326; *Ross*, Theorie S. 279: „Positives Recht bedeutet dasselbe wie geltendes Recht, ‚wirkliches‘ Recht, wahres Recht, existierendes Recht.“). Derselbe Bezug auf die Realität findet sich auch bei *Kunz*, Völkerrechtswissenschaft S. 5, wenn er das positive Recht nicht nur mit *Kelsen* (Souveränität S. 93; vgl. auch *Bobbio* S. 31: „regole riferibili ... ad una fonte“) nach dem Ableitungszusammenhang, sondern zugleich danach bestimmt, ob es „erfahrungsmäßig gegeben“ ist. Für *Sperduti*, Riv. 1956 S. 30, „la positività del diritto è tutt' uno con la sua storicità, con il suo atteggiarsi a sistema effettivo di organizzazione sociale“, Wirkung und Systemzugehörigkeit werden verschmolzen. Bei *Quadri* schließlich (Diritto S. 189 ff.) fallen Positivität und Garantie der Durchsetzung zusammen.

[28] „Die Normen einer Rechtsordnung müssen durch einen besonderen Setzungsakt erzeugt werden. Es sind gesetzte, d. h. positive Normen, Elemente einer positiven Ordnung“ (Rechtslehre S. 201).

[29] Souveränität S. 93; vgl. auch ders., RC 1926 IV S. 265, wo er die Herleitung der Norm aus einem Willen als „expression anthropomorphique de l'idée de la validité d'une norme“ bezeichnet.

[30] AJIL 1958 S. 87.

[31] *Triepel*, Völkerrecht S. 30: „Den Willen nun, dessen Inhalt der Rechtssatz bildet, den Willen, aus dem er fließt, nennen wir Rechtsquelle“; s. auch RC 1923 S. 82, *Heller* S. 121 f., 128, und die gesamte Lehre vom Gemeinwillen.

bestimmt wird[32]. Zutreffend nennt es *Kelsen* eine „irreführende Ungenauigkeit", die Feststellung, daß etwas gewollt, und die, daß etwas gesollt wird, als Aussagen über denselben Sachverhalt auszugeben[33]. Beides unterscheidet nicht, daß einmal über das Sein, zum anderen über das Sollen *ausgesagt* wird[34], denn auch die Feststellung des Sollens behauptet ein — allerdings ideales — Sein[35], sondern die Qualität einerseits des historischen Wollens als Seinstatsache, andererseits der Verpflichtung als ein Sollen. In diesem Sinne besteht zwischen den Gegenständen der Aussage eine „formale Trennung"[36]. Eine Kausalbeziehung zwischen Wollen und Sollen kann allein aus dem Wollen heraus nicht bestehen, nichts ist allein deshalb gesollt, weil es gewollt wird[37], ein Wille kann nicht hinreichende Bedingung eines Sollens sein[38], „als ob die Verbindlichkeit einer Norm durch zeitliche Vorgänge erklärt werden könnte"[39]. Der entgegengesetzten Auffassung müßte sich die Entstehung der Verbindlichkeit von Rechtsnormen als naturwissenschaftlich erforschbarer, kausal determinierter Vorgang darstellen, was sie gerade nicht ist[40]. Im Gegenteil beschränkt sich die Bedeutung des Willens dar-

---

[32] *Eisler* S. 1362 (Stichwort „Sollen"): „Sollen ist das Korrelat eines Willens, ein Ausdruck für das von einem Willen ... Geforderte." *Somló* S. 62: „Mithin setzt ... der Begriff der Rechtsnorm als einer empirischen Norm den Begriff des Willens voraus."

[33] Hauptprobleme S. 67 f.; so auch *Husserl* S. 40.

[34] Anders *Kelsen*, Hauptprobleme S. 68; Rechtslehre S. 83: „Das ‚Sollen' hat im (sc.: von der Wissenschaft formulierten) Rechtssatz einen bloß deskriptiven Charakter. Daraus, daß der Rechtssatz etwas beschreibt, folgt aber nicht, daß das Beschriebene eine Seinstatsache ist."

[35] H. *Huber* S. 56; *Ross*, 8 ÖZöR S. 481 Anm.; früher auch *Kelsen*, Staatsbegriff S. 76; anders *Nelson* S. 9: „Wenn eine Norm gilt, so ist das, was sein soll, ein Seiendes. Keineswegs aber wird dadurch das Sollen selbst zu einem Seienden." Siehe auch S. 11.

[36] *Kelsen*, Hauptprobleme S. 68; vgl. auch *Gralla* S. 18 ff.

[37] *Krüger* S. 279: „Selbstverständlich ist es hier nicht die Natur, die die Rechtswirkung hervorbringt, wie überhaupt zwischen Tatbestand und Rechtsfolge nicht das Verhältnis von Ursache und Wirkung obwaltet." Vgl. ferner *Kelsen*, RC 1926 IV S. 265; *Rousseau*, Principes S. 49.

[38] Vgl. *Nelson* S. 132, 158; *Somló* S. 61 f. verkennt dies. Daß für seine „empirischen Normen", d. h. „Normen, die ein Sollen ausdrücken, das auf einen Willen zurückführt", der Wille conditio sine qua non jedenfalls dann ist, wenn sich ein historischer Willensakt nachweisen läßt, ist richtig; daß dieser Akt aber darüber hinaus conditio per quam des Sollens ist, was *Somló* behaupten müßte, wenn er die empirischen gegen die absoluten Sollensnormen abhebt, folgt aus der ersteren Funktion des Willens nicht.

[39] *Burckhardt* S. 196 Anm. 83.

[40] Vgl. auch *Zitelmann* S. 357 ff.: Die Frage nach den Erfordernissen des Gewohnheitsrechts sei die nach dem Kausalmoment seiner Entstehung, nach dem „einen rechtfertigenden Grund, warum gerade diese Erfordernisse Ursache für jene Wirkung — die Entstehung des Gewohnheitsrechts — sind ... Kennte man nun die Erfordernisse ... vollständig ..., so würde auch der sog. Grund seiner bindenden Kraft leicht zu ermitteln sein: er müßte sich aus den Erfordernissen wie aus einem offenen Buch herauslesen lassen ... Umgekehrt: kennten wir jenen Grund ..., so würden sich aus ihm alle Erfordernisse des Gewohnheitsrechts von selbst ergeben ..."

auf, als Merkmal eines normierten Tatbestandes und insoweit als notwendige Bedingung am Werden von Sollenssätzen mitzuwirken, sie inhaltlich zu gestalten, ohne aber ihre Verbindlichkeit zu konstituieren.

Damit wird der Wille ein nur mögliches Tatbestandsmerkmal eines Sollenssatzes und hat auch für die Konstituierung von Völkergewohnheitsrechtsnormen keine notwendige, schon aus ihrer Normqualität sich ergebende Bedeutung mehr. Der Wille als notwendiger Bestandteil der Rechtsnorm oder unumgängliche Entsprechung des Sollens erweist sich als Relikt eines mechanistischen Denkens, das den Erfolg — das Sollen eines Tuns im weitesten Sinne — nicht anders als durch eine reale Causa — den Willensakt — bedingt verstehen kann. Besonders deutlich wird dies, wenn für das Gewohnheitsrecht die Grundlage in einem Willensakt deshalb verlangt wird, weil allein eine solche „rechtlich normative Prätention“[41] zu erklären imstande sei, „wieso eine Gewohnheit, also eine soziale Tatsache aus dem Bereich des Seins, zu einem Satz des Sollens werden kann“[42]. Doch ist der Wille, mag sein Anspruch auf welches Ziel auch immer gehen, allemal selbst eine „soziale Tatsache aus dem Bereich des Seins“ und vermag Wirkungen außerhalb der Kategorie, der er zugehört, nicht zu erzeugen, ist also zur Begründung der Rechtsqualität des Völkergewohnheitsrechts ebensogut oder so schlecht geeignet wie die Gewohnheit selbst. Die Frage nach dem Grunde eines Sollens ist daher immer nur aus dem Sollen selbst zu beantworten, ohne daß man zu diesem Zweck auf den Willen zurückgreifen könnte.

C. Die Voraussetzungen

Rechtstheoretische Voraussetzungen sind indessen nicht zu vermeiden; keine Behandlung eines juristischen Gegenstandes kann auf ihre Prämissen verzichten[1], die in ihrem eigenen Rahmen unerweislich sind. Zu fordern ist allein ihre Darstellung und eine Wahl in der Art, daß sie die Antwort auf eine Rechtsfrage nicht, wohl aber die Konstruktion eines Systems[2] und damit die Fragestellung selbst, aber auch diese nur formal beeinflussen können[3]. Selbst rechtlich, d. h. aus Normen gewonnen, sind diese Prämissen freilich nicht.

---

[41] *Rudolf* S. 82.

[42] *Rudolf* S. 83.

[1] *Kelsen,* Souveränität S. VIII; *Ziccardi,* RC 1958 III S. 268.

[2] *Kelsen,* RC 1926 IV S. 296: „Tel est sans conteste le but de toute théorie juridique et même de la science du droit: constituer un ordre universel, qui groupe en un système unique toutes ces règles du droit positif.“

[3] Es mag darauf hingewiesen werden, daß es nicht in der Absicht des Verf. liegt, ausführliche Stellungnahmen zu einzelnen lediglich deshalb angeschnittenen Problemen der Rechtsphilosophie abzugeben, weil eine Antwort in

I. Die Rechtsquelleneigenschaft des Völkergewohnheitsrechts

Aufzubauen ist auf der Rechtseigenschaft des Völkerrechts[4], die im Rahmen dieser Arbeit nicht weiter belegt werden soll. Das Völkergewohnheitsrecht wird als Rechtsquelle innerhalb dieser Rechtsordnung[5] betrachtet. Dabei wird als Rechtsquelle nicht allgemein mit einer auf Kosten des Verständnisses gehenden Bildhaftigkeit „der Ort auf den juristischen Gefilden" verstanden, „an dem der Strom der Rechtsregeln hervordringt"[6]. Vielmehr sollen für den hier allein interessierenden Bereich des Völkerrechts nach dem dort üblichen Sprachgebrauch[7] die Staatenpraxis und ihr Nachweis als verschiedene Rechtsquellen verstanden[8] und materielle und formelle Rechtsquelle[9], die Quelle des Rechts und die einer Verpflichtung[10], die Quelle der Verbindlichkeit der Rechtsordnung und derjenigen einzelner Normen[11] jeweils

---

welchem Sinne auch immer für das folgende von Bedeutung ist. Der Unvollständigkeit gerade der nachstehenden Ausführungen ist sich der Verf. voll bewußt.

[4] So die heute ganz h. M., die das Völkerrecht immer vom Begriff des Rechts her definiert; vgl. u. a. *Ago*, RC 1956 II S. 951; *Drost*, Grundlagen S. 1, 34; *Hoffmann*, Verantwortung S. 9; *Hurst* S. 124; *Koenigsgarten* S. 14 ff.; *Rudolf* S. 58; *Virally*, Mélanges Rolin S. 497; *Wright*, Enforcement S. 12; s. auch die Entscheidung im Prometheus-Fall, 2 Hongkong L. Rep. 207, 225 (bei Orfield-Re S. 9 f.).

Anders noch *Burdeau* S. 193; *Geffcken* S. 39. Einen Überblick über die Lehren geben insbesondere *Kelsen*, Souveränität S. 196 ff.; *Truyol* passim; *Walz*, Wesen passim; *Whiteman* S. 1—35; *Zortea* passim.

[5] Der zugrunde gelegte Begriff der Rechtsordnung ist der formale *Kelsens*, Staatslehre S. 99 und RITD 1939 S. 255; ihm folgend z. B. *Hoffmann*, a. a. O., S. 9; ähnlich *Vanni* S. 26 und insoweit auch *Heller* S. 128 f., 136, der jedoch die einheitsbegründende Grundnorm durch die „Souveränität" einer „universellen Entscheidungs- und Wirkungseinheit" ersetzt und die Rechtsqualität des Völkerrechts leugnet (S. 136). Abgelehnt werden materielle Implikationen wie bei *Bruns* S. 9 f.

[6] *Renner* S. 51; ähnlich *Heilborn*, RC 1926 I S. 11; *Holtzendorff* S. 79; *Oppenheim*, NZIR 1915 S. 11; *Scelle*, Recueil Gény III S. 400.

[7] Zu dessen Maßgeblichkeit s. *Cohen-Jonathan* S. 120; *Giraud*, Mélanges Rolin S. 217; *Lauterpacht*, RC 1937 IV S. 157; *Ross*, Theorie S. 290.

[8] *Fitzmaurice*, Symbolae Verzijl S. 153; nur in diesem Sinne unterscheidet *Bustamante* „sources génératrices" und „sources certifiantes" (S. 60 f., 79 f.).

[9] *Fitzmaurice*, a. a. O., S. 154 und ähnlich *Soerensen*, Sources S. 14; nur im formellen Sinn wird der Begriff gebraucht bei *Bobbio* S. 19; *Briggs*, Law of Nations S. 44; *Cansacchi* S. 21 f.; *Dahm* I S. 15; *Gihl*, Character S. 72; *Jaenicke* S. 767; *Kunz*, AJIL 1958 S. 88; *Liver* S. 12 („Positivierungsquellen"); *Meleń* S. 73, 76; *Morelli*, Nozioni S. 21; *Perassi* S. 195; *Rousseau*, Principes S. 108; Suy S. 5; *de Visscher*, RC 1925 I S. 345 f.; *Walther* S. 65; *Ziccardi*, 10 CS S. 227. Ähnlich auch *Ross*, Lehrbuch S. 81 („... die allgemeinen Faktoren [Motivkomponenten], die den konkreten Rechtsinhalt der völkerrechtlichen Rechtsentscheidung bestimmen"). Zur formellen Rechtsquelle s. auch *Kopelmanas*, RGDIP 1936 S. 293, und RDI 1938 S. 120.

[10] *Fitzmaurice*, a. a. O., S. 154; vgl. auch *Triepel*, Völkerrecht S. 30; anders *Manigk* S. 61.

[11] *Fitzmaurice*, a. a. O., S. 155; nur als Geltungsgrund wird die Rechtsquelle verstanden von *Geiger* S. 169; *Kelsen*, Souveränität S. 106 f.

Zur Unterscheidung der Rechtsquellen vgl. auch *Berber*, Lehrbuch I S. 37 ff.;

begrifflich einander gegenübergestellt werden. Danach muß „das" Völkergewohnheitsrecht — im Sinne einer abkürzenden Bezeichnung für jede einzelne Gewohnheitsrechtsnorm — als formelle, als „Rechtseigenschaftsquelle", aufgefaßt werden, als Inbegriff von Rechtssätzen, die wegen der Art ihrer Entstehung von allen anderen derselben Rechtsordnung wie von außerrechtlichen Regeln unterschieden sind. Eben diese Besonderheiten gewohnheitsmäßiger Völkerrechtsbildung durch die Staaten sind im Folgenden zu untersuchen.

1. *Die rechtserzeugende Kraft der Gewohnheit*

Dieser Auffassung vom Völkergewohnheitsrecht liegen zwei Prämissen zugrunde: die Annahme, daß die Gewohnheit dem Recht zugehörige Sollenssätze schafft, also rechtserzeugende Kraft besitzt[12], und die Voraussetzung der Fähigkeit der Staaten, Normen des Völkergewohnheitsrechts zu schaffen, also Völkerrechtsetzungssubjekte zu sein[13].

Daß es Sollenssätze sind, die von der Gewohnheit erzeugt werden, und daß diese dem Recht angehören, bleibt der Empirie unzugänglich, da sie auf die Erkenntnis des Verhaltens von Individuen beschränkt ist, das allgemein den Staaten zugerechnet wird. Empirisch unbeweisbar und ohne den Zwang unmittelbarer Evidenz bleibt also, daß die Annahme eines — gar rechtlichen — Sollens richtig, ein Verhalten gesollt und damit der Übergang von der deskriptiv-historischen zur normativ-rechtlichen Betrachtung der internationalen Beziehungen notwendig ist, die

---

Brunner S. 39; *Geiger* S. 169 ff.; *Kelsen*, Rechtslehre S. 238 f.; *Meleń* S. 71 ff.; *Ross*, Theorie S. 290 ff.; *Sperduti*, Fonte S. 99 ff.

Dagegen lehnt *Schwarzenberger*, CLP 1956 S. 236, den Begriff der Rechtsquelle ab.

[12] Für *Raestad*, Philosophie S. 46, 50 f., ist dies ein notwendiges Axiom der Völkerrechtswissenschaft.

[13] Die völkergewohnheitsrechtschaffende Funktion der Staaten wird nahezu allgemein anerkannt; s. statt aller *Anzilotti*, Teoria S. 29 f.; *Bergbohm* S. 5; *Cavaglieri*, Consuetudine S. 34: *D'Amato*, IJIL 1966 S. 514; *Gihl*, Legislation S. 41; *Härle*, Entscheidungsgrundlagen S. 51, und RDILC 1935 S. 670; *Heilborn*, RC 1926 I S. 14 f.; *Kopelmanas*, BYIL 1937 S. 151; *Kunz*, Anerkennung S. 4 (Für ihn besteht das „völkerrechtliche Grundnormengefüge" geradezu — auch — „aus der den ‚Staat im Sinne des Völkerrechts' determinierenden Norm".); *Parry*, Sources S. 8 f.; *Perassi* S. 286; *Strupp*, Theorie S. 2; *Venturini* S. 388; *Walz*, Völkerrecht S. 188 ff.; im Ergebnis auch *Scelle*, Recueil Gény III S. 405, 422; *Schwarzenberger*, CLP 1956 S. 237; *Sontag* S. 45.

Anders *Baumgarten*, Grundzüge S. 161 f. („In Wahrheit ist das Rechtssubjekt, das das Völkerrecht setzt, die Völkergemeinschaft." Vgl. hierzu ausführlich *Müller*, besonders S. 29 ff., 199 ff.); *Jellinek*, Staatenverträge S. 2, 5 (Recht schafft das „Volk in seiner natürlichen Existenz".); *Verdross*, Verfassung S. 48 f. (Diese Aufgabe liegt bei den „aus staatlichen Organen zusammengesetzten Vereinbarungsorganen".); die rechtsetzende Funktion jedenfalls auch der Individuen erkennen z. B. an: *Mateesco* S. 212 und *Scelle*, Précis II S. 306; RC 1933 IV S. 433; hiergegen *de Visscher*, Théories S. 189, und RC 1925 I S. 353.

von der historischen Vorgegebenheit der Staaten gegenüber dem Völkerrecht absieht und damit das Recht als verbindlich erst verstehbar macht[14]. Die Rechtswissenschaft kann diesem Mangel nicht abhelfen, das von ihr behauptete Sollen nicht beweisen, sondern nur unterstellen, indem sie die Normeigenschaft — hier der Staatengewohnheit — voraussetzt[15], sie also als Prämisse annimmt. Dies gilt auch für den Rechtscharakter der behaupteten Normen. Er wird, sofern man nicht seinen Begriff willkürlich a priori setzt oder aus Zweckmäßigkeitsgründen entwickelt, unter Heranziehung historischer Präzedenzfälle oder mit Hinweisen definiert, die sich auf die einmal vollzogene Wertung eines Verhaltens als gesollt, schließlich als rechtlich gesollt, beziehen[16] und durch die Herausarbeitung der dabei entwickelten, für die Benennung als Rechtssatz wesentlichen Kriterien induktiv zu einem Begriff führen, unter den die Rechtswissenschaft das ihr zur Verfügung gestellte, als Summe von Normen behauptete Material lediglich zu subsumieren hat[17]. Die der Rechtswissenschaft allein legitime Aufgabe ist Normerkenntnis und -interpretation[18] jedenfalls dann, wenn diese ihre Funktion, die sie von anderen Wissenschaften unterscheidet und damit ihren Begriff bezeichnet, zugleich ihr Ziel ausschließlich bestimmt[19]. Dieses Ziel aber, Rechtsnor-

---

[14] Zur notwendigen Unterscheidung „der historischen Beziehung von Fakten und der logischen Beziehung von Normen" s. *Kelsen*, Festgabe Makarov S. 241; Rechtslehre S. 338; Principles S. 564 f.; Theory S. 370; *Verdross*, Verfassung S. 39 f., und RC 1927 I S. 290 f.; s. auch *Anzilotti*, Völkerrecht S. 49 f.; *Burckhardt* S. 199; *Drost*, Grundlagen S. 132; *Hostie*, RC 1932 II S. 483 Anm. 1; *Starke*, BYIL 1936 S. 81; anders wohl *Bobbio* S. 54 f.; *Gihl*, Legislation S. 90 f.; H. *Huber* S. 76 Anm. 109; *Séfériadès*, RC 1930 IV S. 186; *Triepel*, RC 1923 S. 87.

[15] Irreführend ist die Ansicht, allein mit dieser Hypothese die Frage nach der Entstehung von Völkergewohnheitsrechtsnormen lösen und sich ganz der Betrachtung eines „Phänomens" des Völkergewohnheitsrechts hingeben zu können (so aber *Putzier* S. 13 f.).

[16] Vgl. *Kunz*, Völkerrechtswissenschaft S. 5, 63, 68, 77.

[17] s. auch die Methode von *Kantorowicz* S. 22 ff., besonders S. 24 f., 28, der vornehmlich auf den Nutzen der Begriffsbestimmung für die jeweilige Wissenschaft abstellt; ähnlich *Zippelius* S. 6.

[18] *Castberg* S. 321; *Kelsen*, Rechtslehre S. 4.

[19] *Kant* IV S. 13 (Prolegomena; Vorerinnerung): „Wenn man eine Erkenntnis als Wissenschaft darstellen will, so muß man zuvor das Unterscheidende, was sie mit keiner anderen gemein hat, und was ihr also eigentümlich ist, genau bestimmen können." Spezieller noch *Jellinek*, System S. 12 f.: „Ohne eine genaue Abgrenzung der Welt der juristischen Begriffe gegen andere Erkenntnissgebiete ist ... eine gedeihliche Untersuchung ... unmöglich ... Und es ist sogar ein schwerer methodologischer Fehler, die Betrachtungsweise eines Erkenntnissgebietes den Forschungen auf einem ganz anderen zugrunde zu legen." Siehe auch *Kelsen*, Rechtslehre S. 1, 72: „Die Rechtswissenschaft sucht ihren Gegenstand ‚rechtlich', d. h.: vom Standpunkt des Rechts aus zu begreifen. Etwas rechtlich begreifen kann aber nichts anderes bedeuten, als etwas als Recht ... zu begreifen." Ohne einen der Rechtswissenschaft vorgegebenen Rechtsbegriff ist diese Erkenntnismethode aber nicht möglich, denn er selbst ist nicht „vom Standpunkt des Rechts aus zu begreifen"; s. auch ebenda S. 73, 108. Wie *Jellinek* auch *Kunz*, Völkerrechtswissenschaft

men zu erkennen, setzt notwendig einen Begriff vom Recht voraus, der entscheidet, was Rechtsnorm ist, ohne daß er wiederum rechtlich erfaßt werden könnte. Der Rechtswissenschaft, auf die Ausdeutung dessen beschränkt, was bereits Recht ist, fehlt es also an den ihr zugänglichen Kriterien zur Bestimmung der Eigentümlichkeiten ihres Gegenstandes. Wenn sie den Rechtsbegriff dennoch mitgestaltet, dann durch unzutreffende Subsumtionen oder durch ihr fremde soziologische, psychologische oder philosophische Untersuchungen[20], für die der Jurist in dieser seiner speziellen Eigenschaft nicht zuständig ist[21]. Diese Arbeit geht daher von einer mit rechtswissenschaftlichen Methoden nicht überprüfbaren Prämisse aus: der Norm- und Rechtseigenschaft ihres Gegenstandes[22].

2. *Die Völkerrechtsetzungssubjektivität der Staaten*

Der Beweis für die Richtigkeit unserer zweiten Voraussetzung, der Fähigkeit der Staaten zur Schaffung von Völkergewohnheitsrechtsnormen, scheitert zwar nicht an den Grenzen der Rechtswissenschaft, erweist sich aber wegen ihrer nahezu völligen Unstreitigkeit als unnötig. Nur auf die Konstruktion dieser Rechtsetzungskompetenz mag hingewiesen werden: Begreift man Normen als ein Sollen, dann sind alle an ihrer Entstehung beteiligten Faktoren als Elemente rechtlich normierter Tatbestände zu beurteilen[23]. Wie das Völkergewohnheitsrecht Recht ist,

---

S. 50, doch widersprüchlich („Die Rechtswissenschaft ... als Erfahrungswissenschaft vom positiven Recht"; S. 63, 68). — Einen anderen Begriff vertritt *Ago*, RC 1956 II S. 919 f.

[20] Ein Beispiel hierfür gibt *Kelsen*, Rechtslehre, der zwar „eine Theorie des positiven Rechts" aufstellen will (S. 1), sich aber genötigt fühlt, den Gegenstand der Rechtslehre begrifflich zu bestimmen (S. 31) und dann zur durchaus unjuristischen Untersuchung „gesellschaftlicher Phänomene" gelangt (S. 32). Ähnlich *Gihl*, Character S. 67; wie hier *Perassi* S. 200: „Fissare la ‚nozione' di un dato ordinamento giuridico è oggetto dell' indagine sociologica."

[21] *Kunz*, Anerkennung S. 5: „Rechtswissenschaft κατ' ἐξοχήν ist Rechtsdogmatik, Theorie und System des positiv geltenden Rechts" — also gerade nicht Begriffsklärung. (Anders aber *Kunz*, Völkerrechtswissenschaft S. 51) *Kantorowicz* S. 28 hält die Definition des Rechts zwar für eine Aufgabe der „allgemeinen Rechtslehre", kann aber den Rekurs auf andere Wissenschaften nicht vermeiden.

[22] So auch *Basdevant* S. 516: „Le juriste pourrait se borner à cette constatation." Vgl. ferner *Castberg* S. 322; *Kelsen*, RITD 1939 S. 258, und Staatslehre S. 129: „Das als Recht zu deutende Material ist nicht a priori Recht, es wird zum Recht erst durch die Rechtshypothese, vermittels deren es gedeutet wird;" ders., Staatsbegriff S. 13 Anm. 1 (S. 14) (gegen die Notwendigkeit einer bloßen Rechtshypothese aber *Ago*, RC 1956 II S. 892, 898); *Zippelius* S. 7.

Zur Notwendigkeit von — relativen — Axiomen jeder Wissenschaft s. auch *Husserl* S. 48 f.; *Kunz*, Völkerrechtswissenschaft S. 20; *Raestad*, Philosophie S. 44, für die Völkerrechtslehre insbesondere S. 46.

[23] Damit folgt die Arbeit dem dualistischen Denkmodell von der Disparität zwischen Sein und Sollen, will aber auf die Auseinandersetzungen um diese Lehre nicht weiter eingehen; ihre jüngste und überzeugende Rechtfertigung findet sie bei *Klug*, passim; s. weiter *Ago*, Scienza S. 30, und RC 1956 II S. 884;

weil es in einem vom Recht bestimmten Verfahren entsteht, so sind die Staaten Völkerrechtsetzungssubjekte kraft einer sie zur Rechtsetzung ermächtigenden Völkerrechtsnorm[24].

II. Der Begriff des Rechts

Als Recht wird hier vor allem ein spezifisches Sollen verstanden — eben das rechtliche Sollen. Es wäre ein Mißverständnis, hierin eine Tautologie zu sehen. Was wir aussagen wollen, ist nicht das Kriterium der Rechtlichkeit des Sollens, sondern das Sollen als Kriterium des Rechts. Gewiß ist „der Sollensbegriff ... ebenso vieldeutig wie der Normbegriff, und deshalb muß, wer über das Sollen etwas zu sagen hat, vorerst klar machen, welches Sollen er meint"[25]. Nur das ist hier beabsichtigt; worin sich das rechtliche Sollen von den Eigentümlichkeiten anderen Sollens unterscheidet, kann hier dahinstehen.

Näher qualifiziert wird es nur insofern, als es nach dem zuvor Gesagten nicht das Erzeugnis eines Willens sein kann. Das Sollen ist damit eine nicht weiter ableitbare, empirisch nicht nachzuweisende, ursprüngliche Denkkategorie[26], zurückführbar immer nur auf ein anderes Sollen[27].

Damit ist die Ablehnung derjenigen Auffassungen impliziert, die das Recht als erfahrbares, soziales Phänomen der Wirklichkeit betrachten[28]. Diese beiden Alternativen stehen sich, einander ausschließend, gegenüber und erschöpfen die Wahlmöglichkeiten im Grundsätzlichen[29].

Balladore Pallieri, Diritto S. 30 f.; *Bindschedler* S. 71; *Burckhardt* S. 196; *Drost*, Grundlagen S. 87 f.; *Gralla* S. 19 f.; *Kantorowicz* S. 41 f.; *Kelsen*, Hauptprobleme S. 7 f.; Souveränität S. 32 Anm. 1 (S. 33), 90, 95, 105 f.; Staatsbegriff S. 99 Anm. 1; Staatslehre S. 12, 37 f.; *Pitamic* S. 211, 213; *Rehfeldt* S. 44 f.; *Ross*, Theorie S. 230 f.; *Suy* S. 9 f.; *Zippelius* S. 50, 57; ablehnend *Gianni* S. 111; *Vonlanthen*, Selbstbehauptung S. 17 f., und Anschauung S. 60 ff.

24 So auch *Hostie*, RC 1932 II S. 482; *Perassi* S. 286; anders *Heller* S. 148.

25 *Somló* S. 63.

26 *Kelsen*, Hauptprobleme S. 7 f., im Anschluß an *Kitz* und *Simmel*.

27 Anders *Somló* S. 62, 63 Anm. 2, für sein „aus der Erfahrung gewonnenes" Sollen.

28 So neben den Folgenden unter den Völkerrechtlern auch *Ziccardi*, RC 1958 III S. 311 ff., indem er das Recht mit den an Tatsachen ausgebildeten Vorstellungen vom Recht identifiziert; vgl. weiter *Quadri*, RC 1964 III S. 267 ff.

29 „D'un point de vue général il n'y a que deux manières seulement de se représenter l'ordre juridique. Ou bien on se représente l'ordre juridique comme un univers séparé, autonome, par rapport à celui de l'expérience historique dominée par la loi de la causalité, ou bien on se représente l'ordre juridique comme un phénomène historique faisant partie, donc, de l'expérience dominée par la loi de la causalité" (*Quadri*, Festschrift Schätzel S. 402).

1. *Einwände gegen das „realistische" Rechtsverständnis*

„Realistisch betrachtet ist das Recht ein sozialpsychologisches Ineinandergreifen von Motiven, die Handlungen auslösen, und von Handlungen, die wiederum Motive bilden. Die einzelne Rechtspflicht bezeichnet eine typische Situation in diesem Ineinandergreifen[30]." Sie besteht aus unterschiedlichen, aber jeweils typischen Motivationslagen des Verpflichteten, die durch ihre Komplexität und unbewußten Auswirkungen dem einzelnen „undurchsichtig" sind und daher als „‚Pflichtgefühl' oder ‚Gebundensein' in rechtlich-moralischer Bedeutung gedeutet" werden[31]. „Eine Erklärung der ‚verpflichtenden Kraft' des Rechts" sei „nichts anderes als die sozialpsychologische Klarlegung der Bedingungen, unter denen das genannte eigentümliche Gefühl der rechtlichen Gebundenheit entsteht"[32]. Alles andere sei metaphysische Spekulation im Widerspruch zu den Methoden der modernen Wissenschaft, seien „Scheintheorien über Scheinprobleme"[33].

Neu ist hier nicht die Darstellung jenes Motivmechanismus, da sich die Wirksamkeit der Normen für das individuelle Verhalten nun einmal nicht anders als psychologisch begreifen läßt[34] — neu ist der Vorwurf der „Metaphysik". Das Empfinden etwa des Völkerrechts als „geltendes Recht"[35] soll danach auf einem allgemeinen und nur psychologisch zu erklärenden Irrtum, dem Glauben an Existenz und Verbindlichkeit eines nicht vorhandenen Rechts, beruhen, der Unterschied zwischen rechtlichen und anderen Normen nur als Vorstellungsinhalt bestehen, beeinflußt, soweit es sich um „Rechtserlebnisse" handelt, vom „Druck einer effektiven Zwangsmaschinerie zur Handhabung bestimmter im Voraus festgesetzter Regeln"[36]. Es geht also bei der Diskussion dieser Lehre um

[30] *Ross*, Lehrbuch S. 47.

[31] *Ross*, Lehrbuch S. 48.
Hiergegen wendet sich *Kelsen*, Rechtslehre S. 217 Anm.; ein rechtmäßiges Verhalten werde häufig gerade durch außerrechtliche Vorstellungen motiviert. Sei aber „jede Rechtsregel letzten Endes verpflichtender Natur" (*Ross*, a. a. O., S. 27), und werde die Rechtspflicht gerade durch typische, eben die Rechtlichkeit der Pflicht konstituierende Motive begründet, die aber nicht selten auch fehlen können, dann fehle es in Ermangelung einer entsprechenden Bewußtseinslage an dem Recht selbst.

[32] *Ross*, Lehrbuch S. 48, und *Soerensen*, Sources S. 24; anders *Nelson* S. 12, 15 f., 44.
Von dieser Konzeption abrückend *Ross*, 8 ÖZöR S. 486: „‚Valid' law means the abstract set of normative ideas which can serve as a scheme of interpretation for the phenomena of law in action ..." Damit ist die genaue Gegenposition des oben Referierten bezogen, die Bewußtseinsinhalte der Individuen sind nicht mehr selbst das Recht, sondern dessen Objekte, mögliche Gegenstände der Deutung realer Sachverhalte als Recht.

[33] *Ross*, Lehrbuch S. 49.

[34] *Kelsen*, Staatslehre S. 17; *Nelson* S. 9.

[35] *Ross*, Lehrbuch S. 53.

[36] *Ross*, Lehrbuch S. 52.

die Voraussetzungen einer herkömmlich als Normwissenschaft verstandenen Jurisprudenz, darum, ob sie von der Geltung von Sollenssätzen ausgehen, ob sie dem Anspruch von Individuen, Sollenssätze zu schaffen, die ihrerseits Befolgung verlangen, und dem Anspruch anderer, auf Grund dieser Sätze Rechte zu besitzen, kurz dem Anspruch einer Gemeinschaft, rechtlich verfaßt zu sein, nachgeben und sich in ihren Dienst stellen darf, oder ob sie ihn wegen der Unerweislichkeit solchen Sollens zurückzuweisen hat. In Frage steht damit zugleich der Gegenstand unserer Untersuchung; das Recht als System von Sollenssätzen fordert für jede, auch für die Völkergewohnheitsrechtsnorm, eine Einsetzungsnorm, deren Tatbestand es dann zu finden gilt. Unter den Voraussetzungen des „realistischen" Rechtsdenkens wäre dagegen die Besonderheit der Vorstellung zu ermitteln, aus einem Satz des Völkergewohnheitsrechts verpflichtet zu sein, maßgeblich wären die aus dem Denken gerade dieses Normenkomplexes hervorgehenden Motive.

Ist es aber — wie oben geschildert — nur eine Frage nicht-rechtlicher Entscheidung, den Gegenstand der Rechtswissenschaft zu bestimmen, dann hindert den Juristen nichts, hier nach dem Interesse zu entscheiden, das er an der Annahme eines Systems von Sollens- als Rechtssätzen besitzt[37]. Ist sein Bezugspunkt insoweit in jedem Fall rechtlich nicht erfaßbar, dann läßt sich gegen eine solche Annahme nichts einwenden, die wegen ihrer Übereinstimmung mit einer ganz einhelligen Praxis — mag diese auch ideologisch begründet sein — am besten geeignet ist, diese Praxis zu deuten und verständlich zu machen.

Widersprüche innerhalb der realistischen Rechtslehre erleichtern diese Entscheidung noch. So bleibt zweifelhaft, warum trotz des von *Ross* selbst eingeräumten Fehlens einer „Zwangsmaschinerie" auch das Völkerrecht als Recht empfunden werden kann. Doch entstehen die eigentlichen Schwierigkeiten, wenn die Lehre sich des Rechtsbrechers anzunehmen hat, den es auch hier gibt[38]. Schon die Konstruktion des Rechtsbruches muß schwer fallen: Entweder fehlt dem von Zwangsmaßnahmen Betroffenen schon das verpflichtungsbegründende Motiv und damit die „Verpflichtung" selbst, so daß er gegen eine Rechtspflicht nicht verstoßen konnte und sich lediglich anders verhalten hat, als es anderen Individuen deren Verpflichtungsbewußtsein vorschrieb. Eine mehr als faktische Wirksamkeit dieses Bewußtseins ihm gegenüber bleibt unerfindlich und unbegründbar, wenn nicht auf ein außer-individualpsychisches Element zurückgegangen werden kann.

Entscheidet sich der Rechtsbrecher andererseits bewußt gegen sein ihn nicht unwiderstehlich zwingendes Verpflichtungsgefühl, dann ist nicht

---

[37] Vgl. *Kant* VII S. 161 (Metaphysik der Sitten — Metaphysische Anfangsgründe der Rechtslehre).

[38] *Ross*, Lehrbuch S. 53, 229 f.

zu erkennen, warum mit ihm seinem Gefühl und nicht seinem Willen gemäß verfahren wird. Der Nachweis für die Zulässigkeit jener „effektiven Zwangsmaschinerie" ist nicht zu erbringen, obwohl *Ross* die Existenz objektiver Verpflichtungen zugrunde legt, wenn er als Rechtsverletzung eine Handlung benennt, die den „pflichtbegründenden Normen des Völkerrechts objektiv widerspricht"[39]. Ein Rückgriff auf Motivationslagen bleibt hier unbefriedigend, die Maßgeblichkeit der Empfindungen der Mehrheit oder überhaupt einer für den Rechtsbrecher fremden Vorstellung kann sich nur aus einem Prinzip bestimmen, das die Verhältnisse individueller Rechtsgefühle zueinander ordnet. Damit aber ist ein objektives Element in diese Lehre hineingebracht, das sie ohne Selbstaufgabe nicht erklären kann — hier liegt ihre Schwäche zumindest in der fehlenden Konsequenz, die ihr den Verzicht auf jedes verbindliche Ordnungsprinzip nicht gestattet.

2. Die Lehre vom „spontanen" Recht

Eben dies ist auch der Theorie vom „spontanen" Recht vorzuwerfen, die aber bereits im Hinblick auf die mystische normsetzende Tätigkeit eines sozialen Kollektivbewußtseins nicht bedenkenfrei ist[40]. Auch hier bleibt unerklärt, warum der Einzelne, dem von Werturteilen jene „subjektiven Situationen" zugewiesen werden, die eigentümlich rechtlich sind, diesen Urteilen zu entsprechen hat[41]. Nach dieser Auffassung kann allein festgestellt werden, daß sich jemand mit gewisser Wahrscheinlichkeit in bestimmter Weise verhalten wird und bei Abweichungen mit großer Wahrscheinlichkeit Sanktionen eingreifen werden; damit ist die Grenze einer nur empirisch vorgehenden Theorie erreicht.

Doch weist dieses System schon in sich Widersprüche auf. Man habe die Rechtsnorm „aus bestimmten Merkmalen ihrer Struktur und ihrer Wirkungsweise zu erkennen", schreibt *Ago*[42] und stellt diese Kriterien im einzelnen dar[43]. Allein maßgeblich bei ihrer Bestimmung ist für ihn die Empirie[44], doch verfehlt er dieses sein Postulat schon dann, wenn er Feststellungen über ein unbewiesenes soziales Bewußtsein oder die von

---

[39] *Ross*, Lehrbuch S. 230.

[40] *Nelson* S. 21: „Ein Wille der Gesellschaft und eine Intelligenz der Gesellschaft ist kein Gegenstand empirischer Erkenntnis, sondern ein Hirngespinst metaphysischer Spekulation"; s. auch dort S. 150.

[41] *Tommasi di Vignano*, RHDI 1963 S. 40 Anm. 60, behauptet den autonomen Charakter des Völkergewohnheitsrechts und macht damit jene Schwierigkeit besonders deutlich; gelöst wird sie nicht dadurch, daß man die Verbindlichkeit durch die Wirksamkeit des Rechts ersetzt und sich mit der Behauptung des „ius est factum" zufriedengibt wie *Quadri*, RC 1952 I S. 622; RC 1964 III S. 273 Anm. 40.

[42] 6 AVR S. 296; s. auch S. 303.

[43] Scienza S. 69 ff.; RC 1956 II S. 926 f.

[44] Scienza S. 64.

diesem ausgesprochenen Werturteile trifft, also schon im Ursprung der Rechtsnormen, vor allem aber, wenn er Ableitungs- und Systemzusammenhänge unter Normen schildert, ohne sie doch empirisch erfahren zu können[45]. Zudem liegt hier ein weiterer Widerspruch: Die Ableitung einer Norm aus einer anderen kann, den beiden möglichen Rechtskonzeptionen gemäß, nur auf Grund einer Kausal- oder einer Sollensreihe geschehen. An die erstere hat *Ago* nicht gedacht, wenn er das gesetzte Recht als „le produit d'un fait qualifié de normatif par une norme d'origine spontanée“ bezeichnet[46]. Mag auch die Beziehung zwischen Faktum und abgeleiteter Norm in der Vorstellung *Agos* eine kausale sein, diejenige zwischen der spontanen Norm und dem Faktum kann als „rechtliche Qualifizierung“ des letzteren jedenfalls nur eine normative, eine solche des Sollens, sein. Mit der Normativität der Regelung aber, die über ihre einfache Wirksamkeit hinaus nicht anders als geltend, als verbindlich, gedacht werden kann, wird ein objektives Kriterium, eben dasjenige des Sollens, in das System eingeführt. Trifft aber eine spontane Norm dann eine Sollensanordnung, wenn sie an eine Tatsache eine normierende Wirkung knüpft, und läßt sich auch für *Ago* ein Delegationszusammenhang zwischen gesetztem und spontanem Recht nur durch den Geltungsbefehl der spontanen Norm zugunsten der — deshalb normschaffenden — Tatsache erklären, dann ist nicht einzusehen, warum es weiterhin nur der Inhalt sollte sein können, der eine Norm zur rechtlichen macht, und nicht auch — und gerade — ihre normgemäße Erzeugung.

Indem man wegen Fehlens eines Setzungsaktes alles nicht gesetzte Recht als notwendig spontan entstanden bezeichnet, folgert man aus der unvermeidbaren Notlösung *Kelsens*, der bloßen Hypothese einer Grundnorm[47], in einer Trotzreaktion, die Entstehungsursachen auch dieser

---

[45] s. hierzu *Nelson* S. 68.

[46] RC 1956 II S. 932.

[47] Zu ihrer nur technischen Bedeutung s. auch *Guggenheim*, 4 ÖZöR S. 278; weiter *Kunz*, AJIL 1958 S. 89: „The ‚basic norm' is *not* a rule of positive law, but only the presupposition of the validity of the whole legal order. The basic norm is the recognition by critical positivism that positivism has its limits.“ *Métall* S. 419 betont ebenfalls, die Grundnorm habe nur „eine rein logische (Hilfs-)Funktion“; s. auch *Verdross*, Verfassung S. 21 f., der dementsprechend und zutreffend darauf hinweist, daß mit Hilfe der Grundnorm die „objektive Geltung“ einer Rechtsordnung nicht erkannt werden könne (S. 23), und *Ross*, Theorie S. 260; vgl. auch *Walz*, Wesen S. 245.

Eine Darstellung der Lehre von der Grundnorm geben etwa *Bindschedler*, passim; *Duisberg*, Völkergewohnheitsrecht S. 30 ff.; *Koenigsgarten* S. 80 ff.; *Pitamic*, passim; *Zortea* S. 39 ff.

Neben denjenigen, die die Grundnorm zur Bestimmung der Elemente des Völkergewohnheitsrechts verwenden, wird sie zur Konstruktion des gesamten Völkerrechts herangezogen bei: *Baak* S. 13 f.; *Bourquin* S. 76 ff., besonders S. 80; *Castberg* S. 323 und Anm. 2; *Hostie*, RC 1932 II S. 476, 484; *Kelsen*, Hauptprobleme S. XIV; Grundlagen S. 12 ff., 66 ff.; RC 1926 IV S. 264 f.;

doch positiven Normen lägen unerkennbar im Dunkel und seien ohne Interesse. Führt — vor allem — die reine Rechtslehre eine Hypothese ein, um den regressus ad infinitum der Sollensableitung abzuschneiden, so wird dagegen hier auf jede Begründung von Normen von vornherein verzichtet, die Spontaneität ihrer Entstehung wird fingiert, und man weicht in Spekulationen über ein Werturteile produzierendes soziales Bewußtsein aus, dessen Erzeugnis auch das spontane Recht sei — Spekulationen, die gerade nach der Prämisse von der Spontaneität überflüssig sind und überdies ihr Ziel, die Begründung der Verbindlichkeit des Rechtes, nicht erreichen. Sie werden dennoch angestellt und richten damit die Spontaneität, die als Hinweis auf die Entstehung doch zugleich solche Hinweise abschneiden soll[48].

Küntzel S. 1 f.; *Lauterpacht*, Function S. 420 ff. („voluntas civitatis maximae est servanda"), und RC 1937 IV S. 152; *Perassi* S. 197 f., 204 f. (zum Vergleich seiner Lehre mit der *Kelsens* s. *Sperduti*, Fonte S. 23 ff.); *Ross*, Theorie S. 231, 259 ff., 357 ff.; *Scrimali* S. 213 ff. (im Anschluß an *Bosco*: „Promissio est servanda"); *Starke*, BYIL 1936 S. 75; *Whitton* S. 245 („Il faut obéir la loi"; s. dazu *Le Fur*, RC 1935 IV S. 152 ff.).

Von anderen — wohl einer Mehrzahl der völkerrechtlichen Autoren — wird die Einführung der Grundnorm dagegen abgelehnt. *Verdross*, Festschrift Wehberg S. 391, argumentiert noch von demselben System her, wenn er jedenfalls der Formulierung bei *Kelsen* und *Guggenheim* vorhält, danach versäume es die Grundnorm, „die Staaten und die anderen ursprünglichen Völkerrechtssubjekte als völkerrechtliche Vorgegebenheiten" hinzunehmen. Grundsätzlicher ist der Einwand, sie führe zu einem Zirkelschluß: „Les faits juridiques déterminent la norme fondamentale, laquelle, à son tour, détermine les faits juridiques" (*Soerensen*, Sources S. 19; ähnlich *Schüle*, Berichte 3 S. 18, und WVR III S. 779). Vorgeworfen wird ihr, sie lasse, da selbst nur hypothetisch und nicht nachweisbar existent, das gesamte von ihr abhängig gemachte Recht nur hypothetisch gelten (*Drost*, Grundlagen S. 90; *Gihl*, Character S. 61; *Jurt* S. 64; s. auch *Vanni* S. 10); sie könne einer Rechtsnorm keine größere Bindungswirkung verleihen als diese schon besitze (*Gihl*, a. a. O.; vgl. *Tammes*, NTIR 1953/54 S. 375); sie sei nur eine intellektuelle Konstruktion und nicht geeignet als „a source of the moral dignity, emotional power and political authority necessary to give vitality to the obligation of international law" (*Jenks*, Hommage Basdevant S. 286; ähnlich *Brunner* S. 41). Doch mit diesen Einwänden scheinen uns teils die Funktionen der Grundnorm, teils die Absichten der „reinen" Rechtslehre verkannt zu sein.

Ablehnend aber auch *Ago*, RC 1956 II S. 948; *Cavaglieri*, RC 1929 I S. 361; *Gralla* S. 30 ff.; H. *Huber* S. 61; *Le Fur*, RC 1935 IV S. 41 ff.; *Meriggi* S. 495; *Raestad*, Philosophie S. 104; *Quadri*, Diritto S. 39 ff.; *Scheuner*, ZaöRV 1950/51 S. 582, 590 f.; *Schreiber* S. 110 f.; *Schuster* S. 225 f.; *Sperduti*, Riv. 1956 S. 30 und Anm. 38; *Stone* S. 32 ff.; *Triepel*, RC 1923 S. 87; *Tunkin*, RC 1958 III S. 36 ff.; *Walz*, Völkerrecht S. 97 f., 118, 123, und AöR 58 S. 59 f. und passim.

[48] Anzumerken ist, daß gerade eine solche die alleinige Maßgeblichkeit der Empirie verkündende Lehre nicht das Problem übersehen sollte, ob die behauptete spezifische Wirksamkeit rechtlicher Normen nicht auch gerade wegen ihrer Entstehungsweise eintritt — eine Annahme, die insbesondere das innerstaatliche Recht nahelegt.

III. Der Dualismus von Sein und Sollen

Nach alldem besteht kein Grund, die Auffassung vom Recht als System von Sollenssätzen fallen zu lassen. Sie bringt notwendig die Annahme des Dualismus von Sein und Sollen mit sich[49]. Die dagegen gerichteten Angriffe sind nur geeignet, diese Notwendigkeit zu bestätigen, wie ein Beispiel zeigen mag: „Wenn ... ein hemmungsloser Raufbold ein unschuldiges Opfer überfällt, es schwer verletzt und ihm damit einen bedeutenden Schaden zufügt, ... besteht nach Kelsen (eine) ... Schadensersatzpflicht nur kraft der Norm, während der hausbackene Menschenverstand den ganzen rechtlichen Wesens- und Daseinsgrund dieser Pflicht in die schuldhafte Schadensverursachung verlegt und damit das Sollen dieser Pflicht aus dem Sein der Schuld und der Schadensverursachung deduziert. Und damit trifft er auch den Nagel auf den Kopf[50]."

Starke Worte sollen hier dem „hausbackenen Menschenverstand" auf den rechten Weg helfen — der Täter ist ein „Raufbold", „hemmungslos" gar, das Opfer dagegen „unschuldig", seine Verletzung „schwer" und sein Schaden „bedeutend"; die Dramatik der Szene soll auf die Frage nach dem Grund der Schadensersatzpflicht die Antwort aufdrängen, daß ein Schaden verursacht worden sei. Warum man aber einen Schaden ersetzen soll, wird nicht dadurch klar, daß der Gefragte darauf besteht, er sei eben zu ersetzen, weil er verursacht worden sei[51]. Dennoch: „Die ausgleichende Gerechtigkeit erscheint hier... in der ganzen Nacktheit eines nach einem unabdinglichen Ausgleich schreienden Sachverhalts. Mit unüberwindlicher Wucht treibt sie das Recht und die Pflicht zum Ersatz aus dem Sein des Unrechts hervor[52]." Ist es in der Tat die Gerechtigkeit, die solches zu bewirken vermag, dann bestätigt sich doch auch hierin der Dualismus; sie bestimmt, was gerecht *ist*, doch Bedeutung als Richtschnur menschlichen Handelns erhält sie erst, wenn man sich gerecht verhalten *soll*, und eben dieses Sollen, die Verpflichtung zur Gerechtigkeit, ist es dann, die Recht und Pflicht begründet[53].

---

[49] Siehe o. Anm. 23.

[50] *Vonlanthen*, Anschauung S. 67.
Als Gegner der hier vertretenen Auffassung sind die Vertreter der Spontaneität insbesondere des Völkergewohnheitsrechts hervorzuheben (vgl. statt aller *Bobbio* S. 31 ff.), aber auch alle diejenigen, die die Rechtsqualität aus je nach der Lehre unterschiedlichen Tatsachen — z. B. der Anerkennung — ableiten möchten (s. hierzu *Heilborn*, Grundbegriffe S. 37 f.).

[51] Vgl. hierzu *Kelsen*, Rechtslehre S. 196 f.

[52] *Vonlanthen*, Anschauung S. 68.

[53] Vgl. auch *Dahm* I S. 12, der zwar Kelsen vorwirft, er zerreiße „künstlich" „die Bereiche des Seins und des Sollens", und aus der „Lebenswirklichkeit ... ein rechtliches Sollen" gewinnt — aber eben nur, „wenn man sie zum Gegenstand eines Werturteils macht, sie als einen Zustand betrachtet, der der Erhaltung, Entwicklung und Ordnung bedarf", wenn man also ein auf die „Lebenswirklichkeit" gerichtetes Verhalten als gesollt annimmt.

IV. Die Notwendigkeit einer Einsetzungsnorm des Völkergewohnheitsrechts

Kann ein Sollen nur aus einem anderen, als höher vorgestellten, Sollen erwachsen, dann ist eine Norm — als Sollen — verbindlich, weil ein solches „höheres" Sollen das „untere" einsetzt, indem es an einen geschilderten Tatbestand die Rechtsfolge eines Sollens knüpft, sei es, daß es einem Befehl die Folge der Verbindlichkeit verleiht, ein diesem Willen entsprechendes Sollen statuiert, sei es, daß es mit sonstigen Tatbeständen (z. B. der Schadensverursachung, um das zitierte Beispiel noch einmal aufzugreifen) sonstige Folgen (dann der Schadensersatzpflicht) verbindet. Da nun aber jede Völkergewohnheitsrechtsnorm ein Sollen enthält, muß es eine übergeordnete Norm geben, die das Sollen einsetzt und damit ein ihm entsprechendes Verhalten anordnet. Diese höhere Norm muß auf ihrer Tatbestandsseite jenes Verfahren bestimmen, in dem die untere, die Völkergewohnheitsrechtsnorm, erzeugt wird, und dieses Verfahren ist es, das dem Komplex dieser Normen gemeinsam ist.

Diese Feststellung ist keineswegs ein Gemeinplatz, ihre Richtigkeit im Gegenteil außerordentlich umstritten, und dies nicht nur, weil sie mit den betont empirischen Rechtslehren unvereinbar sein muß. Diejenigen, die — den verschiedensten Lehren vom Völkergewohnheitsrecht zugehörig — aus den Schwierigkeiten, dieses Verfahren zu bestimmen, den Schluß auf die Unmöglichkeit seiner Erkenntnis ziehen, begnügen sich mit der Feststellung, das Völkergewohnheitsrecht existiere eben[54], seine Völkerrechtszugehörigkeit sei eine einfache Tatsache[55]. Demgemäß sei es unmöglich, für dieses Recht eine Grundlegung zu finden[56], seine Entstehung entziehe sich jeder rechtlichen Wertung[57], der Beginn seiner Bindungswirkung sei nicht festzustellen[58]. Vielmehr müsse die Entstehung des Völkergewohnheitsrechts als „ein allgemein soziologisches, in gewissem Sinne ein sozialpsychologisches Phänomen" verstanden werden[59], und überhaupt sei es verfehlt, „die sogenannten Elemente der Gewohnheit zu Bestandteilen eines imaginären normativen juristischen Prozesses zu erheben. Diese Elemente sind nur äußere Merkmale, vermöge derer man die Existenz und Wirksamkeit einer gewohnheitsrechtlichen Norm, die nicht auf andere Weise erkennbar ist, fest-

---

[54] *Gihl*, Legislation S. 83.

[55] *Virally*, Pensée S. 160; *Wolfke*, Custom S. 164 f. (Wenn dieser zur Begründung anführt, daß „the criterion of belonging to law does not itself belong to law", dann ist dies insofern richtig, als das Recht nicht selbst ein rechtlicher Begriff sein kann. Damit ist aber nicht begründet, warum eine Rechtsordnung nicht selbst über ihre Normen sollte bestimmen können.)

[56] *Bobbio* S. 44 f.; *Gihl*, Legislation S. 69.

[57] *Ziccardi*, 10 CS S. 204.

[58] *Tammes*, NTIR 1953/54 S. 375.

[59] *Wackernagel* S. 361.

zustellen übereingekommen ist“[60]. Sei aber die Gewohnheit kein „juristisch normatives Faktum“[61], dann leite sich das Völkergewohnheitsrecht nicht aus einer Rechtsquelle her[62], und nur die freie Würdigung seiner Entstehungselemente bleibe möglich[63]. Selbst wenn aber festgestellt werden könne, wie bisher Völkergewohnheitsrecht entstanden sei, erbringe eine solche nur historische Methode rechtlich irrelevante Ergebnisse[64]. Die Rechtsnormativität einer auf diese Weise gefundenen Regel sei nicht nachweisbar, sondern nur hypothetisch, und ihre Annahme somit unzulässig[65]. Werden dennoch notwendige Konstitutionsmerkmale aufgezählt, dann so, „als wären sie vom Himmel heruntergefallen“[66], ohne sie in befriedigender Weise, also rechtlich[67], begründen zu können.

Es wurde bereits dargelegt, daß solche Auffassungen mit der Schilderung tatsächlicher Vorgänge nichts über erlaubtes und verbotenes Verhalten aussagen können, also der Rückgriff auf ein objektives, Rechte und Pflichten begründendes Prinzip notwendig bleibt — eben das Sollen der Rechtsnorm. Kraft des Dualismus von Sein und Sollen kann ein solches Sollen aber weder aus sich selbst noch aus einem Sein Verbindlichkeit erlangen[68]. Daraus ziehen andere — wiederum nicht nur Vertreter einer bestimmten Konzeption vom Völkergewohnheitsrecht — den Schluß, wie das Recht seine eigene Entstehung, also die Entstehung von Rechtsnormen regle[69], so bestimmt hier das Völkerrecht, dessen Normen auch durch Staatengewohnheit geschaffen würden, die Voraus-

---

[60] *Ago*, 6 AVR S. 295.

[61] *Ago*, a. a. O.

[62] *Drost*, Grundlagen S. 41, 91; *Gihl*, Legislation S. 82 f.; *Tommasi di Vignano*, RHDI 1963 S. 37 Anm. 55: Im Völkerrecht „règle et source s'identifient dans une réalité seule et inscindible qui se présente, sur le plan de détermination phénoménologique, comme un tout unitaire.“

[63] *Soerensen*, Sources S. 111.

[64] *Gihl*, Legislation S. 82.

[65] *Virally*, Pensée S. 162 Anm. 12; so im Ergebnis auch *Jaenicke* S. 770; *Soerensen*, Sources S. 14 f.; *Somló* S. 360.

[66] *Zitelmann* S. 356; zust. *Rümelin* S. 54 Anm. 2; s. auch *Chailley* S. 48.

[67] *Kelsen*, Rechtslehre S. 73: „Die den Rechtsprozeß darstellenden Akte der Rechtserzeugung ... (kommen) für die Rechtserkenntnis nur insofern in Betracht ..., als sie den Inhalt von Rechtsnormen bilden ...“

[68] Der Versuch *Grallas* (S. 59 ff.), die Rechtsverbindlichkeit von Willenserklärungen aus dem Wesen des Versprechens als eines „unmittelbar evidenten rechtlichen Gebotes“ herzuleiten und sich dabei auf *Reinach* zu stützen, beruht auf einem Mißverständnis: Zwar ist die Erzeugung von Rechten und Pflichten nach *Reinach* im Wesen des Versprechens begründet (S. 51, 59 und öfter), doch trennt er durchaus zwischen phänomenologisch erkannten Wesensgesetzlichkeiten und der hieran nicht gebundenen Selbstherrlichkeit des Rechts (z. B. S. 111, 160 f., 165 ff., 218 f.).

[69] *Bindschedler* S. 67, 71; *Kelsen*, Staatslehre S. 98, 196, 249 f.; Theory S. 126; Principles S. 437; Rechtslehre S. 9, 54, 73, 232, 239, 241, 260; RITD 1939 S. 258; RC 1953 III S. 119; *Kunz*, AJIL 1947 S. 119, 121; AJIL 1953 S. 665; AJIL 1958 S. 88; *Meleń* S. 106; *Rill* S. 285, 293; *Wengler*, Völkerrecht S. 48 ff.

setzungen dieses Rechtsschöpfungsverfahrens[70]. Das Völkerrecht könne keine Rechtsordnung sein, wenn es keine Kriterien besitze, um die ihm zugehörigen Normen zu bestimmen[71]. Die rechtserzeugende Kraft der Staatengewohnheit lasse sich vom normlogischen Standpunkt aus nur begreifen, wenn man eine diese Folge setzende Rechtsnorm über dem Völkergewohnheitsrecht annähme[72]. Soweit dann freilich diese Rechtserzeugungsnorm wieder als „Fundamental- oder Verfassungsnorm" des Völkerrechts bezeichnet wird, die „ein unmittelbares und spontanes Produkt der internationalen Gemeinschaft" sei[73], wird das zugrunde gelegte dualistische Prinzip wieder verlassen und die Rechtsnorm als einer spontanen, rechtlich nicht geregelten Entstehung fähig betrachtet.

Diese Gegenmeinung beruht, sofern sie sich ohne jede Voraussetzung als unabweisbar richtig und notwendig versteht, auf einer gedanklichen Verkürzung.

Willkürlich und spekulativ ist die Annahme jeden Sollens, da „sie auf einen Gegenstand oder solche Begriffe von einem Gegenstande geht, wozu man in keiner Erfahrung gelangen kann"[74]. Was nur möglich scheint, ist, eine Vielzahl einzelner Verhaltensweisen durch das Denken eines Sollens, dem diese sich im Regelfall zu entsprechen bemühen, in einem System zusammenzufassen. Die Behauptung des Gesollt-Seins eines Verhaltens ist nur relativ richtig, nur dann nämlich, wenn als Voraussetzung die durchaus unrechtliche Notwendigkeit eingeräumt wird, ihm in seiner Beziehung zu anderen Verhaltensweisen einen bestimmten Sinn beizulegen — den Sinn des Vollzugs eines Sollenssatzes[75]. Beweisbar ist diese Notwendigkeit, damit das Gesollt-Sein einer individuellen Handlung und schließlich der Charakter einer gesamten Ordnung als

[70] *Balladore Pallieri*, Riv. 1928 S. 372 f.; *Kunz*, AJIL 1953 S. 665; AJIL 1958 S. 88 f.; vgl. auch *Balladore Pallieri*, Diritto S. 17 ff.; *Morelli*, RC 1956 I S. 450.

[71] *Perassi* S. 200, 216 f., 219.

[72] *Hoffmann*, Verantwortung S. 10; *Kelsen*, Souveränität S. 94 Anm. 1, und Staatslehre S. 232; *Perassi* S. 201; *Sperduti*, Fonte S. 166; *Verdross*, Einheit S. 109, und Verfassung S. 29; ähnlich spricht *Castberg* S. 335 von den „conditions *juridiques* nécessaires pour que l'on puisse dire qu'une règle coutumière internationale existe" (Kursiv vom Verf.).

[73] *Fedozzi* S. 43, 50; ähnlich auch *Balladore Pallieri*, Diritto S. 17 ff.; *Hostie*, RC 1932 II S. 482; *Monaco* S. 42 ff.; *Sereni*, Diritto I S. 112 ff.; auch *Sperduti*, Riv. 1956 S. 13 ff., bezeichnet solche „primären Normen" als Normen spontanen Ursprungs, dabei auf *Ago* verweisend: „Poichè ... è la società che organizzandosi secondo diritto crea il diritto, sembra scientificamente pertinente concepire le norme primarie quali norme che scaturiscono da un processo immanente di autoorganizzazione della società, in cui l'ordinamento si costituisce e funziona" (S. 14). Mit der Einführung einerseits spontaner, andererseits abgeleiteter Normen gerät er jedoch in dieselben Widersprüche wie *Ago*.

[74] *Kant* III S. 436 (Kritik der reinen Vernunft).

[75] Vgl. *Soerensen*, RC 1960 III S. 11, der deshalb auf die Regeln abstellt, die der IGH anwenden würde, weil es absurd sei anzunehmen, diese gehörten nicht dem Völkerrecht an.

Normensystem, nicht[76]. Angesichts dieser Unerweislichkeit der Existenz wie auch des Fehlens von Sollenssätzen kann der Wissenschaftler nur fragen, „ob es ihn interessiere, das eine oder das andere (durch eine Hypothese) anzunehmen, und dies zwar entweder in theoretischer, oder in praktischer Rücksicht, d. i. entweder um sich bloß ein gewisses Phänomen... zu erklären, oder um einen gewissen Zweck zu erreichen, der nun wiederum entweder pragmatisch... oder moralisch, d. i. ein solcher Zweck sein kann, den sich zu setzen die Maxime selbst Pflicht ist“[77]. Wenn danach die das Völkergewohnheitsrecht einsetzende Norm als Hypothese[78] oder Postulat[79] bezeichnet wird, dann nur in eben diesem Sinne als bedingt durch die Richtigkeit[80] der Entscheidung zugunsten der Soll-Geltung bestimmter Akte[81]. In demselben Maße hypothetisch ist dann die Ableitung des angenommenen Sollens der Völkergewohnheitsrechtsnorm aus der sie konstituierenden Regel: Hat man sich dafür entschieden, eine Norm des Völkergewohnheitsrechts als verbindlich zu betrachten, dann ist dies nur möglich, wenn man zugleich die Rechtseigenschaft der ihr übergeordneten Kreationsnorm und überhaupt deren Normqualität anerkennt[82]. Die Soll-Ableitung[83] ist mit der Annahme des Sollens unlösbar verbunden[84].

---

76 s. auch *Kelsen*, Rechtslehre S. 224; auch hierin liegt ein Grund für die hervorgehobene Unmöglichkeit, die Verbindlichkeit des Rechts aus dem Recht selbst zu begründen.

77 *Kant* VII S. 161 (Metaphysik der Sitten — Metaphysische Anfangsgründe der Rechtslehre, 2. Teil — Beschluß).

78 *Hoffmann*, Verantwortung S. 10; *Kelsen*, Souveränität S. 94 Anm. 1.

79 *Perassi* S. 201; s. weiter S. 203, 205.

80 „Eine Hypothese ist ein logisches Gebilde, welches offenläßt, ob das hypothetisch Angenommene in der wirklichen Welt existiert oder nicht. Die Hypothese ist also nur der Ausdruck der Mangelhaftigkeit unseres Erkenntnisvermögens“ (*Laun*, Festschrift Spiropoulos S. 326).

81 Nur bei der Erklärung der psychologischen Erscheinung, daß bestimmten Tatsachen ein normierender Sinn beigelegt und ihr Inhalt als gesollt betrachtet wird, mag das von *Kelsen* früher (Souveränität S. 99 f.; Staatsbegriff S. 92 f., 95 f., 98; Grundlagen S. 65) mehrfach herangezogene sog. Machsche Gesetz der Erkenntnisökonomie (s. *Mach*, Natur S. 226 ff., und Erkenntnis S. 164 ff., 176 ff.) Bedeutung gewinnen. (Ablehnend allgemein *Husserl* S. 194 ff.; *Pitamic* S. 210; *Verdross*, Einheit S. 79 f. — zust. *Ross*, Theorie S. 262 —; *Walz*, AöR 58 S. 18). Vgl. aber auch *Krüger* S. 266.

82 So auch *Nelson* S. 18, 47.

83 Angemerkt werden mag, daß es sich bei dieser Ableitung nur um eine solche aus einem Sollen gleicher Qualität handeln und sie nicht in einer Norm etwa der Ethik enden kann. Denn gibt man zu, daß Recht und Moral verschiedene Normensysteme sind, dann folgt hieraus die qualitative Verschiedenheit der ihnen zugehörigen Normen, und es ist nicht zu erkennen, wie eine Norm diesen Unterschied sollte überwinden und auch als dieselbe in anderer Qualität sollte gelten können. Soweit vielmehr die Norm einer Normenordnung (und das ist in diesem Sinne auch das Naturrecht) auf diejenigen einer anderen Ordnung verweist und deren Geltung begründet, gelten diese in der Ordnung und mit der Qualität der ersteren (so auch *Ago*, RC 1956 II S. 902 f.; *Gihl*, Legislation S. 16; anders wohl *Pitamic* S. 216). Demgemäß sind Versuche, das als Sollensordnung eigener Qualität verstandene positive Recht im Naturrecht grundzulegen — einen solchen Versuch unternimmt *Fitzmau-*

Demgemäß muß diese Untersuchung von der Rechtsnormqualität derjenigen Regel ausgehen, die das Verfahren der Entstehung von Völkergewohnheitsrecht bestimmt.

Betrachtet man den Einwand von der wissenschaftlichen Unzulässigkeit der Annahme einer solchen „hypothetischen" Norm unter dem Blickwinkel dieser Ausführungen, dann kann die fehlende Nachweisbarkeit der Norm — des Sollens — kein Argument mehr sein; mangels juristisch überprüfbarer Erkenntnisse über die Voraussetzungen rechtlichen Sollens bleibt immer nur die Möglichkeit einer Hypothese.

Was die behauptete Unmöglichkeit betrifft, für das Völkergewohnheitsrecht eine rechtlicher Betrachtung zugängliche Grundlegung zu finden, so scheint der eigentliche Hinderungsgrund vor allem die Ungewohntheit zu sein, mit einer solchen Norm zu arbeiten. Im Landesrecht ist die entsprechende Betrachtungsweise unter dem Stichwort der „materiellen" Verfassung für Staaten ohne Verfassungsurkunde nicht neu; dort wird etwa aus den Regelmäßigkeiten des Gesetzgebungsverfahrens auf eine der ungeschriebenen Verfassung, also dem Recht angehörige Norm über dieses Verfahren geschlossen[85]. Daß nur im Staatsrecht für diese Norm ein Name zur Verfügung steht — die „Verfassung" — und in anderen Staaten auf derselben Rangstufe innerhalb des Rechtserzeugungsverfahrens geschriebene Verfassungen bestehen, kann kein Grund sein, im Völkerrecht das Vorhandensein einer Konstitutionsnorm des Völkergewohnheitsrechts zu leugnen.

Diese „Quelle" des Völkergewohnheitsrechts kann ihrerseits dem Völkergewohnheitsrecht nicht angehören[86], da die Norm dann, um verbindlich zu sein, die von ihr selbst aufgestellten Erfordernisse erfüllen oder aber, wäre sie tatsächlich gewohnheitsrechtlich entstanden, die Einsetzung des Völkergewohnheitsrechts als eines rechtserzeugenden Tatbestandes schon voraussetzen müßte[87]. Alles andere wäre ein Zirkelschluß. Die Frage nach der Entstehung dieser Konstitutionsnorm und

---

rice, Symbolae Verzijl S. 195 f. —, zum Scheitern verurteilt, obwohl ihm andererseits eingeräumt werden muß, daß das positive Recht ebensowenig in sich selbst begründet sein kann.

[84] „Wenn das Recht seine eigene Entstehung soll normieren, in einer Abstraktion seine eigenen Existenzbedingungen soll festsetzen können, so ist es logisch notwendig, sich die rechtlichen Normen als in einer Reihe (Folge) von Gruppen geordnet zu denken, so, daß 1. Normen in derselben Gruppe dieselben, Normen in verschiedenen Gruppen verschiedene Konstitutionsbedingungen haben, und daß 2. die Konstitutionsbedingungen für eine gewisse Normgruppe durch den Inhalt der Normen der vorhergehenden Gruppe bestimmt werden, durch die die Reihe bestimmt wird" (*Ross,* Theorie S. 360).

[85] Deutlich *Ross,* Theorie S. 358 f., der hier von „vorausgesetzten Grundnormen" (S. 363) spricht.

[86] *Fitzmaurice,* Symbolae Verzijl S. 161, 164; *Verdross,* Einheit S. 109; anders *Reuter,* RC 1961 II S. 463: „La coutume se définit ... elle-même," und Institutions S. 86; s. auch *Morelli,* RC 1956 I S. 452.

[87] *Kelsen,* Rechtslehre S. 232.

dem Grund ihrer Verbindlichkeit muß hier offenbleiben. Sagen ließe sich nur, auch ihr Sollen müsse aus einem wieder höheren abgeleitet sein, doch der Inhalt dieser erneut vorauszusetzenden Norm ist nur noch logisch zu konstruieren. Anders steht es mit der Konstitutionsnorm selbst. Die Richtigkeit des ihr gegebenen Inhalts ist anhand der Staatenpraxis jederzeit nachprüfbar, ihre Rechtsfolge, das Sollen eines normgemäß bestimmten Verhaltens, der Sollableitung zugrunde gelegt und daher mit ihr notwendig gegeben.

1. Der Tatbestand

Der Tatbestand ist zunächst aus denjenigen logischen Erfordernissen zu erschließen, denen die Einsetzungsnorm des Völkergewohnheitsrechts entsprechen muß, ohne daß hiermit der abzulehnende Anspruch verbunden würde, allein auf deduktivem Wege dessen Konstitutionsbedingungen in ihrem Inhalt zu bestimmen.

Das Völkergewohnheitsrecht muß so verstanden werden, daß es bindet, ohne auf eine andere, bestimmbare, Völkerrechtsquelle gegründet zu sein, da es eine solche innerhalb des positiven Völkerrechts nicht gibt[88]. Sein Inhalt muß von Rechtsetzungssubjekten geschaffen werden, als die vornehmlich die Staaten[89], aber weder Individuen[90] noch die Staatengemeinschaft als Organisationsform noch irgendein Bewußtsein in Betracht kommen. Staaten wirken nicht durch sich selbst: Wie ihre Einheit, ihre Rechtspersönlichkeit, ist auch die Möglichkeit der Zurechnung eines

[88] Daß die Einsetzungsnorm nicht dem Völkergewohnheitsrecht angehören kann, wurde bereits gesagt. Auch vertraglich kann sie nicht entstanden sein, da der Vertrag an den Willen der Rechtssubjekte anknüpft, der sich nicht selbst binden kann, und daher jedenfalls die Einsetzungsnorm des Vertrages nicht selbst vertraglich geschaffen ist, sondern ihrerseits dem Völkergewohnheitsrecht angehört. Auch soweit die allgemein anerkannte Subsidiarität der allgemeinen Rechtsgrundsätze gegenüber dem Völkergewohnheitsrecht (*Bishop* S. 241; *Härle,* Entscheidungsgrundlagen S. 65 ff., 104, 301; FW 1933 S. 130 f.; RDILC 1935 S. 679; *Kosters,* Annuaire 1932 S. 305; *Le Fur,* Recueil Gény III S. 372; *Rousseau,* Principes S. 926; *Salvioli,* Riv. 1924 S. 282; *Soerensen,* Sources S. 146 ff.; *Verdross,* Verfassung S. 65; Festschrift Kelsen S. 363; Mitteilungen 10 S. 93; Recueil Gény III S. 388; Annuaire 1932 S. 292, 297; *de Visscher,* RDILC 1933 S. 412; jedenfalls für einen Teil der allgemeinen Rechtsgrundsätze: *v. d. Heydte,* FW 1933 S. 298; *Jaenicke* S. 773; *Spiropoulos,* Rechtsgrundsätze S. 70; K. *Wolff* S. 500) abgelehnt wird (*Küntzel* S. 33 f., 41; *Petraschek* S. 83 f.; *Vallindas* S. 429; später auch *Verdross,* Annuaire 1937 S. 188, und wohl *Métall* S. 424), — auch von diesen Autoren also ist das Völkergewohnheitsrecht bislang nicht als Erzeugnis dieser Rechtsgrundsätze betrachtet worden, die auch von ihrer dann behaupteten, über-positiven Ableitung und Funktion als Wertentscheidung her dazu nicht fähig wären.

[89] Von nicht-staatlichen Völkerrechtssubjekten wie dem Heiligen Stuhl oder bestimmten Orden, aber auch den internationalen Organisationen und supranationalen Gemeinschaften wird hier bewußt abgesehen.

[90] „Unzweifelhaft fehlt den einzelnen die Fähigkeit, Schöpfer von völkerrechtlichen Pflichten und Rechten zu sein" (*Heller* S. 145). Vgl. *Rosswog* S. 81 f.

Handelns von Individuen zum Staat durch eine Rechtsnorm bedingt[91]. Staat und staatliches Handeln sind keine Gegenstände außerrechtlicher Erfahrung und in ihrer rechtlichen Wirksamkeit dem Recht vorgegeben; also muß zunächst der Staat als Völkerrechtssubjekt und das Tätigwerden von Menschen als ihm zurechenbar vom Völkerrecht begründet sein.

Da dem Begriff der Rechtsnorm als Sollen derjenige der Bindung innewohnt, des Sollens auch gegen den individuellen Willen, der sich gegen die Norm entscheidet, muß die Konstitutionsnorm des Völkergewohnheitsrechts eine Bindung der Staaten an das von ihnen geschaffene Recht begründen[92]. Ist weiter für die Positivierung von Rechtsnormen, für ihre inhaltliche Ausgestaltung ein in irgendeiner Weise sich manifestierendes Verhalten des Rechtsetzungssubjektes notwendig, dann muß sie zumindest bestimmen, ein Staat habe sich in Zukunft unter noch zu ermittelnden Voraussetzungen demjenigen Tun gemäß zu verhalten, mit dem er den Inhalt einer Völkergewohnheitsrechtsnorm geschaffen hat[93]. Entstehung der Norm und Bindung des Staates fallen dabei — anders als diese Formulierung vermuten lassen könnte — zeitlich zusammen.

Der Begriff der Normentstehung durch Gewohnheit impliziert einmal die Regelbildung selbst, ohne daß schon die Rechtlichkeit oder nur das Sollen dieser Regel im Spiel wäre[94], den „habituellen Standard", der den „Normkern" des Rechtssatzes abgibt[95]. Auf diesen Vorgang scheint *Gug-*

---

[91] s. auch *Heller* S. 120; *Verdross*, Festschrift Wehberg S. 391; die damit verbundene Frage nach dem Staatsbegriff muß hier unbeantwortet bleiben.

Wenn, wie hier vorgetragen, die Einsetzungsnorm des Völkergewohnheitsrechts ihrerseits den Staatsbegriff und die Begründung der staatlichen Funktionsfähigkeit sei es voraussetzt, sei es doch selbst enthält, kann sie im ersten Fall nicht schon „Grundtatbestand der Rechtserzeugung" (*Kelsen*, Rechtslehre S. 199 ff.), also Grundnorm sein, da sie deren Aufgabe nicht erfüllen könnte, die „Einheit einer Vielheit von Normen" (*Kelsen*, Rechtslehre S. 197, 209; s. auch *Bindschedler* S. 67; *Husserl* S. 46, 48) zu begründen; ist dagegen der völkerrechtliche Tatbestand „Staat" und die Regelung seiner Handlungsfähigkeit — sei es auch nur durch eine Verweisung auf das innerstaatliche Recht zur Bestimmung der Vertretungsbefugnisse — in der Konstitutionsnorm selbst enthalten, dann wäre dies jedenfalls in ihrer Formulierung zum Ausdruck zu bringen, was bisher, soweit ersichtlich, nicht geschehen ist.

[92] Dies bringen auch die auf die Staatengewohnheit verweisenden Formulierungen der völkerrechtlichen Grundnorm zum Ausdruck; ähnlich betont *Heller* S. 119 die „notwendige Vorstellung von der normativen Gebundenheit des Souveränitätssubjektes durch das Völkerrecht".

[93] Im Vordergrund steht also die Pflichtbindung des Rechtssubjektes; s. hierzu *Kelsen*, Rechtslehre S. 123, 130 ff., und *Ross*, Lehrbuch S. 27 f., 86 Anm. 5, vom im übrigen entgegengesetzten Standpunkt aus.

[94] „Es ist ... von grundsätzlich größter Wichtigkeit, sich klarzumachen, daß die gewohnheitsrechtliche Regel ... nicht als Rechtsregel im eigentlichen Sinn entsteht. Sie entsteht als Regel im sozialen Leben und wird möglicherweise jurifiziert, d. h. in das Rechtsgefüge aufgenommen" (*Geiger* S. 182 f.).

[95] *Geiger* S. 173.

genheim anzuspielen, wenn er anmerkt, die Gewohnheit bedürfe, um ihre Beständigkeit zu erweisen, der Fähigkeit, bei Verletzungen sanktioniert zu werden[96]. Sollte die Sanktion zur Begründung dafür dienen, daß das vor Abweichungen geschützte Verhalten rechtmäßig sei eben wegen der Sanktion, dann ließe sich die Frage nach deren eigener Rechtmäßigkeit nicht umgehen[97]. Doch kommt es auf diese hier gerade nicht an, da auch das Völkergewohnheitsrecht selbst nicht an der Legalität seiner Entstehung gemessen werden darf[98], — entscheidend ist der Beitrag der Sanktion zur Regelbildung. Mehr leistet freilich dieser Hinweis nicht, denn aus der Verhängung von Sanktionen kann nicht etwa schon das Entstehen der Gewohnheitsrechtsnorm begründet werden; wollte man die Sanktion hierzu heranziehen, dann wäre nicht mehr nur zu fragen, ob sie überhaupt, sondern wann sie zu Recht verhängt wird, und wie sie selbst und die geschützte Rechtsnorm zu diesem Zweck beschaffen sein müssen. Zu einer Definition des Völkergewohnheitsrechts kann sie daher nicht verhelfen.

Von dem Regelbildungsprozeß[99] ist die Ausstattung der Regel mit dem Sollen der ständig eingehaltenen und zur Regel gewordenen Übung zu trennen. Erst beides zusammen ergibt die Norm, deren Systemzugehörigkeit bisher immer noch unbestimmt ist, die also mit Rechtsqualität versehen wird.

---

[96] Traité I S. 48; Festschrift Scelle S. 281; RC 1952 I S. 73; ähnlich auch schon — ohne Begründung — *Bergbohm* S. 83 f.; *de Louter* S. 49 f.; weiter *Wolfke*, ZNUW 1960 S. 170, und *Malintoppi* S. 284, der die opinio iuris im Sinne jedenfalls auch einer Überzeugung von der Rechtswidrigkeit fremden Tuns für erforderlich hält; s. auch D. O. *Read*, ICJ Reports 1951 S. 191, und dazu *Fitzmaurice*, BYIL 1953 S. 68. Generell betont auch *Wengler*, Festschrift Castberg S. 335, Sollenssätze gehörten nur dann dem Völkerrecht an, wenn ihre Verletzung durch die Beeinträchtigung völkerrechtlicher Rechtspositionen sanktioniert werden dürfte (so auch ders., Völkerrecht S. 171, 176 f.).

Wenn *Duisberg* (Völkergewohnheitsrecht S. 80 und 12 JIR S. 143 f.; vgl. ferner *Steinicke* S. 263) in diesem Zusammenhang entgegnet, das Einfügen eines solchen Kriteriums anstelle der Rechtsüberzeugung liefe „letztlich auf die Aussage hinaus, daß diejenigen Regeln Gewohnheitsrecht darstellen, die als Gewohnheitsrecht angewandt werden", so wirft er den Leugnern der Rechtsüberzeugung das Ergebnis auch seiner eigenen Theorie vor; denn gerade sie erklärt zum Gewohnheitsrecht das, was die Staaten in der Überzeugung, es sei Recht, und damit doch wohl „als Gewohnheitsrecht", befolgen. Im übrigen fällt aber bei unserer Interpretation *Guggenheims* schon der Ansatzpunkt dieser Argumentation fort.

In jüngster Zeit stellt es auch *Barberis*, Riv. 1967 S. 576 ff., auf die Sanktion ab, sieht ihre Bedeutung jedoch — anders als *Guggenheim* — darin, daß bei ihrem regelmäßigen Eingreifen als Folge eines bestimmten Verhaltens die Staaten zu der Interpretation gezwungen würden, das von der Sanktion bedrohte Verhalten sei gewohnheitsrechtlich verboten.

[97] Insoweit ist *Duisberg*, a. a. O. und *Fitzmaurice*, RC 1957 II S. 104 f., zuzustimmen; vgl. ferner *Quadri*, RC 1964 III S. 329, und *Suy* S. 233 f.

[98] *Heller* S. 125 spricht sogar von der „für alles Völkerrecht kennzeichnende(n) Tatsache der Rechtsschöpfung durch Rechtsbruch". Siehe auch *Fitzmaurice* a. a. O., S. 113 ff.

[99] Siehe hierzu ausführlich *Geiger* S. 92 ff.

Während sich in dem ersten Stadium des Verfahrens ein empirisch erfahrbarer Vorgang vollzieht, der mit der Feststellung eines üblichen, regelmäßigen Gebarens endet und allein den Schluß auf eine damit befolgte Regel noch ohne Sollens- und Rechtsqualität gestattet, gerät erst dieser letztere Vorgang in das Blickfeld des Juristen, und auch dies nur dann und deshalb, wenn und weil er zum Gegenstand von Rechtsnormen geworden ist[100].

Erst diese Trennung[101] jener qualitativ verschiedenen Vorgänge ermöglicht die zutreffende Fragestellung nach dem Entstehen von Normen des Völkergewohnheitsrechts; zugleich ist sie geeignet, als methodischer Ansatz dem Streit um die Bindung von Staaten an Normen des Völkergewohnheitsrechts, bei deren Bildung sie nicht mitgewirkt haben, jedenfalls die formal bedeutsamen Gesichtspunkte einer Lösung aufzuzeigen[102]. Denn eine befriedigende Antwort wird sich hier nur geben

---

[100] Vgl. *Kelsen*, Hauptprobleme S. 103, und Rechtslehre S. 108.

[101] Ansätze zu einer solchen Unterscheidung finden sich bei *Fitzmaurice*, RC 1957 II S. 22, 43 ff.; *Larenz* S. 269; *Morelli*, RC 1956 I S. 457; *Scheuner*, Diskussionsbeitrag S. 81 („Man muß ... scharf unterscheiden ... zwischen der Rechtserzeugungsmethode und dem Rechtsgrunde ..."); *Somló* S. 351; *Wolfke*, Custom S. 70. Die reine Rechtslehre ist schon von ihrem Streben nach ausschließlicher Rechtserkenntnis auf eine solche Gliederung verpflichtet, wenn auch *Kelsen* jüngstens mit seiner am Willen der Rechtsetzungssubjekte ausgerichteten Gewohnheitsrechtsauffassung diese Unterscheidung vernachlässigt.

[102] Für die Bindung von Staaten auch an das nicht von ihnen geschaffene Recht treten ein:

Balladore Pallieri, Diritto S. 77 f., und Riv. 1928 S. 352; *Bastid* S. 377; *Berber*, Lehrbuch I S. 54; *Bishop* S. 223 ff.; *Bonfils-Fauchille* S. 25 f.; *Bourquin* S. 63 f., 66 f.; *Cansacchi* S. 32 f.; *Chauveau* S. 67 f.; *Cohen-Jonathan* S. 132 f.; *Dahm* I S. 16, 31; *Delbez* S. 47; *Fitzmaurice*, BYIL 1953 S. 24 f., und RC 1957 II S. 47, 98 f.; *Gihl*, Legislation S. 20, 56 f.; *Guggenheim*, Traité I S. 49; *Jellinek*, System S. 324; *Kelsen*, Souveränität S. 227, und RC 1953 III S. 128; *Kunz*, AJIL 1953 S. 666; *Lauterpacht*, RC 1937 IV S. 158; *Meleń* S. 88; *Morelli*, Nozioni S. 30 f., und RC 1956 I S. 457; *Noël-Henry* S. 84, 98; *Quadri*, Diritto S. 94; *Scelle*, Manuel S. 577; *Séfériadès*, RC 1930 IV S. 200; *Sereni*, Diritto I S. 129 f., und Riv. 1967 S. 14; *Soerensen*, RC 1960 III S. 44 ff.; *Starke*, BYIL 1936 S. 77; *Venturini* S. 386; *Virally*, Sources S. 132, 137 f.; *de Visscher*, Problèmes S. 220 f.; *Waldock*, RC 1962 II S. 52 f.; *Wengler*, Völkerrecht S. 179; vgl. auch Norwegen, ICJ Pleadings, Fisheries Case III S. 209, 291.

Eine Begründung fehlt jedoch in der Regel. Wird sie versucht, dann vom Ergebnis her (*Ballereau* S. 137), mit einer Tautologie (*Williams*, Chapters S. 14: Neue Staaten „become bound by international law ... as an inevitable result of birth into a society ruled by that law".) oder unter Berufung auf unüberprüfbare Vorgänge (*Drost*, Grundlagen S. 47: „Das in der Völkerrechtsgemeinschaft herrschende Bewußtsein erhebt ... die partikulären ... Normen zu solchen des allgemeinen Völkerrechts;" ähnlich *Ullmann* S. 43).

Wird die Bindung abgelehnt, dann in der Regel aufgrund der Selbstbindungslehre (*Schoen* S. 300, 313; *Tunkin*, Völkerrecht S. 85, 87; CLR 1961 S. 428, und RC 1958 III S. 19; s. auch *Heller* S. 123 f., und hierzu *Kelsen*, Souveränität S. 224 ff.), die doch eine rechtliche Wirkung der Anerkennung nur annehmen kann, wenn ein dahingehender Satz des Völkerrechts zu Lasten der neuen Staaten schon besteht; das Ergebnis der Lehre, die Anerkennungsfreiheit, wird häufig durch die Betonung der Notwendigkeit der Anerkennung vermielassen, wenn Übungshandlungen und Verbindlichkeit, Tatbestand und Rechtsfolgen nicht länger vermengt werden.

2. Die Methode zur Erkenntnis der Konstitutionsnorm

Die Konstitutionsnorm des Völkergewohnheitsrechts kann jeden Inhalt annehmen, der sich mit der Tatsache ihrer Existenz selbst in Einklang bringen läßt[103], so daß vom Gesichtspunkt des abstrakt Möglichen aus auch die von einigen der dargestellten Lehren behaupteten Entstehungsvoraussetzungen mit den in dieser Norm zu findenden Tatbestandsmerkmalen übereinstimmen könnten[104]. Sie sind jedoch weder apriorisch festzusetzen noch irgendwo ablesbar, sondern müssen erschlossen werden.

Die Völkerrechtswissenschaft hat, soweit ersichtlich, diesem methodischen Problem bislang nicht die ihm gebührende Aufmerksamkeit geschenkt, insbesondere nicht ermittelt, welche der allgemeinen Erkenntnismethoden in der Lage sind, ihrem Zweck zu dienen und rechtlich relevante Ergebnisse zu erbringen[105].

---

den (*Cavaglieri*, Consuetudine S. 12; *Heilborn*, Grundbegriffe S. 38; *O'Connell*, International Law S. 4 f.; *Wolfke*, ZNUW 1960 S. 169). Wieder anders *Hold-Ferneck* I S. 202 f.: Neue Staaten seien qua Anerkennung an alle zu diesem Zeitpunkt geltenden Normen, an die danach entstehenden aber nur bei ihrer Zustimmung gebunden. Vgl. schließlich auch *Cot*, AFDI 1960 S. 333 f.; *Fedozzi*, PCIJ C 13 II S. 337; *Heilborn*, RC 1926 I S. 15, 22; *Küntzel* S. 19; *Verdross*, Völkerrecht S. 142, und JAIL 1963 S. 7; modifizierend *Cavaglieri*, Corso S. 40, der eine Rechtspflicht zur Anerkennung annimmt.

Auf die Auffassung der neuen Staaten verweist u. a. *Sinha* S. 122; allgemein schließlich s. *Folz*, passim, und *Krüger* S. 270 f.

[103] Anders also die Anerkennungslehre, die auch die Existenz dieser Norm wieder von einem Anerkennungsakt abhängig machen muß.

[104] Insoweit können also zwar die Vertragstheorie, nicht aber die Lehre vom subjektiven und objektiven Element des Völkergewohnheitsrechts — jedenfalls in bestimmten Ausprägungen —, aber auch nicht die nur das letztere fordernde Lehre von vornherein als unzutreffend abgelehnt werden, sofern nur diese behaupteten Kriterien als Tatbestandsmerkmale verstanden werden.

[105] *Ziccardi*, RC 1958 III S. 263 ff., hat hier den phänomenologischen Erkenntnismodus vorgeschlagen, doch hilft eine solche Befragung des Völkergewohnheitsrechts auf seine Konstitutionselemente nicht weiter, da sie schon einen verläßlichen Ausgangspunkt nicht finden kann. Dem Völkergewohnheitsrecht als Recht kann keine phänomenologische Schau etwas abgewinnen, da sein reales, erkennbares Substrat nur individuelle Verhaltensweisen sind, die über ihre eigene rechtliche Bedeutsamkeit nichts aussagen können, so daß eine phänomenologische Untersuchung in keinem Fall zu den rechtlichen Eigenarten ihres Objektes führt, nach denen allein hier gefragt ist (vgl. *Reinach* S. 111, 160 f., 165 ff., 218 f.). Hinzu kommt, daß auch seinem Begriff sich im Wege eines — analytischen oder synthetischen — Urteils a priori keine wesentlichen Erkenntnisse abgewinnen lassen und auch ein allgemeiner Sprachgebrauch (auf den *Ziccardi*, a. a. O., S. 316 als Grundlage phänomenologischer Forschung verweist) zur Klarheit nichts beitragen kann, da es ihn nicht gibt.

Hält man daran fest, daß das Recht aus eigentümlich qualifizierten Sollenssätzen besteht, und folgert man daraus auf die Unmaßgeblichkeit jeder anderen Denkkategorie für die Begründung dieser Sätze, dann kann nur eine solche Methode in Betracht kommen, die nicht über die Rechtsordnung hinausstrebt, sondern system-immanent zu Ergebnissen gelangt, deren spezifische Merkmale denjenigen ihres Ausgangspunktes entsprechen. Bei Betrachtung der immanenten Grenzen logischer Schlüsse, die ihre anerkannte Verwendbarkeit für die konstruktiven Aufgaben der Rechtswissenschaft erst begründen, bleibt uns nur übrig, im Wege der Induktion vorzugehen und zu prüfen, wie bisher Sätze des Völkergewohnheitsrechts entstanden sind, um daraus auf das Prinzip ihrer Bildung zu schließen[106], wie sich ja auch die Erkenntnis von Normen materieller Verfassungen in derselben Weise vollzieht[107]. Der über die Erkenntnis von Völkergewohnheitsrechtsnormen ausgebrochene Methodenstreit über Möglichkeit und Nutzen induktiver und deduktiver Schlüsse soll hier jedoch nicht auf der Ebene der Konstitutionsnorm wieder aufgenommen werden — ein Teil dieser Streitfragen ist aus den Entstehungsbedingungen des Völkergewohnheitsrechts zu beantworten, ein anderer, bedeutsamerer, betrifft das hier nicht interessierende Problem der Gewinnung von Völkerrechtssätzen aus schon bestehenden Normen oder gar der Rechtsordnung selbst, damit den Widerstreit zwischen Bindung und Freiheit der Staaten[108].

Diesem Induktionsverfahren hat *Ago* den Vorwurf des Zirkelschlusses gemacht: „Man kann nicht bestreiten, daß manchmal die Existenz einer Norm aus der Existenz anderer Normen induziert werden kann, die sie notwendig voraussetzen, aber doch nur unter der Bedingung, daß die Existenz dieser anderen Normen schon anderweitig feststeht und man

---

106 So auch *Balladore Pallieri*, Riv. 1928 S. 373; vgl. ferner *Kelsen*, RITD 1939 S. 256; *Perassi* S. 205 f.; *Pfluger* S. 19; *Sperduti*, Fonte S. 71; *Starke*, BYIL 1936 S. 80; *Verdross*, Festschrift Kelsen S. 355.

107 *Verdross*, Einheit S. 118: Die ungeschriebene Verfassung „kann stets nur durch Analyse jener Rechtsakte ermittelt werden, die sich auf sie beziehen, sie als Regel zugrunde legen ... Was für den Bereich des staatlichen Rechts gilt, muß aber auch für das Völkerrecht zutreffen". Vgl. auch ders., Mitteilungen 10 S. 81, und weiter *Kelsen*, Principles S. 437; *Ross*, Theorie S. 363 f.; *Wengler*, Völkerrecht S. 171 ff.

108 Zur Methodik vgl. allgemein neben den einführenden, von *Schüle* ausgearbeiteten Darstellungen: *Baumgarten*, Recueil Gény III S. 317 ff.; *Oppenheim*, AJIL 1908 S. 313 ff.; *Rudolf* S. 21 ff., 95 ff.; *Schücking* S. 535 ff.; *Siorat* S. 361 ff.; *Vellas* S. 22 ff.; zur induktiven Methode insbesondere *Schwarzenberger*, Approach S. 4, 8 ff., 37 ff., 108 ff., 115 ff.; JiaöR 1949 S. 686; RC 1955 I S. 196 ff.; CLP 1956 S. 240, 249 f., und weiter *Cheng*, CLP 1952 S. 267; *D'Amato* S. 510 ff.; *Geck* S. 18 f.; *Zwecker* S. 121 ff., 130. Zumindest Bedenken äußern *D'Amato* S. 509 f., 513 f.; *Jenks*, Prospects S. 617 ff. (hierzu *D'Amato* S. 511 f.; *Schwarzenberger*, Approach S. 115 ff.); *Menzel*, JuS 1963 S. 46. Zur deduktiven Methode s. *Bruns* S. 29; *Castberg* S. 354 ff.; *Menzel*, a. a. O., S. 45 f.

nicht etwa versucht, ihre rechtliche Grundlage gerade in der Norm zu sehen, die aus ihnen induziert werden soll[109]."

Mit dieser Feststellung hat *Ago* insoweit recht, als man nicht die Geltung einer Rechtsnorm zunächst unterstellen, dann eine höhere Norm induktiv erschließen und daraus die definitive Geltung der dem Schluß zugrunde liegenden Norm erkennen kann. Ebenso hypothetisch wie die Geltung dieser ist auch die Geltung der gewonnenen Norm, der „rechtlichen Grundlage" der ersteren.

Damit sehen wir aber die Richtigkeit unserer Auffassung gerade bestätigt. Wenn die Rechtsverbindlichkeit aller Normen, wenn gar ihr Sollen selbst vom Standpunkt der Rechtswissenschaft aus nur hypothetisch ist, dann hindert uns nichts, von einer durchaus willkürlich hypothetisch als rechtsverbindlich angenommenen Tatsache der sozialen Außenwelt aus — also denjenigen Verhaltensweisen, von denen wir annehmen, sie entsprächen einem rechtlichen Sollen, und die uns daher den Inhalt dieses gedachten Sollens erkennen lassen —, also von diesem Erfahrungsgegenstand aus auf diejenigen Normen zurückzuschließen, die notwendig sind, um dieses unterstellte, dem Verhalten nur hypothetisch zugrundegelegte, rechtliche Sollen unbeschadet der Hypothese erst erklären zu können. Seine Legitimation bezieht dieser Schluß aus der einmal aufgestellten Hypothese und den daraus notwendig sich ergebenden Folgerungen. Nichts hindert uns, von dem einen hypothetischen Sollen auf ein anderes, ebenso hypothetisches, zu schließen. Der Fehler *Agos* liegt darin, daß er die Existenz von Normen, also ihre Rechtsverbindlichkeit, einerseits als in irgendeiner Weise nachweisbar ansieht getreu seiner eigenen Konzeption, andererseits aber damit den Gedanken einer notwendigen Geltungsableitung verbindet, der gerade bei seiner Lehre überflüssig ist[110].

Beginnt also die Erkenntnis von Rechtsnormen immer an einem Punkt im Bereich des realen Seins, der nicht schon aus sich heraus einen Stellenwert innerhalb eines Normensystems besitzt, dann geschieht die Ausgestaltung eines — nur hypothetischen, aber infolge der Hypothese logisch notwendigen — Normengefüges von der Deutung eines Seins als Sollen her, also induktiv[111]. Von ihr aus wird die Realität für die Soll-

[109] 6 AVR S. 292 Anm. 87; s. auch *Drost*, Grundlagen S. 90; *Walz*, AöR 58 S. 34.

[110] Insofern ist seine Argumentation eher gegen *Sperduti*, Riv. 1956 S. 14, bedeutsam, der die „Primärnormen" für induktiv von den anderen Normen her erkennbar hält, ihre praktische Bedeutung aber aus dem praktischen Wert der unteren Normen herleitet, die, indem sie die Primärnormen voraussetzen, deren historische Wirksamkeit beweisen.

[111] Dieser Vorgang wird bei der Erkenntnis gewohnheitsrechtlicher, also scheinbar extrasystematisch entstandener, Normen besonders deutlich, vollzieht sich grundsätzlich aber auch bei der Ermittlung gesetzten Rechts.

geltung zur conditio sine qua non[112]; conditio per quam dagegen ist die Norm, die vorausgesetzt wird, um ein gegebenes Sein als Sollen deuten zu können[113]. Das Ergebnis der Induktion ändert nichts an der Realität ihrer Grundlage, hier einer allgemeinen Übung, und nichts am Inhalt derjenigen Regel, als deren Befolgung dieses Verhalten gedacht wird. Nur um sie als einen mit rechtlicher Verbindlichkeit ausgestatteten Sollenssatz verstehen zu können, bedarf es der Induktion auf jenes „höhere" Sollen, einer Induktion, die den Inhalt der höheren Norm erschließen will, ohne den jenes zuvor beobachtete und als Ausgangspunkt gewählte Verhalten nicht als gesollt gedacht werden kann[114].

Bei einer Induktion von den Entstehungsvorgängen jener als Völkergewohnheitsrechtsnormen bezeichneten Verhaltensregeln auf den Inhalt des diese Entstehung regelnden Tatbestandes kann es also zu einem Zirkelschluß nicht kommen: Hat man sich auf Grund welcher Erwägungen auch immer dazu entschlossen, ein bestimmtes Verhalten als Entsprechung eines nach diesem Verhalten zu formulierenden Sollenssatzes und damit diesen selbst zu unterstellen, dabei notwendig auf einer außerrechtlichen Basis fußend, dann liegt schon hier der Ausbruch aus dem behaupteten Zirkel[115]. Alle nachfolgenden Schlüsse sind durch diese Sollenshypothese bedingt, die Suche nach der Konstitutionsnorm wird notwendig und sinnvoll allein bei der Annahme eines Sollens, das sich dann aus einem anderen herleiten muß. Beide Normen, die erzeugende und die erzeugte, lassen sich in einen Ableitungszusammenhang überhaupt nur auf der Grundlage der Sollenshypothese bringen. Anderenfalls gäbe es lediglich eine kausale Begründung von Handlungen, die jedenfalls nicht auf eine höhere Norm, sondern auf andere, ebenso kausal bedingte, Umstände verweist.

Außerhalb solcher, mit dem theoretischen Ansatz gegebenen, Notwendigkeiten und deshalb zu diskutieren bleibt, was als dasjenige Krite-

---

[112] Dies entspricht unserem Verständnis von der Positivität als Inhaltsbestimmung des Rechts durch von Menschen gesetzte Akte.

[113] Vgl. *Kelsen,* Souveränität S. VIII; Principles S. 561; ZöR 1922/23 S. 215; *Sperduti,* Fonte S. 88 f.

[114] Zu der Trennung von Inhaltsgestaltung und Verbindlichkeitsbegründung von Normen einerseits aus historischen Vorgängen, andererseits aus jeweils höheren Normen s. auch *Kelsen,* Souveränität S. 97 Anm. 1 (S. 98).

[115] Vgl. auch *Verdross,* Festschrift Kelsen S. 355, zur Gewinnung der Grundnorm: „Der nähere Inhalt der Grundnorm einer konkreten, positiven Rechtsordnung kann erst formuliert werden, wenn das Rechtssatzmaterial bereits bekannt ist, das erfaßt werden soll ... Man muß ... zunächst wissen, welcher Bereich von Normen positives Recht ist, bevor die Krönung des Gebäudes durch die Grundnorm erfolgen kann." Die von *Walz,* AöR 58 S. 54 f., für die Grundnorm behauptete und auf unsere Konstruktion übertragbare Alternative von „emanatistischer" und „analytischer" Funktion stellt sich in dieser Form nicht — die Konstitutionsnorm des Völkergewohnheitsrechts besitzt „emanatistische" Bedeutung nur unter der Voraussetzung der Richtigkeit des „analytisch" gewonnenen, auf Induktion ruhenden, Systems.

rium zu wählen ist, von dem die Entscheidung zugunsten des Gesolltseins eines Verhaltens abhängig zu machen ist.

Maßgebend soll für uns die praktische Verwendbarkeit des Ergebnisses sein. Dabei zeigt sich aber, daß das methodische Postulat eines Induktionsschlusses von der Entstehung einer sozialen Regel aus in dieser Absolutheit undurchführbar ist, und daß Schwierigkeiten weniger in der Theorie als in der praktischen Ausführung liegen.

Die allgemeine Befolgung einer Regel ist als Auswahlkriterium ungeeignet, weil dieser Ausgangspunkt die Kritik all derer wachrufen muß, die mit der Lehre von den beiden Elementen des Völkergewohnheitsrechts der bloßen Übung die Rechtserheblichkeit gerade absprechen und sie in den Bereich des nur Tatsächlichen verweisen. Es wäre jedoch untunlich, vor der eigentlichen Untersuchung bereits einen Standpunkt zu wählen, der für die herrschende Meinung das Unternehmen in die Irre führen muß — die allgemeine Befolgung ist ja auch ohne eine Rechtsüberzeugung möglich, eine opinio könnte daher schon nach der Prämisse nicht zu den Entstehungsbedingungen der Regel gehören. Eine Verständigung wäre damit schon durch den Ansatz undenkbar gemacht.

Hinzu kommt, daß bei einer so begonnenen Untersuchung der Regelbildung alle diejenigen Elemente — insbesondere geschichtliche Ereignisse und im weitesten Sinne politische Zusammenhänge — in das Blickfeld geraten, die tatsächlich oder auch nur möglicherweise diesen Vorgang beeinflußt haben, deren Erheblichkeit aber im Einzelfall nicht schon a priori ausgeschlossen werden kann. Es bedürfte folglich einer Behandlung sämtlicher allgemeiner Regeln, um die möglichen Zufälligkeiten bei der Entstehung einzelner Normen zu erkennen und mit einiger Sicherheit nur den bei allen Normen übereinstimmend auftretenden Einflüssen wesentliche Bedeutung zumessen zu können. Dieser Versuch verbietet sich — bedauerlicherweise — von vornherein aus praktischen Gründen. Um ein solches Ergebnis zu vermeiden, müßten Maßstäbe zur Verfügung stehen, die einem eklektischen Verfahren als Grundlage dienen könnten, nach denen schon bei der Materialsammlung Wesentliches von Unwesentlichem mit Sicherheit zu trennen wäre. Sie gibt es jedoch nicht.

Setzt man dagegen bei denjenigen Regeln an, die die allgemeine Ansicht zu solchen des Völkergewohnheitsrechts erklärt, dann wird die Suche nach den Gründen für diesen Konsens notwendig und damit die Berücksichtigung jener vielfältigen und einander widersprechenden theoretischen Konzeptionen, die einheitliche Lösungen verhindern, und aller politischen, ideologischen, ethischen Motive, die bei solchen Entscheidungen besonderes Gewicht besitzen, in ihrer jeweiligen Wirksamkeit aber nicht zu identifizieren sind.

Es lassen sich also guten Gewissens keine Prämissen nennen, die sich an dem international Praktizierten ausrichten und zugleich außerhalb der Diskussion stehen.

Auf den unmittelbaren Rückgriff in die Staatenübung, auf die Suche nach einem festen Punkt außerhalb des Gewohnheitsrechts als Grundlage für dessen Untersuchung muß also verzichtet werden. Doch bleibt es möglich, die Praxis, da sie selbst nicht weiterhelfen kann, gleichsam vorgeformt zu übernehmen, wie sie sich in den Äußerungen der Staaten, Gerichte und Wissenschaftler widerspiegelt. Damit soll nicht einer neuen, wieder nur theoretischen, Diskussion das Wort geredet werden; im Gegenteil sind diese Aussagen, um überhaupt einen einigermaßen praxisnahen Bezugspunkt zu finden, von allem nur dogmatischen Beiwerk zu befreien und allein insoweit zu verwenden, als sie ausschließlich Angaben über den Prozeß der Gewohnheitsrechtsbildung *in konkreten Verfahren* enthalten. Hierin zeigt sich zwar die Realität der Normbildung nicht unmittelbar, sondern schon „gebrochen", möglicherweise sogar verfälscht durch die Aufnahme und die Wiedergabe nur des für wesentlich Gehaltenen. Dieser unvermeidliche Verlust der Unmittelbarkeit muß jedoch in Kauf genommen werden, um endlich über die Unverbindlichkeit bloßer Theorie hinauszugelangen. Es sollen daher übereinstimmend als typisch angegebene Entstehungsarten von Völkergewohnheitsrechtsnormen untersucht werden mit dem Ziel, bei unterstellter Richtigkeit dieser Stellungnahmen die in allen Denkmodellen sich wiederfindenen Prinzipien zu erkennen, die sich dann mit einiger Sicherheit als für die Entstehung dieser Normen maßgeblich bezeichnen lassen. An den Ergebnissen sind dann die Theorien zum Völkergewohnheitsrecht zu überprüfen.

Daß dieses Verfahren Mängel aufweist, vor allem den Nachteil bestreitbarer Authentizität seines Bezugspunktes, ist unübersehbar. Es hält sich im Rahmen des bisher von anderen schon Vorgezeichneten, ohne radikal mit bisherigen Auffassungen zu brechen, da es ja an diese anknüpft, und bietet insoweit keinen neuen Ansatz, der zuvor unbekannt gewesen wäre. Die Gewähr seiner weitgehenden Zuverlässigkeit trotz allem aber ist darin zu sehen, daß es von einzelfallbezogenen, möglicherweise zeit- und interessebedingten Äußerungen, von allen bisher gezogenen Schlußfolgerungen absieht — die sich bisher den Theorien anzupassen hatten und nicht etwa diese beeinflußten —, daß es also über alte Voreingenommenheiten hinwegsehen kann, von einzelnen, mit hervorstechender Einhelligkeit jedenfalls im grundsätzlichen geteilten Ansichten ausgeht und damit Staaten, Gerichte und Wissenschaft beim Wort zu nehmen vermag.

Geht man überdies von der Unerweislichkeit des Sollens und der Geltung von Recht insbesondere, damit von der Willkürlichkeit und Bedingtheit der Annahme bestimmter Sätze als Rechtssätze aus, dann bezeichnet der Begriff der formellen Rechtsquelle nicht die Verfahrensmöglichkeiten zur Bildung „wirklichen" Rechts — das es nicht nachweisbar geben kann —, sondern lediglich die Voraussetzungen, unter denen man gewillt ist, Sätze als Rechtssätze aufzufassen und zugrunde zu legen. Eben solche Voraussetzungen stellen auch die im Folgenden aufzuzeigenden Entstehungsmodalitäten von Völkergewohnheitsrechtsnormen dar. Ihre Bedeutung liegt darin, daß infolge eines allgemeinen Konsensus die Bereitschaft besteht, die Produkte solcher Vorgänge als Recht — genauer: als Völkergewohnheitsrecht — zu behandeln. Hier wird also diejenige Folgerichtigkeit zum Untersuchungsgegenstand, mit der einerseits bestimmte Tatbestandsmerkmale des Völkergewohnheitsrechts und andererseits konkrete Entstehungsweisen dieses Normenkomplexes behauptet werden. Beide müssen, sollen die Theorien in sich geschlossen sein, miteinander übereinstimmen, die herkömmlich abstrakt benannten Tatbestandsmerkmale müssen als nicht weiter reduzierbare Kernbestandteile individuell geschilderter Normwerdungsprozesse hervortreten. Die Voraussetzungen, unter denen man Rechtssätze bestimmter Art als geltend zu betrachten übereingekommen ist, sind daher vor allem auf ihre Vereinbarkeit mit solchen spezifischen Verfahrensmodalitäten zu überprüfen.

Zweiter Abschnitt

Anerkannte Verfahren zur Erzeugung von Völkergewohnheitsrechtsnormen

A. Gewohnheitsrechtsentstehung aus Verträgen

Zunächst ist die nach verbreiteter Ansicht mögliche Entstehung von Völkergewohnheitsrechtsnormen aus Verträgen zu behandeln[1].

---

[1] Vgl. *Schwarzenberger*, Approach S. 34: „If more attention were paid to the remarkably widespread process of transformation of treaty law into international customary law, doctrines on the relations between international customary law and treaties could be checked by reference to reality." — Als bisher gründlichste Darstellungen zu diesem Gegenstand müssen die Arbeiten von *Baxter* (der — S. 280 ff. — vor allem auf Einzelfälle, insbesondere aus Entscheidungen, eingeht), *D'Amato* (HILCJ 1961 Nr. 2 S. 1 ff.), *Shihata* (REDI 1966 S. 51 ff.) und *Starke* (BYIL 1946 S. 341 ff.) gelten.

Unerörtert müssen hier die Verträge zugunsten und zu Lasten Dritter bleiben; deren Wirkungen folgen zwar mittelbar aus dem Völkergewohnheitsrecht, sind aber vertragliche. Auch jene Auffassung kann vernachlässigt werden, die im Falle eines von sehr vielen Staaten unterzeichneten Vertrages diese für berechtigt hält, ihn auch gegenüber Drittstaaten durchzusetzen — „les progrès du droit international ne devant pas dépendre du mauvais vou-

„Daß Verträge und internationale Abkommen im allgemeinen einen sehr wichtigen Faktor in der Entwicklung von Völkergewohnheitsrecht darstellen können, ... ist schon eine Binsenweisheit[2]," so wird behauptet, doch ist der Satz jedenfalls in dieser Allgemeinheit unrichtig[3].

Unstreitig können völkerrechtliche Verträge bereits bestehende Normen des Völkergewohnheitsrechts wiedergeben[4], doch gewonnen ist mit dieser Erkenntnis nichts; denn um den deklaratorischen Charakter bestimmen zu können, muß außerhalb der Verträge nach einem schon geltenden Völkerrechtssatz gesucht werden[5]. Daß er sich in Verträgen wiederfindet, hat für seine Erkenntnis keine konstitutive Bedeutung; es ist nicht einmal möglich, mit Sicherheit auf seine gewohnheitsrechtliche Geltung daraus zu schließen, daß er in einem Vertrag nur deklaratorische Gestalt erhält[6].

---

loir de quelques isolés. Qu'en résulte-t-il, sinon les traités généraux seront les manifestations les plus sûres du droit international réel?" (*Chrétien-Nachbaur* S. 13) Dasselbe gilt für den Versuch, eben dieses „droit international réel" im Wege einer Analyse aus der Gesamtheit der internationalen Verträge zu ermitteln (so *Pradier-Fodéré* S. 84); soweit das hiermit gewonnene Recht nicht als geltendes Völkergewohnheitsrecht behauptet wird, hätte die Untersuchung nur statistische Bedeutung.

[2] *Wolfke*, Custom S. 77.

[3] s. aber die Stellungnahme Finnlands, YILC 1966 II S. 73, Art. 62, und weiter *Yasseen*, YILC 1964 I S. 109 Nr. 44; *Ruda*, ebenda S. 111 Nr. 72.

[4] Vgl. die Präambel des Haager Abkommens über die „Gesetze und Gebräuche des Landkriegs" vom 18. 10. 1907, RGBl. 1910 S. 107; PCIJ A 1 S. 25 (Wimbledon-Fall), wo Verträge als Nachweis für eine bestimmte Auffassung der Staaten ausgelegt werden. (*Lauterpacht*, Function S. 112 f., sieht hier einen Fall der Analogie, *Duisberg*, Völkergewohnheitsrecht S. 130 ff., und 12 JIR S. 150 Anm. 38, lehnt die Entscheidung ganz ab; nach *Kopelmanas*, BYIL 1937 S. 136, hat das Gericht aus der Identität der Verträge eine Gewohnheitsrechtsnorm erschlossen, ihnen also konstitutive Bedeutung beigelegt.) Vgl. ferner IMT Nürnberg I S. 247; die Entscheidung im Wilhelmstraßen-Prozeß (Kempner-Haensel S. 5): „Das Statut und das Kontrollratsgesetz Nr. 10 haben lediglich klargestellt, welche Völkerrechtsbrüche einer gerichtlichen Untersuchung unterzogen werden sollten"; BVerwGE 15 S. 59 ff., 61 (die Rechtslage der Konsuln werde durch einzelne Verträge „unterstrichen").

Als staatliche Äußerungen s.: Norwegen, ICJ Pleadings, Fisheries Case I S. 386; USA, ICJ Pleadings, Morocco Case I S. 386 f.; *Rosenne* als Vertreter Israels, ICJ Pleadings, Reservations to the Convention on Genocide S. 337; Portugal, ICJ Pleadings, Case concerning Right of Passage ... II S. 537 f.

S. ferner die Berichte der ILC über ihre 2. (YILC 1950 II S. 368 § 29) und 18. Sitzung (YILC 1966 II S. 231, Kommentar zu Art. 34), und *Tunkin*, YILC 1961 I S. 255 Nr. 19; *Zourek*, ebenda S. 257 Nr. 35; *Ago*, YILC 1966 I 2 S. 91 § 70.

Aus der Literatur schließlich *Berber*, Rechtsquellen S. 98; *Cavaglieri*, Corso S. 60; *D'Amato*, HILCJ 1961 Nr. 2 S. 4 f.; *Duisberg*, Völkergewohnheitsrecht S. 137; *Fitzmaurice*, BYIL 1951 S. 28; RC 1957 II S. 98; Symbolae Verzijl S. 157; *Hyde* S. 10, 12; *Jaenicke* S. 770; *Leibholz* S. 121 f.; *Rousseau*, Principes S. 854 ff.; *Starke*, BYIL 1946 S. 346; *Stone* S. 135; *Verdross*, JAIL 1963 S. 6; *Wolfke*, Custom S. 137 f.; *You* S. 87 ff.

[5] Vgl. *Bartoš*, YILC 1964 I S. 111 §§ 79 f.; einschränkender *Baxter* S. 287 ff.

[6] So auch *D'Amato*, HILCJ 1961 Nr. 2 S. 12; *Shihata* S. 63, 65; *Soerensen*, RC 1960 III S. 78, legt solchen Verträgen jedenfalls präzisierende Wirkung bei; vgl. ferner *Schwarzenberger*, RC 1955 I S. 213.

Nicht so unzweifelhaft steht es mit der „konstitutiven Bedeutung“ von Verträgen[7], wobei der Unbestimmtheit des Begriffes die Unklarheit der Lehre entspricht[8].

Zum einen sollen Verträge allgemeines Völkerrecht begründen, „indem aus der mannichfaltigen Gesammtheit der auf denselben Gegenstand bezüglichen Einzelverträge aller Culturstaaten durch eine mehr auf das Wesen der vereinbarten Rechtssätze eingehende wissenschaftliche Operation dabei vorausgesetzte allgemeine Grundsätze, d. h. allgemeines Völkerrecht, abstrahirt werden können“[9]. Während aber *Bergbohm* in diesem Verfahren allein die inter partes geltenden Normen erschließen will[10], behauptet im Lotus-Fall die französische Regierung von gleichlautenden Vertragsbestimmungen, sie wendeten ein „droit commun“ lediglich an, unternimmt aber gleichzeitig den Versuch, aus ihnen eine allgemeine Völkerrechtsnorm konstituierend abzuleiten, die mit der des behaupteten „droit commun“ identisch ist[11] — Verträge sollen also dieselbe Norm gleichzeitig wiedergeben und schaffen können. Deutlich wird hier die Verwirrung, die die Beziehungen zwischen Vertrags- und Völkergewohnheitsrecht umgibt.

Regeln, die sich „aus Verträgen herleiten“ — das kann einmal bedeuten, schon die Tatsache des Abschlusses gleichartiger Verträge gestalte ihren Inhalt zu Völkergewohnheitsrecht um[12]. Eben dies ist gemeint, wenn einzelne Verträge als „Präzedenzfälle für eine gewohnheitsrechtliche Regel“ bezeichnet werden[13], weil sie ständig eine bestimmte Klausel

---

[7] Über die möglichen Beziehungen zwischen vertraglichen und gewohnheitsrechtlichen Normen s. *Berber,* Rechtsquellen S. 97 ff., und Lehrbuch I S. 59 f.; *Kosters,* Fondements S. 231 f.

[8] Die ILC nimmt zu diesem Problem nicht Stellung, sondern referiert nur (YILC 1950 II S. 368 § 29, und AJIL 1950, Suppl. S. 105 ff., 112 f.; s. hierzu *Liang* S. 510 ff.).

[9] *Bergbohm* S. 82.

[10] *Bergbohm* S. 83.

[11] PCIJ C 13 II S. 207.

[12] Ganz allgemein bejahend: Art. 34 des Entwurfs der ILC zum internationalen Vertragsrecht, YILC 1966 II S. 230; *Briggs,* YILC 1966 I 2 S. 92 § 85; *Dahm* I S. 16 f., 22; *Lauterpacht,* RC 1937 IV S. 157; *Mateesco* S. 224 f.; *de Visscher,* RC 1925 I S. 355.

So ist wohl auch *Finch* zu verstehen: „Les traités peuvent reformuler la loi coutumière existante ... ou lui conférer une force obligatoire“ (ICJ Pleadings, Haya de la Torre Case S. 75 — Mémoire Colombien, Annexe No. 16); s. auch *de la Vega,* Kolumbien, ebenda S. 158, und ferner: Kolumbien, ICJ Pleadings, Asylum Case I S. 32, 329; Großbritannien, ICJ Pleadings, Fisheries Case II S. 432; Norwegen, ebenda III S. 300; BVerfGE 16 S. 27 ff., 52 ff.; *Scheuner,* RC 1939 II S. 171 ff.

[13] *Duisberg,* Völkergewohnheitsrecht S. 128; ähnlich *Scheuner,* RC 1939 II S. 105; *Starke,* BYIL 1946 S. 344 f.; *de Visscher,* Problèmes S. 230; *Wolfke,* Custom S. 77. In diesem Sinne auch der StIG im Fall der Oderkommission, PCIJ A 23 S. 28; *Basdevant* als Vertreter Frankreichs, PCIJ C 13 II S. 162; Großbritannien, ICJ Pleadings, Fisheries Case II S. 432.

wiederholen[14]. Die Parallele zur Entstehung des Völkergewohnheitsrechts durch andere staatliche Akte wird auch insofern aufrechterhalten, als diese Verträge von einer Staatenmehrheit geschlossen[15] und ihre Normen von deren Rechtsüberzeugung getragen sein müssen, um zu Gewohnheitsrecht werden zu können[16]. Dabei soll die ständige Gleichheit der Regeln zeigen, daß sie aus grundsätzlichen und nicht zufälligen Überlegungen, wegen der Überzeugung von ihrer rechtlichen Notwendigkeit, wiederholt werden[17]. Vertragstexte werden gar zur „getreuesten Wiedergabe der Rechtsüberzeugung“[18] oder bleiben doch jedenfalls Hilfsmittel zur Erkenntnis staatlicher Ansichten[19]. Auch nach dem Inhalt wird differenziert: Der Vertrag müsse eine Rechtsregel wiedergeben wollen[20], er müsse allgemeinen Charakter besitzen[21] oder für das Zusammenleben der Staaten dringend notwendig sein[22].

Mit den Normen, die sich „aus Verträgen herleiten“, kann aber auch gemeint sein, daß die Verträge die Entwicklung einer Praxis dem Inhalt nach anregen[23], daß sich ohne Bezugnahme auf deren Rechtseigenschaft und Geltungsbereich[24] ein ihnen materiell entsprechendes, aber formell

---

[14] *Bartoš*, YILC 1961 I S. 258 Nr. 45; *Cobbett* S. 7; *Kopelmanas*, BYIL 1937 S. 132; *Perrin* S. 213; *Scelle*, Recueil Gény III S. 421; *Starke*, BYIL 1946 S. 344; *Suy* S. 242 f.; *Thalmann* S. 136.

[15] *Drost*, Grundlagen S. 47; *Eagleton* S. 38; *Heffter-Geffcken* S. 30 Anm. 10; *Lauterpacht*, RC 1937 IV S. 157; *Pollock* S. 511 f.; *Rousseau*, Principes S. 857; *Suy* S. 239; *Verdross*, Mitteilungen 10 S. 88; *de Visscher*, RC 1925 I S. 355.

[16] *Basdevant* S. 510; *Duisberg*, Völkergewohnheitsrecht S. 128; *Verdross*, Mitteilungen 10 S. 88.

[17] *Kaufmann*, RC 1935 IV S. 504 f.; E. *Lauterpacht*, 44 GS S. 325 f.; *Suy* S. 242 f. (s. auch S. 238); *de Visscher*, Problèmes S. 230, und RC 1925 I S. 355; vgl. weiter *Pradier-Fodéré* S. 84 f.

Ähnliches behauptet allgemein für eine ständige Praxis *Redslob*, Histoire S. 10.

[18] *Thalmann* S. 136; vgl. auch *v. Bar* S. 152; *Bartoš*, YILC 1961 I S. 258 Nr. 44; *Rivier* S. 12 f.; *Rousseau*, Principes S. 857; *Starke*, BYIL 1946 S. 346; *Waldock*, RC 1962 II S. 83 f.

[19] *Ballereau* S. 172; s. auch Frankreich, PCIJ C 13 IV 4 S. 1691 f.; *Fisher*, USA, ICJ Pleadings, Morocco Case II S. 284; Entscheidung des Ständigen Schiedshofs im North Atlantic Coast Fisheries Case, Großbritannien ./. USA, vom 7. 9. 1910, RIAA XI S. 167 ff., 206 (D. O. *Drago*); D. O. *Nyholm*, PCIJ A 10 S. 62; BVerfGE 16 S. 27 ff., 53: „Man wird die Abmachungen ... dahin würdigen können, daß sich in ihnen die weitverbreitete Überzeugung niedergeschlagen hat ...“

[20] *Eagleton* S. 38.

[21] *Suy* S. 239.

[22] *Perrin* S. 213; s. auch *Duisberg*, Völkergewohnheitsrecht S. 136 („Rechtsgrundsätze von allgemeiner Bedeutung“).

Mit Recht relativiert *Duisberg*, ebenda S. 137, diesen Gesichtspunkt, da solche Verträge ebensogut nur Ausdruck besonderer Interessenlagen sein können; vor allem auf die Auslegung stellen es daher ab: *Jaenicke* S. 770; *Lauterpacht*, Development S. 378 f.

[23] *Gouet* S. 34 f., 39 Anm. 21; vgl. *Tunkin*, Völkerrecht S. 92.

[24] *Wolfke*, Custom S. 77 f.

eigenständiges, Völkergewohnheitsrecht bildet[25] oder aber — vermittelnd —, daß die Verträge ihre Geltungserstreckung durch stillschweigenden Beitritt dritter Staaten erfahren[26].

Die Möglichkeiten gehen von so unterschiedlichen Sachverhalten aus, daß es sinnvoll erscheint, den hier angesprochenen Fragenkreis nach den Gesichtspunkten des möglichen Entstehungsvorganges und des Adressatenkreises getrennt zu behandeln.

I. Die Bildung von Völkergewohnheitsrecht inter partes

Unter den Parteien soll Gewohnheitsrecht durch den Abschluß gleichartiger Verträge entstehen können, sofern er Ausdruck einer Rechtsüberzeugung ist. Zu Recht ist darauf hingewiesen worden, daß die Annahme dieser opinio iuris allgemein keinesfalls möglich ist[27], da die Staaten in dem Vertragsabschluß auch ihre Unzufriedenheit mit den bestehenden außervertraglichen Völkerrechtsnormen für die Regelung des Einzelfalles[28] zeigen können[29], so daß zumindest ohne weitere Anhaltspunkte eine Völkergewohnheitsrechtsnorm aus Verträgen nicht hergeleitet werden kann[30] — selbst dann nicht, wenn man die Rechtsüberzeugung als entscheidend anerkennen wollte.

---

[25] Report of the ILC on the work of its 18th session, YILC 1966 II S. 231; *Fitzmaurice*, 5th Report on the Law of Treaties, YILC 1960 II S. 69 ff., Art. 16, 28, und Kommentar hierzu, ebenda S. 94 ff.; *de Luna*, YILC 1964 I S. 111 Nr. 69; *Tsuruoka*, ebenda Nr. 74; *Waldock*, ebenda S. 112 Nr. 3, und in seinem 3rd Report on the Law of Treaties, YILC 1964 II S. 27 § 2; *Ago*, YILC 1966 I 2 S. 91 Nr. 69; *Bartoš*, ebenda S. 177 Nr. 86.

Desgleichen: *Alvarez*, Codification S. 148; *Bisschop* S. 237; *Cavaglieri*, Consuetudine S. 104 f.; *Corbett* S. 29; *Drost*, Grundlagen S. 47; *Fitzmaurice*, BYIL 1951 S. 28, und Symbolae Verzijl S. 154, 157; *Friedmann*, Structure S. 121; *Gralla* S. 75; *Haemmerlé* S. 195; *Hudson*, Legislation S. XVII f.; *Jennings* S. 389; *Roxburgh* S. 74 f. (mit Literatur), 84 ff.; *Starke*, BYIL 1946 S. 344 f.; *Stone* S. 135; *Waldock*, RC 1962 II S. 84; *Wolfke*, Custom S. 78.

In diesem Sinne ist wohl auch das IMT Nürnberg, I S. 285, in bezug auf die Haager Landkriegsordnung, und der Vortrag Indiens, ICJ Pleadings, Case concerning Right of Passage ... IV S. 694, zu verstehen. Vgl. auch *Baxter* S. 296 f.

[26] *Bishop* S. 218.

[27] *Bruns* S. 40; *Duisberg*, Völkergewohnheitsrecht S. 135; *Triepel*, Völkerrecht S. 98; *Verdross*, JAIL 1963 S. 6; *Wolfke*, Custom S. 140.

[28] Den Charakter der Einzelfallregelung betonen *Duisberg*, a. a. O., S. 133; ders., 12 JIR S. 150; *Pohl* S. 187.

[29] D. O. *Read*, ICJ Reports 1955 S. 41; *Berber*, Rechtsquellen S. 97 f.; *Gihl*, Legislation S. 57, 73; *de Luna*, YILC 1966 I 2 S. 92 Nr. 88; *Soerensen*, RC 1960 III S. 78 f.; *de Visscher*, Problèmes S. 232.

Auf dieser Erwägung beruht der Gegenschluß aus bestehenden Verträgen (hierzu auch *Heilborn*, System S. 398) im Mavrommatis-Fall, PCIJ A 2 S. 35, und ähnlich auch im Asyl-Fall, ICJ Reports 1950 S. 276; vgl. auch *Duisberg*, Völkergewohnheitsrecht S. 133 ff., und 12 JIR S. 150.

[30] PCIJ A 10 S. 27; vgl. auch ICJ Reports 1960 S. 40—43; Norwegen, ICJ Pleadings, Fisheries Case I S. 386; *Ballereau* S. 173; *Fachiri*, Court S. 91; *Kopelmanas*, BYIL 1937 S. 136 f.; E. *Lauterpacht* S. 325 f.; *Pollock* S. 511 f. (mit

Anfechtbar ist indessen ein solcher Schluß schon im grundsätzlichen, denn für ein Verständnis der Rechtsüberzeugung als Glaube, zu der gewählten Übung rechtlich verpflichtet zu sein[31], ist die Folgerung inkonsequent: Bezieht sich die Überzeugung auf das eigene Tun, also den Abschluß von Verträgen bestimmten Inhalts, dann folgt nach der Definition daraus allein die Pflicht zu weiterem gleichartigen Verhalten — zu künftigen Vertragsabschlüssen[32]. Nach unbestrittener Ansicht ist der Inhalt geltenden Gewohnheitsrechts in der Weise festzustellen, daß eine Praxis — hier des Vertragsschlusses —, die die Norm erst schafft, schon als deren Anwendung fingiert und der demzufolge „angewandte" Satz formuliert wird, der zur Fortsetzung des früheren Verhaltens verpflichtet[33]. Es dürfen also nicht die Handlungsweise, zu der die Parteien sich verpflichten und die grundsätzlich nur bei ihrer Verwirklichung eine Bindung an dieses Verhalten begründen kann[34], und der Verpflichtungs-

einer aus dem Estoppel-Prinzip begründeten Ausnahme); zu den unterschiedlichen Möglichkeiten der Auslegung von Verträgen in Hinblick auf ihre Bedeutung für das Gewohnheitsrecht s. *Berber*, Rechtsquellen S. 97 ff., und Lehrbuch I S. 59 f.

Generell gegen eine solche Abstraktion aus den Verträgen daher Lord *Alverstone* im Fall der West Rand Central Gold Mining Co., Ltd., v. The King, (1905) 2 K. B. 391, bei Green S. 27 ff., 28; *Bruns* S. 2; *Pohl* S. 187; s. auch *Burckhardt* S. 356.

[31] Die opinio iuris im Sinne einer rechtspolitischen Überzeugung von der Notwendigkeit einer Norm kann deshalb nicht maßgeblich sein, weil sonst ein jeder Vertrag, der einem als unbefriedigend empfundenen Zustand des Völkergewohnheitsrechts inter partes abhelfen will, als materielles Element im Verein mit dieser Überzeugung schon Gewohnheitsrecht erzeugte und damit die Normenkategorie des Gewohnheitsrechts überflüssig machte.

[32] Die Richtigkeit dieser Überlegung zeigt die Gegenprobe: Jedes denkbare Verhalten ist grundsätzlich geeignet, Inhalt von Gewohnheitsrechtsnormen zu sein. Auch die Staatengewohnheit muß also eine Pflicht — ähnlich dem pactum de contrahendo — zum Vertragsabschluß begründen können (So scheint *D'Amato*, HILCJ 1961 Nr. 2 S. 10 f., z. B. eine Pflicht zum Abschluß von Auslieferungsverträgen anzunehmen). Die konstitutive Wirkung zumindest auch der Übung vorausgesetzt, ist kein anderes Verhalten zur Begründung dieser Pflicht geeignet als das einer ständigen Vertragsabschlußpraxis. Daß dieses Verhalten dann aber zugleich den Inhalt der Verträge zum Gegenstand gewohnheitsrechtlicher Pflichten macht, ist nicht möglich.

[33] *Soerensen*, Sources S. 85; vgl. auch *Basdevant* S. 498; *Briggs*, AJIL 1951 S. 729; *Duisberg*, Völkergewohnheitsrecht S. 37; *Soerensen*, RC 1960 III S. 35; *Suy* S. 217 Anm. 6, S. 262; *de Visscher*, RGDIP 1955 S. 357, 359 f.

[34] Dies übersieht *Soerensen*, Sources S. 97.

Hinzuweisen ist auf die Entscheidung des indisch-portugiesischen Streitfalles, ICJ Reports 1960 S. 4 ff., 40 ff. Hier zieht der IGH aus der zeitweise vertraglichen Begründung der Praxis, für den Durchzug bewaffneter Kräfte eine Zustimmungserklärung Englands und später Indiens einzuholen, den Schluß, eine Rechtsüberzeugung der Parteien habe gefehlt. Weder sei auf Grund ständiger Erlaubnis ein Anspruch darauf (S. 42 f.) noch auf das erlaubte Verhalten selbst entstanden (S. 42) — das Gericht trennt also beide Fragenbereiche in einer Weise, die der hier angegebenen nahekommt. Insoweit abweichend entschieden die Richter *Wellington Koo* (S. 59, 64), *Spender* (S. 100 — 110) und *Fernandes* (S. 129 ff., 134 f.) — alle, ohne wie das Gericht zu trennen.

akt selbst als Mittel zur Schaffung derselben Rechtsnorm behandelt werden; unzulässig ist es, einen Vertragstext schon als Nachweis der Staatenpraxis zu werten[35], denn über das, was die Staaten daraus machen, ob sie ihn jemals und mit welchen Änderungen erfüllen — darüber vermag er keine Auskunft zu geben. Mehr als das bindende Versprechen dieser Praxis enthält er nicht. Diese Ankündigung aber nur ihres verpflichtenden Charakters wegen schon für die Tat zu nehmen, wäre methodisch unsauber und stände im Widerspruch zu allen historischen Erfahrungen[36].

Der wiederholte Abschluß gleichförmiger Verträge bietet daher keine Möglichkeit, schon dasjenige Verhalten, zu dem die Staaten erst verpflichtet werden, zu Gewohnheitsrecht werden zu lassen. Dazu bedürfte es vielmehr eines Gebarens, das jedenfalls materiell in der Realisierung des vertraglich geschuldeten Erfolges besteht. Ohne diese Identität der Leistung ließe gerade das außervertragliche Verhalten, nicht der Vertrag selbst, das Gewohnheitsrecht entstehen.

Mit einer solchermaßen vertraglich gebotenen Leistung sieht sich der Vertragspartner einer Übung gegenüber, die wegen ihrer schon vorhandenen rechtlichen Grundlage eines Elementes bedarf, das sie über die bloße Vertragserfüllung hinausheben und zur Grundlage der Entwicklung neuen Rechts machen kann[37]. Wenn die Erkenntnis von Normen

---

[35] So aber *D'Amato*, HILCJ 1961 Nr. 2 S. 3 Anm. 18, S. 27, *Shihata* S. 61 Anm. 45 und wohl auch *Baxter* S. 277 f.; anders *Shihata* S. 73 (Verträge als Ausdruck des Staatswillens und damit — so seine Auffassung — als Wiedergabe der Rechtsüberzeugung).

[36] Entgegengesetzt *Baxter* S. 300 und *D'Amato*, a. a. O.

[37] Anders wohl *D'Amato*, HILCJ 1961 Nr. 2 S. 27, der von einer strukturellen Übereinstimmung zwischen Vertrag und Völkergewohnheitsrecht ausgeht.

Vgl. hierzu die Rechtsprechung des IGH:

Im Asyl-Fall hielt das Gericht die von Kolumbien aufgeführten Präzedenzfälle für unzureichend, weil „il n'a pas établi que la règle prétendue ... ait été invoquée ou que ... elle ait été appliquée, *en dehors* des stipulations conventionnelles ..." (ICJ Reports 1950 S. 277; Kursiv vom Verf.). Im Fall der amerikanischen Staatsangehörigen in Marokko verneinte der IGH die Möglichkeit von Völkergewohnheitsrecht, da die Rechte der USA sich nicht aus Gewohnheitsrecht, sondern einem Vertrag herleiteten (ICJ Reports 1952 S. 199) und die auf marokkanischer Zustimmung beruhende Praxis anderer Staaten nicht genüge „to establish that the States exercising consular jurisdiction in pursuance of treaty rights enjoyed in addition an independent title thereto based on custom or usage" (ebenda S. 200). Ob und wann eine solche Parallelentwicklung möglich ist, bleibt offen. (Dasselbe gilt auch für die Entscheidung ICJ Reports 1960 S. 4 ff., 40—43.) Frankreich hatte die Entwicklung von Gewohnheitsrecht nur außerhalb des Vertrages für möglich gehalten: „Pour qu'il y ait une coutume ... il faudrait établir que des règles spéciales, autres que celles du Traité de 1856, étaient appliquées ... Là n'est pas la question, car les usages ont été incorporés dans le Traité ... et sont devenues des règles conventionnelles dont le sort ne peut différer de celui du traité" (ICJ Pleadings, Morocco Case II S. 54). Die USA schlossen aus dem kodifikatorischen Charakter des Vertrages und der gewohnheitsrechtlichen Grundlage der Tätigkeit anderer Staaten auf eine ebenfalls gewohnheitsdes Völkergewohnheitsrechts sich dadurch vollzieht, daß alle sie erst begründenden Vorgänge schon als Normanwendung interpretiert werden, um den Norminhalt formulieren zu können, dann muß der Bezug zwischen Vertrag und Verhalten für die Beteiligten zerstört und Raum für einen anderen Rechtsgrund der Leistung geschaffen werden, da sonst der Erkenntnisprozeß über die Feststellung der vertraglichen Grundlage nicht hinauskäme. Um Mittel zur Schaffung von Gewohnheitsrechtsnormen sein zu können, muß das Handeln also von dem vertraglichen unterscheidbar sein[38] und darf seinen Grund erkennbar nicht im Vertrag haben, obwohl es ihm materiell entspricht[39]. Kann diese Differenzierung aber bei der Leistung nicht ansetzen, dann muß sie bei den Beteiligten selbst beginnen, der Schuldner[40] muß deutlich machen, daß Motiv und Zweck seiner Leistung nicht die Vertragserfüllung ist, sie also nicht des Vertrages wegen erbracht wird[41]. Diese Erkenntnis kann dem Gläubiger das bloße (Rechts-)Bewußtsein des Partners schon deshalb nicht verschaffen, weil es — auch ihm — verborgen bleiben muß[42]. Die Kundgabe des Bewußtseins als Äußerung, er fühle sich auch ohne Vertrag verpflichtet, schafft Klarheit nur, wenn daraus zu lesen ist, er wolle sich gemäß seinem Verpflichtungsgefühl verhalten; das so verstan-

---

rechtliche Norm zu ihren Gunsten neben dem Vertrag (ebenda I S. 386—388). Die Joint D. O. der Richter *Hackworth, Badawi, Carneiro* und *Rau* entschied gegen den IGH: „The full consular jurisdiction ... has been in existence for nearly a hundred years ... and ... both treaties and usages ... have contributed to the total result ... It is not possible, nor is it of any practical interest, at this distance of time, to isolate and assess separately the contribution made by each of the sources. Both were at work supplementing each other" (ICJ Reports 1952 S. 220). Zu erklären ist diese Stellungnahme schon aus der Auffassung der Richter von der Vertragsnatur des Völkergewohnheitsrechts (ebenda S. 218, 220).

Zur Praxis des IGH s. im übrigen *Böhme* S. 98 f.; *Hagemann* S. 66; zu der des StIG *Soerensen*, Sources S. 96 ff.

[38] Dies verkennt *Touscoz* S. 183 für den entsprechenden Fall der desuetudo von Völkergewohnheitsrecht durch Verträge. Zu den Schwierigkeiten solcher Feststellung s. auch *D'Amato*, HILCJ 1961 Nr. 2 S. 8.

[39] Vgl. auch das im innerstaatlichen Recht entstehende, parallele Problem, ob Gewohnheitsrecht durch eine Übung entstehen kann, die nach Ansicht der Übenden einem Gesetz entspricht; s. hierzu etwa (ablehnend) RGZ 2 S. 182 ff., 185 f.; 12 S. 292 ff.; 26 S. 320 ff., 323; 31 S. 270 ff., 271 f.; 44 S. 131 ff., 135; anders jetzt BGHZ 37 S. 219 ff., 221 f.

[40] Im folgenden wird ausdrücklich nur die Erfüllung von Pflichten behandelt; für die Inanspruchnahme von Rechten gilt jedoch das jeweils Entsprechende.

[41] Auch *Schwarzenberger*, Approach S. 34, stellt nur auf das von seinem Vertragsgrund abgelöste Verhalten ab; entscheidend sei, ob „a principle of treaty law begins to be considered self-evident and, in the drafting, is discarded as redundant"; s. auch sein Manual S. 28, und *Heilborn*, System S. 397 (doch „selbstverständlich ist daneben immer noch der Nachweis vonnöten, daß die aus den Verträgen verschwundene Norm allgemein beobachtet wird"; ebenda S. 397 f.).

[42] Zur Unerkennbarkeit dieser im Subjektiven bleibenden Vorstellungen s. allgemein *Jaenicke* S. 768; *Pfluger* S. 47 ff.; *Saulle* S. 26 f.; *Schwarzenberger*, RC 1955 I S. 254; s. auch o. S. 48 Anm. 106.

dene Rechtsbewußtsein wird zum geäußerten Motiv versprochenen Verhaltens. Was dem Akt der Vertragserfüllung konstituierende Bedeutung für eine Völkergewohnheitsrechtsnorm verleihen kann, indem er als Leistung außerhalb des Vertrages gekennzeichnet wird, scheint also die ausdrückliche oder implizite Kundgabe des Willens zu sein, die Leistung solle nicht als eine zur Vertragserfüllung erbrachte gelten. Da sich aber die Vertragsmäßigkeit einer Leistung danach bestimmt, ob der Gläubiger sie als solche erkennen kann, hat der Wille des Leistenden nur Bedeutung, wenn und soweit er geäußert ist derart, daß die Äußerung den Schluß auf einen sie veranlassenden Willen gestattet[43]. Erheblich ist diese Willenskundgabe nicht als Entäußerung des forum internum, sondern deshalb, weil sie den Gegner zur Qualifikation der Leistung als außervertraglicher veranlassen kann[44]. In Betracht kommt daher nicht nur der als Willenserklärung auftretende Akt, sondern jedes Verhalten, das als Motiv und Zweck der Leistung anderes als die Vertragserfüllung deutlich macht.

Dieses Gewicht der Beziehungen unter den Parteien erlaubt es, auch den Akt des Vertragsabschlusses in seinem Verhältnis zur Bildung neuen Gewohnheitsrechts in einem anderen Licht zu sehen. Ist nämlich im Einzelfall aus allen den Abschluß begleitenden Umständen die Absicht zu erkennen, im Grunde auch ohne Vertrag leisten zu wollen — und als Anhaltspunkt kann hier auch die Zahl der Verträge heranzuziehen sein —, dann ist jene Verbindung zwischen Vertragsschluß und -inhalt hergestellt, den die geschilderten Ansichten vermissen lassen und kraft deren der Vertragsinhalt selbst zu Völkergewohnheitsrecht zu werden vermag[45].

Dieser Schluß aus den Begleitumständen der Vertragserfüllung oder schon des Abschlusses auf einen bestimmten Willen ist nur möglich auf der Grundlage des Vertrauens, das der Partner in die Schlüssigkeit dieser Umstände setzt. Um aber einen Vertrauenstatbestand schaffen zu können, um den Schluß auf eine auch künftig gleichartige Praxis zu gestatten[46], muß das Verhalten des Partners den Eindruck erwecken, auf längere Zeit gerichtet zu sein. Eine Leistung, die zwar erkennbar außervertraglich, aber nur einmal oder mit zeitlicher Begrenzung erbracht wird, kann eine solche Erwartung nicht begründen.

---

[43] Vgl. *Schwarzenberger*, a. a. O.

[44] Die Bedeutung des Willens nur dann, wenn er „eine Erwartung beim anderen erzeugt", betont allgemein *Nelson* S. 74.

[45] Daß die Ernsthaftigkeit solcher Bekundung durch die Nichterfüllung des Vertrages widerlegt werden kann, mag hier nur angedeutet werden. Von Bedeutung kann dieses spätere Verhalten in Hinblick auf die Interpretation des Vertragsschlusses für die Gewohnheitsrechtsentstehung nur sein, wenn die darin enthaltene Willensäußerung allein noch nicht den Tatbestand derjenigen Norm erfüllt, die den erklärenden Staat an seine Äußerung bindet.

[46] Vgl. auch *Verdross*, Festschrift Kelsen S. 359.

Notwendig ist endlich die Bindung des Leistenden an seinen Willen, wenn und soweit er erkennbar ist, aber aus den Gründen des noch zu erörternden Estoppel-Satzes auch immer dann, wenn der Anschein eines Willens hervorgerufen wurde. Da jeder Rechtssatz den Normunterworfenen auch gegen seinen Willen bindet, kann der Leistende hier nicht nur verpflichtet sein, weil er will, sondern auch, obwohl er nicht will. Dies gilt einmal bei der die Abweichung vom Vertrag begründenden Verhaltensweise, die nach ihrem objektiven Erklärungswert zu deuten ist und den bindenden Rückschluß auf die Motivation des Äußernden nach den Umständen gerade der Beteiligten gestattet; es gilt aber auch für den späteren Zeitraum, in dem ein Staat sich nicht unter Berufung auf Willensänderungen von der einmal eingetretenen Bindung lösen kann, was freilich nur kraft einer diese Bindung begründenden, deshalb zu diesem Zweck notwendig anzunehmenden Norm verboten ist.

Wesentlich für die Gewohnheitsrechtsentwicklung aus Verträgen unter deren Parteien ist daher ausschließlich die wechselseitige Beziehung der Vertragsparteien, die eine über das Vertragsverhältnis hinausgehende Bedeutung erhält als Rahmen, innerhalb dessen sich die Entstehung von Völkergewohnheitsrechtsnormen nach der Prämisse abzuspielen hat, und kraft des Vertragsinhalts als Anregung für die Entwicklung einer inhaltlich identischen Praxis.

II. Die Bildung von Völkergewohnheitsrecht zwischen den Parteien und Dritten

Bei jenem Vorgang, der zwischen Vertragsparteien und Dritten Völkergewohnheitsrecht entstehen läßt, gilt für die Beziehungen der Partner untereinander das oben Gesagte: Gewohnheitsrecht bildet sich unter ihnen nur, wenn aus ihrem Verhalten gefolgert werden kann, sie würden ihm selbst ohne Vertrag und auch in Zukunft treu bleiben. Gegenüber Dritten kann allein der äußere Umstand einer Leistung trotz Fehlens jeder vertraglichen Grundlage, falls sie als Ausdruck eines entsprechenden Willens gedeutet werden darf, die Entstehung von Normen des Völkergewohnheitsrechts in die Wege leiten[47]. Notwendig ist daher als erstes, daß die Parteien auch ihnen die materiell vertragliche, aber ihnen vertraglich nicht geschuldete, Leistung erbringen[48].

---

[47] Vgl. hierzu *Roxburgh* S. 82 f., in dessen Modellfall die Leistung der Vertragspartner in der Duldung der Inanspruchnahme vertraglicher Rechte durch Drittstaaten besteht.

[48] Der von *Roxburgh* S. 83 (ähnlich *Fitzmaurice*, 5th Report on the Law of Treaties, YILC 1960 II S. 95 § 59, und *Shihata* S. 74 ff.) erwähnte Fall der Unterwerfung von Drittstaaten unter die Vertragspflichten verläßt das hier untersuchte Gebiet (vgl. auch *Baxter* S. 277 Ziff. 6); es handelt sich dabei nicht mehr um die Frage, wie aus Verträgen, sondern wie aus Handlungen nicht

Dies festzustellen ist dann einfach, wenn die Verträge Pflichten zu positivem Tun oder zur Duldung solchen Tuns begründen, schwieriger dagegen bei Unterlassungspflichten, wie sie die meisten der als gewohnheitsrechtsbegründend genannten Verträge statuieren[49]. Die Skala denkbarer Motivationen einer Untätigkeit ist so weit[50], daß man, um sich nicht in Spekulationen zu verlieren, zunächst die Behauptung des Kausalzusammenhanges zwischen Vertrag und Unterlassung genügen und jedes Absehen von einer vertraglich verbotenen Handlung als Ausfluß dieses Verbotes, mithin als Vertragserfüllung gelten lassen muß. Damit wird freilich eine Untätigkeit Ausgangspunkt von Völkergewohnheitsrecht inter partes und gegenüber Dritten nur sein können, wenn durch Umstände außerhalb der bloßen Untätigkeit, die nicht notwendig im Verhalten des passiv bleibenden Staates liegen müssen, jene Erwartungen auf eine auch künftig und auch ohne Vertrag gleichartige Übung geweckt werden.

Schwieriger noch ist der Ausgangspunkt der Normentwicklung dann erkennbar, wenn solche Verträge Unterlassungspflichten zugunsten Dritter enthalten, die Untätigkeit auch diesen gegenüber daher zunächst als vertraglich geboten und nicht nur in Ermangelung stärkerer, entgegengesetzter Interessen beibehalten zu deuten ist. Auch hier gilt, daß an die Stelle des vertragsbezogenen ein anderes Leistungsmotiv treten muß und bei Würdigung aller Umstände diese Leistung für längere Zeit erwartet werden darf, wobei auch hierfür wieder unter weiteren Voraussetzungen der Abschluß der Verträge Anhaltspunkt sein kann[51].

---

gebundener Staaten Völkergewohnheitsrechtsnormen entstehen können. Die eigentümliche Parallelität von vertraglicher und gewohnheitsrechtlicher Bindung entfällt, der Vertrag bleibt den Drittstaaten gegenüber res inter alios acta und berührt sie in seiner speziellen Bedeutung als völkerrechtliches Rechtsgeschäft nicht, steht also insoweit den anderen Staatsakten gleich und ist unter denselben Voraussetzungen wie diese Mittel der Gewohnheitsrechtsbildung.

[49] So etwa Ziffer 1 der Pariser Seerechtsdeklaration über das Verbot der Kaperei vom 14. 4. 1856 (bei Strupp, Urkunden I S. 403); der Briand-Kellogg-Pakt vom 27. 8. 1928 (RGBl. 1929 II S. 97); die Verbote des Sklavenhandels u. a. in der Erklärung des Wiener Kongresses vom 8. 2. 1815, nach Art. 118 Ziff. 15 der Wiener Kongreßakte vom 9. 6. 1815 in die Akte aufgenommen (Strupp ebenda S. 126, 150), in den Verträgen vom 30. 11. 1831, 20. 12. 1841 (Strupp ebenda S. 392 ff.), der Berliner Generalakte vom 26. 2. 1885, Art. 6 (Strupp, ebenda II S. 78), der Brüsseler Generalakte vom 2. 7. 1890 (Strupp ebenda II S. 356), Art. 22 Abs. 5 der Völkerbundssatzung (RGBl. 1919 S. 717) und den Sklaverei-Abkommen vom 25. 9. 1926 (RGBl. 1929 II S. 64) und 7. 9. 1956 (BGBl. 1958 II S. 205).

[50] Vgl. *Barale* S. 397.

[51] Mit Vorbehalten zuzustimmen ist *Williams,* Aspects S. 41, wenn er schreibt, ein Vertragsstaat sei „prevented by ... an ‚estoppel' even as against a state which is not party to the convention ... For when a solemn declaration of this kind is made the world at large is surely entitled to take it seriously, and by acting on the faith of the declaration to fix it as binding on the declarant. A state which has led other states to base their policy upon

Die Normentstehung „aus Verträgen“ zeigt damit, wenn Praxis und Theorie beim Wort genommen werden, die Schwierigkeiten, auf die ein Versuch zur Konkretisierung dieser so allgemein gehaltenen, verschwommenen Vorstellungen stößt, zeigt aber auch einen Ansatz zu ihrem Verständnis, der vornehmlich auf der durch das Gebot des Vertrauensschutzes begründeten Reziprozität der vertraglichen und der darüber hinausgehenden Beziehungen ruht. Am Ende wird damit deutlich, daß es eine Gewohnheitsrechtsentstehung „durch“ Verträge im eigentlichen Sinne nicht geben kann, wenn man den Vertrag in seinem juristischen Aspekt als Rechtsgeschäft zugrundelegt. Die für den Vertrag kennzeichnende Verkoppelung von Willenserklärung und Verpflichtung als Rechtsfolge begrenzt zugleich seine unmittelbare Rechtswirksamkeit. Nur das Außerachtlassen seiner rechtlichen Eigenart, seine Hinnahme unter Verzicht auf den Rechtscharakter der Abreden und nur die Heraushebung von Vereinbarungsakt und Erfüllungshandlung können dem Vertrag auch Einfluß auf die Begründung gewohnheitsrechtlicher Normen verleihen.

B. Gewohnheitsrechtsentstehung durch Unterlassen

Mit weitgehender Einmütigkeit gibt man als Ursprung von Normen des Völkergewohnheitsrechts ferner das Unterlassen an.

Zwar wird es von einer geringen Minderheit als unmöglich bezeichnet, hierdurch einen Gewohnheitsrechtssatz ins Leben zu rufen. So erklärte in der Verhandlung des Lotus-Falles der Vertreter der Türkei, das Entstehen eines Rechtes der Staaten zur Wahrnehmung von Strafbefugnissen könne nur durch Willensäußerungen anderer Staaten, „constituant des actes positifs“, verhindert werden: „Il ne suffit pas une simple abstention[1].“ Ähnlich betont *Altamira* in seiner Dissenting Opinion „que toute coutume est par elle-même un fait positif, et que, par conséquent, on ne peut pas élever à la catégorie de coutume l'inexistence ... de la répétition des actes ... qu'en général on considère comme nécessaire pour l'établissement d'une règle coutumière“[2]. *Nyholm* fordert eine „action“ der Staaten; ein einfaches Schweigen, die stillschweigende Übereinstimmung der Staaten genüge jedenfalls meistens nicht[3]. In

---

a declaration by itself cannot subsequently turn around against its fellow states and disavow the declaration.“ Vgl. auch *Pollock* S. 511 f.; *Lissitzyn*, International Law S. 35; *Sontag* S. 48, und den ähnlichen Gedankengang bei *Baxter* S. 293; nur wird regelmäßig nicht schon der Vertrag selbst ein solches Vertrauen begründen können.

[1] PCIJ C 13 II S. 122.

[2] PCIJ A 10 S. 96; s. hierzu *Ballereau* S. 106 f.; *Soerensen*, Sources S. 99.

[3] PCIJ A 10 S. 60; von der Vertragstheorie her lehnt auch *Strupp* das Unterlassen als normbegründend ab: „Pas de normes là où il n'y a pas de

diesem Sinne wird auch *Fitzmaurice* zu verstehen sein: „It is believed to be a sound principle that, in the long run, it is only the actions of States that build up practice, just as it is only practice... that constitutes a usage or custom, and builds up eventually a rule of customary international law[4]."

Unverkennbar jedoch ist immer der Versuch, schon im Ansatz den Äußerungen ihre Schärfe und Entschiedenheit zu nehmen: „Une *simple* abstention"[5], „le *simple* silence" — jedenfalls „dans la plupart des cas"[6] —, „l'inexistence... de la répétition des actes"[7] genügen nicht, zumindest auf lange Dauer nicht. Was allerdings fehlt und warum, wird nicht erläutert, das Unterlassen als Entstehungsmodus von Völkergewohnheitsrechtsnormen bleibt ein nicht eindeutig abgelehntes Phänomen, dessen Eigentümlichkeiten auch der Ständige Internationale Gerichtshof nicht klar werden läßt, wenn er ihm konstitutive Bedeutung nur beimißt, soweit es vom Gefühl rechtlicher Verpflichtung begleitet sei[8]. Denn damit verleugnet das Gericht im Ergebnis seinen Ausgangspunkt: Muß sich die Rechtsüberzeugung anders als im Unterlassen selbst, folglich in einem positiven Tun, erweisen, entscheidet nicht mehr das Unterlassen, sondern allein diese Kundgabe der Rechtsüberzeugung und damit ein positives Verhalten über die Normentstehung[9].

Auch die positiven Äußerungen, die dem Unterlassen rechtserzeugende Fähigkeit zuerkennen[10], wenn und soweit darin eine willentliche Stel-

---

traité explicite ou tacite" (RC 1934 I S. 307), wobei aber die falsche Fragestellung nach der gewohnheitsrechtlichen Möglichkeit des Fehlens einer Norm irreführt. — Ablehnend ohne Begründung auch *Gianni* S. 126.

4 BYIL 1953 S. 68.

5 PCIJ C 13 II S. 122 (Kursiv vom Verf.); hinzuzufügen ist, daß in einem solchen Fall die bloße Untätigkeit in der Tat nicht hingereicht hätte, um eine Kompetenzausübung als völkerrechtswidrig erscheinen zu lassen.

6 PCIJ A 10 S. 60 (Kursiv vom Verf.).

7 PCIJ A 10 S. 96.

8 PCIJ A 10 S. 28; so auch *D'Amato*, HILCJ 1961 Nr. 2 S. 25; *Duisberg*, Völkergewohnheitsrecht S. 109; *Jaenicke* S. 769; *Mateesco* S. 239; *Sontag* S. 63.

9 Ähnlich *Hostie*, RDI 1933 S. 105; vor allem die Beweisschwierigkeiten in diesem Falle hebt *Ballereau* S. 106 hervor; zu einem anderen Ergebnis kommt *Barberis*, NTIR 1967 S. 371; vgl. auch *Lauterpacht*, Development S. 385 f.

Rousseau, Principes S. 835, deutet die Entscheidung dahin, das Gericht fordere „une abstention qui serait le reflet d'une pratique reconnue comme obligatoire"; doch müßte in diesem Fall die Anerkennung dem Unterlassen vorangehen, so daß das Unterlassen für die Normentstehung bedeutungslos würde.

10 *Basdevant* für Frankreich im Lotus-Fall, PCIJ C 13 II S. 50; Kolumbien, ICJ Pleadings, Haya de la Torre Case S. 26; D. O. *Negulesco*, PCIJ B 14 S. 105 f.; Sep. Op. *Lauterpacht*, ICJ Reports 1955 S. 105 („... the custom... according to which the mandatory States never in fact exercised any right of veto..."); *Gouet* S. 73; *Haemmerlé* S. 170; *Kunz*, AJIL 1953 S. 666; *de Louter* S. 49; *Ross*, Lehrbuch S. 86; *Rousseau*, Principes S. 836; *Sefériadès*, RGDIP 1936 S. 143; *Tunkin*, Völkerrecht S. 76; Fragen S. 254; CLR 1961 S. 421; *Virally*, Sources S. 130 f.; *Wolfke*, Custom S. 69.

lungnahme[11] des Staates zum Ausdruck komme, führen nicht weiter; denn nach den Eigentümlichkeiten des Unterlassens, seinen Merkmalen und dem Vorgang seiner Teilhabe an der Gewohnheitsrechtsentstehung wird nicht gefragt. Klarheit wird auch dadurch nicht geschaffen, daß man auf das Ergebnis eines solchen Normerzeugungsverfahrens hinweist: Mag durch Unterlassen immer nur eine Verbotsnorm entstehen können[12], mag die desuetudo ein Anwendungsfall der Normerzeugung durch Unterlassen sein[13] — wie im einzelnen die zugrundeliegenden Vorgänge beschaffen sein müssen, bleibt im dunkeln.

Eine Gliederung versucht allein *Soerensen*[14]: Häufig sei das, was als Unterlassung erscheine, eine Stellungnahme, das Ergebnis einer Entscheidung, finde auch oft sein Gegenstück in dem positiven Tun eines anderen Staates[15]: „Il s'en suit que, assez souvent, lorsqu'on se croit, à première vue, en face d'une abstention, la situation révèle néanmoins, regardée de près, quelque acte positif." Kann dies im Einzelfall auch zutreffen, so wird doch bei einer solchen Verallgemeinerung das Unterlassen aus dem Normentstehungsprozeß hinausdefiniert. Liegt schon dann ein positives Tun vor, wenn der Staat sein Verhalten aufgrund einer Entscheidung, vielleicht auch einer „Rechtsüberzeugung", oder in Reaktion auf fremdes Tun bestimmt, so gibt es im Völkerrecht kein Unterlassen mehr.

Was aber gemeint ist, wenn von Unterlassen gesprochen wird, ist nicht die subjektive Seite eines Verhaltens, sondern als nur mögliche Manifestation eines Motivs ein Gebaren, das in einer Untätigkeit besteht, darin, daß eine Handlung nicht unternommen wird. Die Scheidung von Tun und Unterlassen knüpft, wenn sie sinnvoll sein soll, an das äußere Erscheinungsbild eines Verhaltens an. Wie es das Tun „an sich" nicht geben kann, ist auch das Unterlassen ohne Objekt nicht möglich; stellt aber das Subjekt im Tun die Beziehung zum Objekt selbst her, indem es

---

[11] ICJ Reports 1955 S. 22; *Basdevant* (Frankreich), a. a. O.; *Politis* als Vertreter Rumäniens fordert im Streit um die Zuständigkeiten der Donaukommission unter Berufung auf die Entscheidung im Lotus-Fall ebenfalls eine „abstention consciente" (PCIJ C 13 IV 4 S. 212); s. auch *Ballereau* S. 102, 108; *Scelle*, Précis II S. 309; *Walther* S. 67 f.

[12] *Duisberg*, Völkergewohnheitsrecht S. 109; *Scelle*, Précis II S. 309, und Manuel S. 576; *Soerensen*, Sources S. 100; vgl. weiter die Fälle bei *Tunkin*, RC 1958 III S. 12, und CLR 1961 S. 421, und die Entscheidung im Fall „The Paquete Habana. The Lola", 1900 (175 U. S. 677; bei Briggs, Law of Nations S. 30 ff.), der ein Unterlassen der Staaten zugrunde lag.

[13] Kolumbien im Haya de la Torre-Fall, ICJ Pleadings S. 26; *Scelle*, Manuel S. 576; *Soerensen*, a. a. O.

[14] Sources S. 99.

[15] Vgl. auch *Soerensen*, RC 1960 III S. 41.
Nach *de Visscher*, Théories S. 192 f., sind solche Fälle, in denen die „negative" Praxis vernünftigerweise nur als Zustimmung zu einem fremden Verhalten zu interpretieren ist, aus dem Problemkreis der konstitutiven Bedeutung des Unterlassens auszuscheiden.

„etwas" tut, kann es doch in gleicher Weise nichts unterlassen. Der Kausalbezug zwischen Tätigkeit und Erfolg tritt unabhängig vom Willen des Handelnden und von der Wahrnehmung, der Stellungnahme Dritter ein — allein das Tun setzt die Ursache für den Erfolg. Das Unterlassen, das Nicht-Tätigwerden, kann in diesem naturwissenschaftlichen Sinne nicht Ursache sein; der Äquivalenzformel für die Feststellung der Kausalität im ersten Fall entspricht hier die Konstruktion einer Kausalitätshypothese mit umgekehrter Tendenz — dort ist das tatsächliche Verhalten fort-, hier das nur mögliche hinzuzudenken. Der Kausalbezug ist dort ein realer, hier ein im weitesten Sinne sozialer, als naturwissenschaftlich bloß fingierter. Das entscheidende Moment des Unterlassens liegt darin, daß hier Dritte ein Nichtstun, die Untätigkeit, zum Unterlassen ausdeuten müssen, indem sie den Untätigen zu einem gegebenen Ereignis, dessen Abwendung oder doch Beeinflussung als ihm möglich vorgestellt wird, in einen Zurechnungszusammenhang setzen. Die Denkform des Unterlassens ist demnach ausschließlich drittbezogen[16].

In diesem Sinne muß es verstanden werden, wenn dem Unterlassen nur in einer qualifizierten Form normbegründende Wirkung eingeräumt[17] oder zwischen „l'abstention" und „l'inexistence" als dem bloßen Nichts unterschieden wird[18]. Die Interdependenz der Subjekte als notwendige Voraussetzung für die Möglichkeit eines Unterlassens erklärt, welche Bedeutung der Forderung nach einer „action" der Staaten zukommt, warum die Behauptung gewagt werden kann, jedes Verhalten sei ein aktives[19], und warum das einfache Schweigen nicht Normen schafft.

Erkennt man die Möglichkeit an, daß Normen des Völkergewohnheitsrechts auch dadurch entstehen, daß Staaten Handlungen unterlassen, dann aufgrund des entwickelten Begriffes. Von einem Unterlassen im Unterschied zum reinen Nichtstun kann demnach nur gesprochen werden, wenn dritte Staaten eine tatsächliche Situation und die Passivität eines oder mehrerer Staaten wahrnehmen und gedanklich beides miteinander verknüpfen, indem sie den objektiven Umständen die Eignung zumessen, die Staaten zu einer Reaktion, zu einem Tätigwerden herauszufordern, und auf deren Seite die Möglichkeit erkennen, hierzu Stel-

[16] *Reuter*, RC 1961 II S. 465: „Quand on qualifie une attitude d',abstention', c'est parce que l'on estime que, vu les circonstances, une réaction différente était attendue; il faut tenir compte par conséquent de la proximité des intérêts touchés et du degré de liberté dont il est normal qu'usent les Etats dans la matière en cause." Die Notwendigkeit eines außerhalb des Verhaltens liegenden Bezuges betont auch *Barberis*, NTIR 1967 S. 372 ff.

[17] *de Visscher*, Problèmes S. 229.

[18] *Ballereau* S. 106 ff.

[19] *Reuter*, RC 1961 II S. 465; vergleichbar spricht *Tunkin*, RC 1958 III S. 12, in diesem Fall von einem „continued habit of not taking actions in certain situations".

lung zu nehmen[20]. Das Problem bleibt, wann eine Untätigkeit als Unterlassen gedeutet werden darf[21], muß an dieser Stelle jedoch offengelassen werden. Was hier als von den Staaten vorgenommene „gedankliche Verknüpfung“ zweier Sachverhalte bezeichnet wurde, ist indessen nicht als psychischer Vorgang zu rekonstruieren — wo sollte er auch stattfinden? —, sondern als vom Recht gewährte Möglichkeit der Auslegung fremden Verhaltens zu verstehen.

Diese bei der Normbildung durch Unterlassen hervortretende Eigentümlichkeit, die Notwendigkeit eines auf Dritte bezogenen und von ihnen zu würdigenden Verhaltens, war schon bei der Funktion der Verträge für das Völkergewohnheitsrecht erkennbar. Ihre Betrachtung macht deutlich, daß dieser Struktur zumindest jene Lehren nicht Rechnung tragen können, die wie die Theorie von der opinio iuris die Rechtsentstehung nicht auch im Zusammenhang mit der gemeinschaftlichen Existenz der Staaten erklären, sondern von jedem Staat in isolierter Einzigkeit die Erfüllung von Voraussetzungen fordern, die nur auf eine mögliche Norm bezogen sind und anderer Staaten insoweit nicht bedürfen, diese geradezu außerachtlassen[22].

C. Gewohnheitsrechtsentstehung durch Proteste

I. Die Folgen erhobener Proteste

Bedeutenden und einhellig anerkannten Einfluß auf die Entstehung von Normen des Völkergewohnheitsrechts übt endlich der Protest aus. Grundsätzliche Übereinstimmung besteht darüber, daß ein Staat, der gegen eine normschaffene Praxis protestiert, an die entstandene Norm

---

[20] Diese notwendige Reziprozität wird auch bei *de Visscher* deutlich: Das Unterlassen habe heute keine große Bedeutung mehr, da bei den Regierungen eine Tendenz zu beobachten sei „à revendiquer hautement le choix discrétionnaire de leurs attitudes à l'égard d'actes émanant d'Etats étrangers et à repousser les interprétations que ceux-ci peuvent être tentés de donner à leur silence“ (Problèmes S. 230; ähnlich auch in Théories S. 193).

[21] In den Worten *Brierlys*: „We cannot safely argue from the fact that a State assumes jurisdiction only in certain cases that it regards those cases as the only ones in which the assumption of jurisdiction would be legitimate“ (Bericht für den Völkerbund; AJIL 1926, Special Suppl. S. 254).

[22] Es mag sein, daß der unterentwickelte Stand der Lehre von der Gewohnheitsrechtsbildung durch einzelne Vorgänge wie Verträge und Unterlassen gerade von der Vorherrschaft dieser dualistischen Theorie befestigt wurde. Sind nur Praxis und in irgendeiner Form Rechtsüberzeugung erforderlich, dann läßt das Dogma keinen Raum zur Behandlung einzelner Normentstehungsprozesse und beseitigt die Notwendigkeit ihrer Deutung, da das zugrunde gelegte Schema eindeutiger und klarer ist als es jeder dieser Prozesse sein könnte.

nicht gebunden ist[1], obwohl er nicht hindern kann, daß sie überhaupt — für die anderen Staaten — in Geltung erwächst[2].

Ein formeller Begriff des Protestes, der ihn nur gegenüber Verletzungen von Rechten[3] des protestierenden Staates[4] möglich sein läßt, kann dieser Erscheinung in den Fällen nicht gerecht werden, in denen Gewohnheitsrecht rechtmäßig entsteht[5], sei es als Fixierung allgemeiner Rechtsgrundsätze[6], sei es als Bildung spezieller, nur klarstellender, konkretisierender Normen, deren Wirkung sich schon aus allgemeinen Rechtssätzen ergibt[7], sei es schließlich als Umbildung von Vertragsinhalten in Völkergewohnheitsrecht. Wirkung des Protestes ist dementsprechend nicht notwendig die Erhaltung von Rechten des Protestierenden[8], sondern allgemeiner die Bewahrung der Rechtslage ihm gegenüber — also relativ — so, wie sie vor der Praxis bestand, gegen die protestiert wird; er verhindert die Präzedenzwirkung einer als nachteilig empfundenen Praxis[9].

---

[1] ICJ Reports 1950 S. 277 f.; 1951 S. 131; vgl. auch 1960 S. 41.

Norwegen, ICJ Pleadings, Fisheries Case I S. 381 ff., 405, 412; III S. 292, 294, 317, 346 ff., 360, 435 f.; IV S. 251; Großbritannien ebenda IV S. 98 f., 136. Aus der Literatur: *Bock* S. 315; *Cohen-Jonathan* S. 132; *Duisberg*, Völkergewohnheitsrecht S. 95; *Fitzmaurice*, BYIL 1953 S. 25 f., und RC 1957 II S. 100, 102, 115; *François*, RC 1938 IV S. 175; *v. d. Heydte*, IRD 1956 S. 214 Anm. 23; *Kunz*, AJIL 1953 S. 667, und WVR II S. 811; *MacGibbon*, BYIL 1957 S. 124; *Rousseau*, Principes S. 843, und RC 1958 I S. 480; *Scheuner*, RC 1939 II S. 146; *Soerensen*, RC 1960 III S. 43 f.; *Sontag* S. 46 f.; *Suy* S. 247 f., 251; *Verdross*, Festschrift Kelsen S. 359; Mitteilungen 10 S. 87; JAIL 1963 S. 6; *Virally*, Sources S. 136 f.; *de Visscher*, RC 1925 I S. 352, 363; *Waldock*, RC 1962 II S. 49 f.; *Wolfke*, ZNUW 1960 S. 169; wohl auch *Altamira*, D. O., PCIJ A 10 S. 97.

Diese Auffassung liegt auch der Entscheidung des U. S. Supreme Court im Falle „The Antelope", 10 Wheaton 66, 1825 (bei Fenwick, Cases S. 7 ff., 11) zugrunde.

[2] *Fitzmaurice*, BYIL 1953 S. 25; *Suy* S. 247 f.; hingegen ist der Protest nach Entstehung der Verbindlichkeit für den protestierenden Staat bedeutungslos, s. *Fitzmaurice* ebenda S. 26 und *Touscoz* S. 43; anders, zumindest mißverständlich, *Altamira*, a. a. O., S. 103.

[3] *Brüel* S. 75; *Kunz*, WVD II S. 330, und WVR II S. 810 f.; *Pfluger* S. 202; *Verykios* S. 99 f.

[4] Großbritannien, ICJ Pleadings, The Minquiers and Ecrehos Case II S. 365, 366; *Brüel* S. 76 f.; *Verykios* S. 100; anders *Kunz*, WVR II S. 811.

[5] Auch *Brownlie* S. 513 f. spricht von einem normschaffenden Verhalten, das, „though novel, does not inevitably collide with existing rules". Für *Suy* S. 260 ff. scheint eine derartige Möglichkeit nicht zu bestehen; statt dessen konstruiert er einen Fall der Gewohnheitsrechtsbildung im rechtsleeren Raum durch Akte, die weder verboten noch erlaubt sind; vgl. auch S. 249.

[6] Vgl. *Verdross*, Völkerrecht S. 139 f., und JAIL 1963 S. 3 f.

[7] s. auch *MacGibbon*, BYIL 1953 S. 299, der auf die Staatenpraxis hinweist, schon vor einer Rechtsverletzung zu protestieren (s. weiter dort Anm. 3, S. 300 Anm. 2 ff.); vgl. ebenfalls *Kunz*, WVR II S. 811, und *Lauterpacht*, BYIL 1950 S. 396.

[8] So aber *Brüel* S. 85 f.

[9] Vgl. die Stellungnahme des französischen Außenministers *de Freycinet* vom 11. 6. 1885 (bei Kiss, Répertoire I S. 639); D. O. *Read*, ICJ Reports 1951 S. 191; *Duisberg*, Völkergewohnheitsrecht S. 96; *MacGibbon*, a. a. O., S. 298.

Begründet wird dies von einigen wiederum mit der opinio iuris: Der Protest zeige einerseits das Fehlen des Gefühls, zur Befolgung der angegriffenen Praxis verpflichtet zu sein[10], und andererseits die Überzeugung von der Geltung derjenigen Normen, mit denen der Protest begründet wird[11]. Er hindere die Praxis zugleich daran, sich zu konsolidieren[12], habe also über seine Eigenschaft als Willensäußerung hinaus[13] Bedeutung für die Übung und beeinflusse von dort her wieder die Ansichten der Staaten über deren Rechtmäßigkeit[14].

Es wäre indes naiv, im Ernst Äußerungen als maßgebliche Kundgabe einer entsprechenden Überzeugung, eines unüberprüfbaren seelischen Zustandes, kurz: als notwendig zutreffend, auszugeben[15]. Im Grunde aber ist diese Richtigkeit gar nicht gemeint, da Praxis und ausdrückliche Äußerungen ohne weitere Möglichkeiten oder auch nur den Versuch eingehender Prüfung ihres Wahrheitsgehaltes als maßgeblich angenommen, folglich als richtig unterstellt werden. Bedarf es schon aus diesem Grunde der Revision des psychologisierenden Denkens, so bestätigt sich dieses Bild unzureichender Deutungen und generalisierender, unbeweisbarer Hypothesen über den Inhalt der Staatspsyche bei einer unbefangenen Betrachtung der in der Form eines Protestes auftretenden Erklärungen: Staaten nehmen zu einem Einzelfall dadurch Stellung, daß sie ihn mißbilligen. Es mag sein, daß hiermit auch Überzeugungen wiedergegeben werden, aber es gibt keinerlei Anhaltspunkte dafür, daß ihre Äußerungen tatsächlich vorhandenen Motiven entsprechen. Zu Unrecht wird daher die Relevanz des Protestes gerade mit seiner Eigenschaft als Ausdruck von Überzeugungen über die Notwendigkeit bestimmter rechtlicher Qualifikationen begründet[16].

Dieses Versagen kommt deutlich in der Forderung nach einzelnen Eigenschaften des Protestes zum Ausdruck[17]. Wenn etwa verlangt wird, Proteste bedürften der Effektivität[18], müßten sofort, unzweideutig und nachdrücklich erhoben werden[19], wenn sie gar von Aktionen begleitet

---

[10] *Borchard* S. 344; *Duisberg*, a. a. O., S. 87; *MacGibbon*, BYIL 1953 S. 293, und BYIL 1957 S. 124; *Malintoppi* S. 284.

[11] *MacGibbon*, BYIL 1953 S. 293, und BYIL 1957 S. 118.

[12] *Venturini* S. 434; *de Visscher*, Problèmes S. 233.

[13] *Soerensen*, Sources S. 103.

[14] *MacGibbon*, BYIL 1953 S. 319.

[15] Zu dem entsprechenden Verhältnis von Wille und Erklärung vgl. ähnlich *Pfluger* S. 50 f.; *Saulle* S. 40, 45.

[16] Vgl. auch *Biscottini* S. 78 ff.; *Wolfke*, Custom S. 57.

[17] Über die allgemeinen Voraussetzungen s. besonders *MacGibbon*, BYIL 1953, S. 294 ff.

[18] *Brüel* S. 86 ff.; *Fitzmaurice*, BYIL 1955/56 S. 64; *Giraud*, RC 1963 III S. 729.

[19] Norwegen, ICJ Pleadings, Fisheries Case III S. 489; *Fitzmaurice*, BYIL 1953 S. 25, und RC 1957 II S. 100, 102 („openly and consistently"); *Kunz*, WVR II S. 811; *MacGibbon*, BYIL 1953 S. 310, 319; *Roxburgh* S. 94.

sein müssen, um nicht an Wirksamkeit zu verlieren[20], wenn die Zulässigkeit „politischer“ Proteste eingeräumt[21], ihre Wirkung vom Interesse des Protestierenden abhängig gemacht wird[22], dann lassen sich all diese Qualifikationen nicht mehr auf den gemeinsamen Nenner der Kundgabe einer Rechtsüberzeugung bringen. Unter diesem Gesichtspunkt müßte der einmalige Protest genügen, da er zur Klarstellung der opinio hinreicht, politische Proteste müßten rechtlich unerheblich sein, und Aktionen könnten der Überzeugung nichts Bedeutsames hinzufügen, wenn diese als solche doch schon Rechtsfolgen soll erzeugen können[23] — die erwähnten Erfordernisse fügen diesem innerseelischen Zustand keine Qualitäten hinzu, die er nicht auch ohne sie besäße. Daß sie aber verlangt werden, zeigt, wie sehr man sich bewußt ist, dem Protest von der ihn angeblich kennzeichnenden Seite der Wiedergabe einer Rechtsüberzeugung her nicht beikommen zu können. Also muß die Bedeutung dieser Merkmale eine andere sein als diejenige bloßer Mittel zur Qualifikation von Vorgängen der Überzeugungskundgabe, und das selbst vom Standpunkt der herrschenden Lehre aus.

Da die Kennzeichen dem Erklärungsakt selbst anhaften und sich in der erfahrbaren Außenwelt manifestieren, kann ihre Wirkung unmittelbar nur gleichermaßen objektiv, von den Beteiligten unabhängig sein[24]: Sie gestaltet die Praxis, indem sie der Staatenübung ein neues Glied hinzufügt, und verändert damit das Material, dem ein Urteil über das

---

[20] Niederlande, ICJ Pleadings, Case concerning Sovereignty over certain Frontier Land S. 553; D. O. *Carneiro*, ICJ Reports 1953 S. 106 f.; *Bentz* S. 77; *Biscottini* S. 81; *Brierly*, Law of Nations S. 170 f.; *Cavaglieri*, Riv. 1926 S. 203; *Fitzmaurice*, BYIL 1953 S. 29; *Johnson*, BYIL 1950 S. 342; *MacGibbon*, BYIL 1953 S. 312 ff.; *Schwarzenberger*, International Law S. 307.

[21] *Biscottini* S. 82 f.; *Brüel* S. 75 f.; *Hold-Ferneck* II S. 11 f.; *Ottolenghi* S. 373 f.

[22] *Fitzmaurice*, BYIL 1953 S. 31 f.; *Noël-Henry* S. 100; *de Visscher*, Problèmes S. 177.

Vgl. auch die Entscheidung des Schiedsrichters *Asser* im amerikanisch-russischen Streit um die Schiffe „Cape Horn Pigeon“, „James Hamilton Lewis“, „C. H. White“ und „Kate and Anna“ vom 29. 11. 1902, RIAA IX S. 51 ff., 69: „Considérant ... que ces revendications étaient motivées par l'intérêt de la préservation de la race des phoques et de la répression de la chasse illicite (— also nicht aus bloß eigennützigen und deshalb hier unbeachtlichen, sondern aus sachbezogenen Motiven; der Verf. —) ..., ce système peut ... lui être opposé ...“ — der Schiedsrichter stellt es also nicht auf die bloße Tatsache des Protestes, sondern darauf ab, ob er dem objektiven Interesse des protestierenden Staates entspricht; nur deshalb wird ihm rechtliche Bedeutung zuerkannt.

[23] So auch *Biscottini* S. 80.

[24] In diesem Sinne stellt es *Suy* S. 259 allein auf den geäußerten Willen ohne Rücksicht auf die wahren Motive ab. Die Maßgeblichkeit des Gesamtverhaltens betonen auch *Fitzmaurice*, BYIL 1955/56 S. 64 und Anm. 1; *Parry*, 44 GS S. 167 f.; s. weiter *Moslers* Diskussionsbeitrag, Berichte 4 S. 33 f., über die „Abnutzung“ von Vorbehalten bei Anerkennungserklärungen, und *Westlake* S. 83: „Even protest and resistance may be too feeble to prevent general consent being concluded from a widely extended practice.“

Vorliegen von Völkergewohnheitsrecht seine Grundlage zu entnehmen hat[25].

Dabei sind sie nicht in dem Sinne zu verstehen, daß nur bei ihrem Vorliegen der Protest in die Betrachtung der Praxis einzubeziehen sei[26], sondern derart, daß die Frage nach der Normativität einer Praxis zumindest gegenüber dem Protestierenden in jedem Fall zu verneinen ist, wenn ein Protest in der geforderten Weise erhoben ist. Nicht ist damit gesagt, er habe immer nur unter diesen Voraussetzungen normhindernde Wirkung. Sein Erfolg und seine Voraussetzungen hängen vielmehr immer vom Entwicklungsstand der Übung ab, in die er sich einfügt.

Dagegen ist nicht ersichtlich, welchen Sinn es haben sollte, der Feststellung einer Praxis Glaubwürdigkeit beanspruchende Vermutungen über die (Rechts-)Ansichten der Beteiligten folgen zu lassen, wenn es keine Anhaltspunkte für ihre Erschließung gibt als eben das Verhalten selbst, und was es nützen sollte, außer dem Urteil über das Untersuchte Spekulationen über das zu unternehmen, was nicht nachgeprüft werden konnte. Selbst wenn man aber mit einiger Wahrscheinlichkeit aus der Praxis auch Folgerungen über die Ansichten von Menschen ziehen dürfte, deren Handeln den Staaten zurechenbar ist, besteht keine Notwendigkeit, auf gerade diejenigen Handlungen abzustellen, als deren Motiv die Rechtsüberzeugung lediglich gedacht werden kann, da auch ein solches Kriterium nichts zur Erhellung oder Erweiterung des vorgegebenen Materials beizutragen vermag[27].

Im Gegenteil zeigen gerade die allgemein geforderten qualifizierenden Merkmale des Protestes, Bestandteile, um mit der herrschenden Meinung zu sprechen, des „materiellen Elementes" im Völkergewohnheitsrecht, daß ausschließlich die Praxis die Entstehung neuen Rechts verhindern kann, ohne daß einer bloßen Überzeugung der Beteiligten irgendeine Bedeutung zukäme. Doch sind Effektivität und Nachdrück-

---

[25] Vgl. *Soerensen,* Sources S. 103, und *Venturini* S. 393, 434; abzulehnen ist demnach die Ansicht, die möglicherweise gewohnheitsrechtsbegründenden Akte seien, sofern sie gegen bestehendes Recht verstießen, in jedem Falle unerheblich: „Un acte illégal est inexistant" (*Bentz* S. 74 f.; ähnlich teilweise auch *Lauterpacht,* BYIL 1950 S. 398).

[26] Ohne Absicht, einen terminologischen Streit hervorzurufen, wird hier der Protest nicht als an Formen gebundener, sondern formfreier Akt der Mißbilligung fremden Verhaltens aufgefaßt. So auch *Venturini* S. 433.

[27] Wenn dennoch sowohl innerstaatliches wie Völkerrecht mitunter dem streng subjektiv verstandenen Willen der Rechtssubjekte Bedeutung zuerkennen etwa dann, wenn er sich — wie bei Irrtumsfällen — nicht einmal geäußert hat, so handelt es sich hier um Regelungen, die mit dem Hinweis auf das forum internum die Unzulänglichkeiten seiner Erkenntnis in Kauf nehmen; für die Unterstellung entsprechender Bestimmungen des Völkerrechts sei es allgemein für die Gewohnheitsrechtserzeugung, sei es spezieller im Zusammenhang mit den Voraussetzungen des Protestes, besteht hingegen keine Veranlassung.

lichkeit des Protestes Kriterien, die in sich nichts besagen und erst in Relation zu dem Verhalten Erheblichkeit gewinnen, gegen das er sich wendet. Diese Richtung des Protestes gegen den Staat, von dessen Handlungen Nachteile ausgehen oder befürchtet werden, zielt unmittelbar auf die Unterlassung dieses Tuns ab und zeigt das fehlende Einverständnis des Betroffenen, so daß die tätigen Staaten nicht mit der Duldung ihrer Übung rechnen können, kurzum: Der Protest zerstört diejenigen Erwartungen, die sich anderenfalls an die stillschweigende Hinnahme einer Praxis hätten knüpfen können.

Damit wird zugleich erkennbar, daß der Protest nicht einfach das Fehlen jenes materiellen Elementes bewirkt, ohne das nach herrschender Anschauung Völkergewohnheitsrecht nicht entstehen kann. Einmal bedürfte es zu diesem Erfolg — eben nach der herrschenden Meinung — des Protestes nicht; bloße Nichtteilnahme an der in Rede stehenden Praxis müßte genügen. Und soll der Protest die Bindung des nur untätigen Staates an eine allgemein geübte, daher universell verbindliche Norm verhindern, indem er als Kennzeichen einer entgegengesetzen Praxis auftritt, dann könnte doch auf seine Effektivität und sonstige Qualifikation nichts ankommen; die Abweichung der Praxis ließe sich durch ihre einfache Kundgabe hinreichend hervorheben. Im Gegenteil zielt der Protest auf ganz andere Wirkungen, und dessen sind sich auch diejenigen bewußt, die ihn zwar in Verbindung zur opinio iuris bringen möchten, aber gleichwohl mit Wirksamkeitserfordernissen ausstatten, die ihn zu einem eigenständigen Mittel der Rechtsgestaltung machen. Der Protest, der, um erfolgreich zu sein, sich seinem Empfänger nachhaltig einprägen muß, hat jene Tendenz zu zerstören, die allzuleicht bereit ist, aus einem Schweigen Zustimmung herauszulesen und den Schweigenden an dieser Interpretation festzuhalten.

II. Die Folgen unterlassener Proteste

Die im Grunde unproblematische Frage nach dem Einfluß wirksam erhobener Proteste verweist in ihrer Umkehrung auf das weniger einfache Thema der Auswirkung unterlassener Proteste auf das Entstehen von Gewohnheitsrechtsnormen. Was sich hier mit Sicherheit sagen läßt, ist nur, daß jedenfalls ein Gegenschluß nicht gezogen werden darf — das Fehlen von Protesten hat nicht notwendig die Entstehung von Normen zur Folge. Mag ihr regelmäßiger Zweck auch die Bewahrung von Rechten sein[28], so sind sie zur Abwendung rechtlicher Nachteile doch nur dort notwendig, wo Schweigen als Zustimmung und stillschweigende Hinnahme auszulegen wäre[29], so daß der Protest wegen dieses Zu-

---

[28] *MacGibbon*, BYIL 1953 S. 298; *Pfluger* S. 202.
[29] *Anzilotti*, Lehrbuch S. 264 f.; *Cavaglieri*, RC 1929 I S. 516; *Rousseau*,

sammenhanges auch als Gegenstück zur ausdrücklichen Anerkennung verstanden wird[30].

Über die mit dem solchermaßen qualifizierten Unterlassen von Protesten verbundenen Rechtsfolgen besteht so allgemeine Einigkeit, daß es gestattet ist, mit der in Fragen des Völkergewohnheitsrechts überhaupt erreichbaren Gewißheit von einem Rechtssatz zu sprechen: Ein Staat verliert durch das Erheben unzulänglicher Proteste[31] oder ihr gänzliches Unterlassen angesichts einer von ihm als nachteilig empfundenen Praxis jedenfalls grundsätzlich seine dieser gegenüber vorteilhaften Rechtspositionen, denen die neue Praxis entgegensteht[32], wenn Proteste zu erwarten waren.

Wie schon der Protest nicht nur zur Feststellung bestehender, sondern zur Einflußnahme auf die Bildung neuer Rechtssätze verhilft, so dient auch ein solches Schweigen nicht allein der Rechtserkenntnis, sondern der Rechtsgestaltung — hier zum Nachteil des Schweigenden. Was damit als Reaktion auf eine schon bestehende Rechtslage zumindest beabsichtigt sein mag, trägt, sofern diese nicht bereits durch andere Mittel

---

Principes S. 129 f.; *Schwarzenberger*, RC 1955 I S. 256; *Strupp*, Theorie S. 66; *Venturini* S. 434; *Verykios* S. 100; vgl. auch Großbritannien, ICJ Pleadings, Fisheries Case II S. 652.

[30] *Dahm* III S. 166; *D'Amato*, HILCJ 1961 Nr. 2 S. 20; *François*, RC 1938 IV S. 24; *Schwarzenberger*, a. a. O., S. 256, 260, 262, und International Law S. 550.

[31] Großbritannien, ICJ Pleadings, Fisheries Case II S. 653, 654; IV S. 135; Norwegen, ebenda III S. 460; Großbritannien, ICJ Pleadings, The Minquiers and Ecrehos Case I S. 553 f.; II S. 366 f.; Frankreich, ebenda II S. 269; *Barale* S. 399 f.; *Johnson*, BYIL 1950 S. 342.

[32] Vgl. hierzu:

PCIJ A 10 S. 23, 29; ICJ Reports 1951 S. 136 f., 139; 1960 S. 39, 209; die Schiedssprüche in folgenden Fällen: kolumbisch-venezolanischer Grenzstreit, 24. 3. 1922, RIAA I S. 223 ff., 251, 280; Palmas-Streit, April 1928, RIAA II S. 829 ff., 866; Grenzstreit zwischen Guatemala und Honduras, 23. 1. 1933, RIAA II S. 1307 ff., 1327 ff.; Pensions of Officials of the Saar Territory (Germany v. Governing Commission of the Saar Territory), 4. 9. 1934, RIAA III S. 1553 ff., 1563; Venezuelan Preferential Case (Deutsches Reich u. a. ./. Venezuela), 22. 2. 1904, RIAA IX S. 99 ff., 109; Fabiani-Fall (Frankreich ./. Venezuela), RIAA X S. 83 ff., 120; Streit um die Alpe Cravairola (Italien ./. Schweiz), 31. 12. 1873, La Fontaine S. 201 ff., 208; s. auch die Entscheidung des deutschen Staatsgerichtshofes vom 6./7. 7. 1928 über Hoheitsrechte in der Lübecker Bucht, RGZ 122, Anhang S. 1 ff., 11; auf das Fehlen von Protesten beriefen sich ferner u. a.: Großbritannien im Streit um die Passamaquoddy Bay und die Bay of Fundy, Moore, Adjudications S. 213; die USA im Fall der „I'm Alone", Briggs, Law of Nations S. 386; Großbritannien, ICJ Pleadings, The Minquiers and Ecrehos Case I S. 113, 538 f., 548, 560; II S. 26, 167, 175; Niederlande, ICJ Pleadings, Case concerning Sovereignty over certain Frontier Land S. 550 f.; Nicaragua, ICJ Pleadings, Case concerning the Arbitral Award made by the King of Spain ... I S. 826; Honduras, ebenda I S. 510; II S. 108 f.; s. auch allgemein: Großbritannien, ICJ Pleadings, Fisheries Case II S. 402 ff.; D. O. *Armand-Ugon*, ICJ Reports 1959 S. 250; Sep. Op. *Alfaro*, ICJ Reports 1962 S. 40.

zweifelsfrei festgestellt wurde, über seine mögliche, subjektiv nur deklaratorische Tendenz hinaus konstituierend zur Rechtsbildung bei[33].

In der Begründung und in Fragen der Abgrenzung besteht indessen Unklarheit. Von einigen werden diese rechtsbegründenden Wirkungen auf die opinio iuris zurückgeführt, die sich auch hier zeige[34] jedenfalls dann, wenn eine ausdrückliche Erklärung zumutbar sei[35]. Die bemerkenswert geringe Anzahl solcher Äußerungen, unter denen Stellungnahmen des verbal so stark zur Notwendigkeit der Rechtsüberzeugung neigenden Internationalen Gerichtshofes gänzlich fehlen, läßt sich als verlegene Kapitulation vor der Unbrauchbarkeit dieses Kriteriums deuten[36]. In der Tat treten gerade an diesem Punkt die Unzulänglichkeiten jener immer noch herrschenden Meinung besonders hervor. Das Fehlen von Protesten gegen eine Praxis ist eine unter vielen möglichen Unterlassungen und besitzt die ihnen gemeinsame rechtliche Struktur. Das Unterlassen konstituiert sich durch eine dahingehende Wertung der Rechtsgenossen, und was als Ausdruck der Rechtsüberzeugung ausgegeben wird, kann nur das Verhalten in einer Situation sein, die zu diesem Urteil — der Rückführung auf das subjektive Moment — veranlaßt. Doch über das wirkliche Vorliegen der opinio ist damit nichts gesagt[37].

Ferner jedoch — und an dieser Stelle allein kann das der herrschenden Lehre entgegengehaltene Argument gewürdigt werden, die Rechtsüberzeugung könne schon deshalb nicht wesentlich sein, weil sie den Glauben an ein noch nicht geltendes Recht, also einen Irrtum voraussetzen müsse[38] — weiter also widerspricht die Lehre von der opinio iuris als Fundament der Verschweigung Sätzen des Völkergewohnheitsrechts über die Bedeutung des Irrtums, und nur ein Streben nach vorgefaßten Ergebnissen um jeden Preis könnte versucht sein, das Verhältnis der Staatenpraxis zu dieser Lehre als das von Regel und Ausnahme zu deuten.

---

[33] Siehe allgemein:
Bentz S. 53; *Chrétien-Nachbaur* S. 7; *Christol* S. 149; *Härle*, RGDIP 1935 S. 677; *Hudson*, Court S. 609, und YILC 1950 I S. 275 Anm. 5; 1950 II S. 26 Nr. 11 d; *Kaplan-Katzenbach* S. 254; *Lauterpacht*, BYIL 1951 S. 221; *MacGibbon*, BYIL 1957 S. 118 f.; *de Visscher*, Problèmes S. 233.

[34] *de Visscher*, a. a. O.; vgl. auch PCIJ A 10 S. 29.

[35] *Hagemann* S. 78.

[36] Vgl. Großbritannien, ICJ Pleadings, Fisheries Case IV S. 123: „States will not acquiesce in exceptional claims ... unless there are special considerations which justify the claim to exceptional treatment ... Stress is inevitably placed on geographical, economic and defence factors ...“; s. auch *MacGibbon*, BYIL 1957 S. 127, und *Shihata* S. 76, der zwar solche „passive acquiescence“ für eine Möglichkeit der Gewohnheitsrechtsentstehung hält, zu ihrer Begründung aber nicht, wie bei seinem Ausgangspunkt zu fordern, auf die opinio iuris zurückgreift.

[37] Dementsprechend will *MacGibbon*, BYIL 1957 S. 126, wenigstens für bestimmte Fälle die Lehre von der Rechtsüberzeugung durch die von der „acquiescence“ ersetzen.

[38] s. o. S. 46; daß Recht nicht aus Irrtum hervorgehen könne, behauptet auch *Nelson* S. 77.

Daß es absurd sei, Rechtsnormen aus einem Irrtum entstehen zu lassen, kann zwar nicht zugegeben werden: „Grund der bindenden Kraft des Gewohnheitsrechts soll ja eben die allgemeine Rechtsüberzeugung sein; daß diese wahr sein müsse, ist damit nicht nothwendig gesetzt[39].“ Maßgeblich ist vielmehr allein die das Völkergewohnheitsrecht begründende Norm. Wenn sich aber erweist, daß Staaten, die ihrer Rechtsüberzeugung durch Schweigen gegenüber einer neuen, rechtsändernden Übung Ausdruck verleihen, hierbei einem Irrtum zum Opfer fallen, und wenn ein solcher Rechtsirrtum vom Völkerrecht als unerheblich betrachtet wird, dann bedürfte es neuer Gründe, um dennoch auf seiner Notwendigkeit für die Entstehung von Gewohnheitsrecht zu beharren.

Nach herrschender Ansicht zeigt ein Staat, der gegenüber einer Praxis Proteste unterläßt, seine Überzeugung von der Rechtmäßigkeit des fremden Tuns (und nur eine so verstandene Rechtsüberzeugung kommt in diesem Zusammenhang in Betracht). Also hält er die Anfänge einer Rechtsänderung notwendig für rechtmäßig, obwohl sie in einem Verstoß gegen bestehendes, erst späterhin geändertes Recht bestehen können[40]. Folglich irrt er sich, falls die neue Praxis gegen altes Recht verstößt, über deren Rechtmäßigkeit, denn in diesem Fall gilt das alte Recht fort und verbietet abweichendes Handeln. Sein Rechtsbewußtsein als Bewußtsein vom Inhalt des geltenden Rechts geht fehl[41].

Es besteht jedoch eine gefestigte Staatenpraxis, nach der sich ein Staat der Haftung für völkerrechtliche Delikte nicht unter Berufung auf einen Rechtsirrtum entziehen kann[42], und auch die Literatur läßt daran kei-

---

[39] *Zitelmann* S. 395, auch S. 468; desgleichen: *Barberis*, Riv. 1967 S. 571 f.; *Brie* S. 288 (zust. *Henrich* S. 288); *Kosters*, Fondements S. 245 f.; *Mateesco* S. 240; *Somló* S. 360; *Vanni* S. 13 Anm. 15; *Wengler*, Völkerrecht S. 181; im Ergebnis auch BGHZ 37 S. 219 ff., 221 f. (zust. *Hubmann* S. 63); etwas zurückhaltender *Wohlhaupter* Sp. 735; *Kunz*, AJIL 1953 S. 667, sieht hierin zwar ein ungelöstes theoretisches Problem, beläßt es aber bei dieser Feststellung. Anders als hier: *Bobbio* S. 54 und das Reichsgericht: RGZ 1 S. 313; 3 S. 210 f., 212; 12 S. 292 ff., 293 f.; 26 S. 320 ff., 324.

[40] Daß aus einer Reihe solcher auch rechtswidriger Handlungen neues Recht entsteht, ändert nichts an der Rechtswidrigkeit dieser Akte bis zum Beginn der Geltung der neuen Norm: „ex iniuria ius oritur.“ Anders folgert *Bentz* S. 74 f. hieraus die rechtliche Irrelevanz rechtswidriger Handlungen und die Überflüssigkeit von Protesten dagegen; doch steht die Umkehrung jener Maxime heute jedenfalls insoweit im klaren Widerspruch zur internationalen Praxis.

[41] Den Zusammenhang zwischen der Rechtswidrigkeit einer Praxis und der Erhebung von Protesten betont *Gros* als Vertreter Frankreichs (ICJ Pleadings, The Minquiers and Ecrehos Case II S. 261), wenn das Fehlen französischer Proteste ausdrücklich mit der Vertrags- und damit der Rechtmäßigkeit des englischen Verhaltens begründet wird.

Nach *D'Amato*, HILCJ 1961 Nr. 2 S. 30, führt ein solches Verständnis der opinio iuris zu dem — von ihm abgelehnten — Ergebnis, daß ein Staat bei bewußtem Abweichen von bestehendem Gewohnheitsrecht trotz seiner dahingehenden Absicht kein neues Gewohnheitsrecht schaffen könne.

[42] Vgl. die Entscheidung im Fall des Tempels von Preah Vihear, ICJ

nen Zweifel[43]. Damit verbindet sich die Feststellung, daß heute auch die Möglichkeit von Irrtümern über die Rechtslage sehr selten geworden ist[44].

Reports 1961, S. 30 f., mit der Begründung, der gegebene Irrtum — der nach der Sachlage nur ein Rechtsirrtum sein konnte —, habe die „reality of consent" nicht beeinträchtigt (anders *Saulle* S. 155 f.), und die Entscheidung im Lotus-Fall, PCIJ A 10 S. 24; s. ferner die Schiedssprüche in folgenden Fällen: „Coquitlam"-Fall (Großbritannien ./. USA), 18. 12. 1920, RIAA VI S. 45 ff., 47; Fall der „Jessie", „Thomas F. Bayard" und „Pescawha" (Großbritannien ./. USA), 2. 12. 1921, RIAA VI S. 57 ff., 59; Fälle der „Wanderer", RIAA VI S. 68 ff., 74, „Kate", RIAA VI S. 77 ff., 81, und „Favourite", RIAA VI S. 82 ff., 84 (Großbritannien ./. USA), alle vom 9. 12. 1921; Fijian Land Claims (Großbritannien ./. USA), 26. 10. 1923, RIAA VI S. 93 ff., 98; Union Bridge Company (Großbritannien ./. USA), 8. 1. 1924, RIAA VI S. 138 ff., 141 (zust. zitiert in der Entscheidung des Chattin-Falles, Mexiko ./. USA, 23. 7. 1927, RIAA IV S. 282 ff., 287); Entscheidung des Lord *Asquith of Bishopstone* im Fall Petroleum Development Ltd. v. Sheikh of Abu Dhabi, 18 ILR 1951 S. 144 ff., 151 f., vom September 1951 (dessen Erheblichkeit wird abgelehnt von *Saulle* S. 36 Anm.); s. auch die Entscheidung des U. S. Court of Claims vom 7. 12. 1931 im Fall Royal Holland Lloyd v. U. S., AJIL 1932 S. 399 ff., 410.

Die scheinbar abweichenden Entscheidungen des Schiedsrichters *Fazy* im Fall der Pensions of Officials of the Saar Territory, (Deutschland ./. Governing Commission of the Saar Territory) vom 4. 9. 1934, RIAA III S. 1553 ff., 1565 f., und des russischen Zaren *Alexander II.* im Fall der „Maria Luz" (Peru ./. Japan) vom 17. (29.) 5. 1875, La Fontaine S. 197 ff., 199, sind nicht einschlägig: Das erste Urteil entschied nach § 119 des deutschen Bürgerlichen Gesetzbuches, der Schiedsspruch des Zaren hielt Japan zugute, daß es nach seinem Landesrecht und unwissentlich, aber ohnehin „sans enfreindre les prescriptions générales du droit des gens" gehandelt habe.

Anders dagegen der Spruch in der Sache Schlessiger (Deutschland ./. Rumänien) vom 15. 4. 1935, RIAA III S. 1639 ff., 1654, und die Entscheidung des Ständigen Schiedshofs im Casablanca-Fall (Deutschland ./. Frankreich) vom 22. 5. 1909, RIAA XI S. 126 ff., 130 (s. hierzu *Dubouis* S. 217 f. und die Kritik des Editorial Comment, 3 AJIL 1909 S. 698 ff., 699).

[43] Vgl. D. O. *Anzilotti*, PCIJ A/B 53 S. 92 (die aber nach *Saulle* S. 153 f. hier ohne Bedeutung ist); *Bustamante*, D. O., PCIJ A 20/21 S. 133; Ind. Op. *Azevedo*, ICJ Reports 1947/48 S. 80; D. O. *MacGregor* im Chattin-Fall (Mexiko ./. USA), Entscheidung vom 23. 7. 1927, RIAA IV S. 310.

Aus der Tätigkeit der ILC s.:

Entwürfe der ILC über das Recht der Verträge, YILC 1953 II S. 90 ff., Art. 14 und Kommentar S. 154; YILC 1958 II S. 20 ff., Art. 12 Abs. II a und Kommentar S. 36 § 46; YILC 1963 II S. 36 ff., Art. 8 Abs. I a (und die Stellungnahmen von *Pal*, YILC 1963 I S. 41 § 34, und *Waldock*, ebenda S. 44 § 63); YILC 1963 II S. 188 ff., Art. 34 Abs. I und Kommentar S. 196 § 7 (hierzu die Stellungnahmen Portugals, YILC 1966 II S. 12, und von *Waldock*, ebenda S. 13 §§ 2 f.); YILC 1966 II S. 177 ff., Art. 45 Abs. I und Kommentar S. 244 § 6 (dazu die Diskussionsbeiträge in YILC 1966 I S. 18 ff.: zust. *Yasseen*, S. 18 §§ 6 f.; *Rosenne*, S. 18 § 11; *Castrén*, S. 19 § 17; *Bartoš*, S. 20 § 35; *Ago*, S. 21 §§ 39 f.; *Waldock*, S. 21 §§ 43 f.; vgl. auch *Bedjaoui*, S. 20 §§ 25 f.).

Desgleichen: Entwurf der Harvard Law School über das Recht der Verträge, 29 AJIL 1935, Suppl. S. 653 ff., 1129; *Barile* S. 162 ff.; *Berber*, Lehrbuch I S. 436; *Clericetti* S. 94; *Dahm* III S. 35, 229; *Freeman* S. 82; *v. d. Heydte*, Völkerrecht S. 79; *La Pradelle-Politis* II S. 36; *Mc Nair*, Opinions S. 311; *Monaco* S. 75; *v. Münch*, Delikt S. 219, und WVR III S. 591; *Ottolenghi* S. 388; *Rossen* S. 24 ff.; *Schwarzenberger*, RC 1955 I S. 270; *Sereni*, Diritto III S. 1315; *Urbanek* S. 257 f.; *Wenner* S. 391; *Witenberg*, RC 1936 II S. 33; vgl. auch *Anzilotti*, Diritto S. 292; *Pasching* S. 42 f.; *Pfluger* S. 88 ff.; *Reuter*, Droit S. 42.

Werden die Staaten demzufolge bei völkerrechtlichen Delikten in jedem Falle so behandelt, als hätten sie die wahre Rechtslage gekannt, dann ist unerfindlich, warum, sobald ihre Handlungen unter dem Gesichtspunkt der Entstehung von Völkergewohnheitsrecht betrachtet werden, die entgegengesetzte Auffassung Platz greifen sollte. Ist von jedem Staat zwingend die Kenntnis des Völkerrechts anzunehmen, dann wird für die Handelnden und die passiv Bleibenden kraft positiven Völkerrechts eine dem Recht widersprechende Rechtsüberzeugung unerheblich. Wollte man dennoch auch weiterhin auf eine — aber dann notwendig als richtig zu vermutende — Rechtsüberzeugung abstellen, dann wäre das aus solchen Überzeugungen herrührende Völkergewohnheitsrecht zur Starre verdammt, eine Änderung nur möglich, soweit sie kein neues Recht schafft — ein Ergebnis, das sich mit der Völkerrechtsentwicklung nicht vereinbaren läßt.

Die Relevanz eines Rechtsirrtums kann auch nicht etwa allein für die rechtsbegründenden Akte weiter behauptet werden; denn nur die Betrachtungsweise von Delikten und Akten der Rechtsänderung ist unterschiedlich, das Objekt der Betrachtung selbst — die Handlung — nicht. Die Rechtskenntnis, die auf der einen Seite als vorhanden zumindest vermutet wird[45], darf nicht zugleich als fehlend angenommen werden.

Versuchte man, diesen aus der Beziehung von rechtswidriger Praxis und Rechtsüberzeugung erwachsenen Bedenken dadurch Rechnung zu tragen, daß die opinio als „l'acceptation ou la reconnaissance comme étant le droit" bestimmt wird[46], dann würde ein innerseelischer Zustand derart zu einem äußeren Akt denaturiert, daß man auch auf die herkömmliche Bezeichnung verzichten sollte und zur Begründung von Völkergewohnheitsrechtsnormen solche Anerkennungsakte der Staaten nachzuweisen hätte, wobei es ohne Unterstellungen nicht abginge und der Nachweis für die Bindungswirkung dieser Akte noch zu erbringen wäre.

Zur Erklärung der behaupteten Wirksamkeit des Verschweigens auf die Entstehung von Gewohnheitsrechtssätzen bleibt demnach nur die Beschränkung auf das Nichtstun als Unterlassen und weiter als Verhalten, dem nach Auffassung der Rechtsgenossen ein Annahme- oder Zu-

---

Anders wohl *Dubouis* S. 217, und *Saulle* S. 36 f., 151 ff.
Allgemein zum Vorrang des geäußerten vor dem tatsächlichen Willen *Guggenheim*, Traité I S. 92.

[44] *Basdevant* S. 645 f.; *Bourquin* S. 206; *Cavaglieri*, RC 1929 I S. 510 f. (mit nicht hierhergehörigen Ausnahmen); *Despagnet* S. 540; *Dubouis* S. 209; *Hoijer* S. 494; *Mérignhac* II S. 637; *Pfluger* S. 91; *Spiropoulos*, Traité S. 235; *Vitta* S. 144; *Witenberg*, RC 1936 II S. 33; *Wolfke*, Custom S. 130 f.

[45] *Dubouis* S. 207; *Witenberg*, RC 1936 II S. 33.

[46] *Suy* S. 248 f., 254, 264; ähnlich *Wolfke*, Custom S. 58.

stimmungswille zugrunde liegt, mithin die bloße Interpretation des Unterlassens von Protesten als „stillschweigende Willenserklärung“[47].

Diese Auslegung bildet sich in zwei Phasen: Zur Deutung als Unterlassen durch die Vorstellung wahrscheinlicher Aktionen tritt die Interpretation im Sinne einer bejahenden Hinnahme der Praxis[48]. Die Zulässigkeit des ersten, nicht mehr des zweiten Schrittes räumen diejenigen ein, die auf die vielfältigen möglichen Motive eines Schweigens verweisen[49] und seiner Interpretation zwingende Schlüssigkeit absprechen[50]. Dem entgegen steht die Ansicht, der die Maxime „qui tacet consentire videtur“ zur Legitimation des Schlusses vom Unterlassen auf die stillschweigende Zustimmung hinreicht[51]. Wie aber bei dem Protest nach Gründen nicht gesucht wird, er vielmehr nach seiner Effektivität beurteilt werden muß, so ist auch das Schweigen nicht auf seine Ursachen zu befragen, sondern allein an seiner Aussagekraft zu messen[52]. Sie richtet sich der strukturellen Reziprozität des Unterlassens gemäß nach den Erwartungen, die das Verhalten des Untätigen bei Dritten hervorruft[53], genauer: unter Berücksichtigung aller Umstände, insbesondere auch seines Gesamtverhaltens, objektiv hervorrufen kann[54]. Ande-

---

47 *Pfluger* S. 48/49.

48 Angelegt ist diese Trennung auch bei *Fitzmaurice*, BYIL 1953 S. 33; *MacGibbon*, BYIL 1957 S. 126, 130; *Sontag* S. 48 f.; anders ist bei *Touscoz* S. 26, 33 f. die Unterscheidung von Schweigen und Unterlassen gemeint, die nur zeitliche Stadien eines Verhaltens bezeichnen soll.

49 D. O. *Altamira*, PCIJ A 10 S. 98; *Brownlie* S. 6; *Glatzel* S. 68; *Lissitzyn*, AJIL 1953 S. 585 (anders ders., International Law S. 36, wo er der Auslegung des Schweigens als Zustimmung zuneigt); *Mouton* S. 429; *O'Connell*, International Law I S. 18 f., 489 f., und AJIL 1955 S. 194; s. auch *Kiss*, RGDIP 1961 S. 327 f. (er hebt als nicht rechtsbegründende Handlungen die „actes gracieux“ hervor), und die Aufzählung bei *Fitzmaurice*, BYIL 1955/56 S. 59 f.

50 *Giraud*, RC 1963 III S. 636, 728; ähnlich *François*, RC 1938 IV S. 24, der aber dennoch aus dem Fehlen von Widerstand Recht erwachsen läßt; auf die Unmöglichkeit einer einheitlichen Formel verweist *de Visscher*, Problèmes S. 169, 171.

Fälle entgegengesetzter Bedeutung des Schweigens sammelt das französische Exposé in ICJ Pleadings, Reservations to the Convention on Genocide S. 423 ff. Vgl. schließlich auch D. O. *Wellington Koo*, ICJ Reports 1962 S. 96, und die Anweisung des amerikanischen Außenministers *Hay* an den Botschafter in Peru vom 28. 3. 1899, bei Moore, Digest VI S. 1003.

51 *Berber*, Lehrbuch I S. 409 f.; *Kunz*, WVD II S. 329, 338 (unter Vorbehalt der Notifikation).

52 Vgl. auch die Ausführungen Großbritanniens, ICJ Pleadings, The Minquiers and Ecrehos Case II S. 176, in denen die Irrelevanz tatsächlicher oder doch jedenfalls behaupteter Motive Frankreichs für das Unterlassen von Protesten deutlich wird.

53 s. den Vortrag Frankreichs, ICJ Pleadings, The Minquiers and Ecrehos Case II S. 269 f.: „... la France a maintenu ses protestations ... Le Gouvernement du Royaume-Uni n'a jamais pu croire que nos prétentions étaient abandonnées.“ Vgl. auch Nicaragua, ICJ Pleadings, Case concerning the Arbitral Award made by the King of Spain ... II S. 482; weiter: Sep. Op. *Spender*, ICJ Reports 1960 S. 219 f.; *Bentz* S. 50, 53; *Kaplan-Katzenbach* S. 8; *Sontag* S. 49.

54 *Fitzmaurice*, BYIL 1955/56 S. 64 und Anm. 1; *Venturini* S. 434; zum Aus-

rerseits jedoch allein die Praxis auf der einen und das Schweigen auf der anderen Seite als normschaffend auszugeben[55], schon die Zumutbarkeit von Äußerungen[56], die Berührung von Interessensphären[57] genügen zu lassen, hieße den Unterschied zwischen bloßer Untätigkeit und der Verschweigung zu verwischen; ohne diese Voraussetzung wäre nicht einmal ein Unterlassen anzunehmen. Denn begründet schon die bloße Möglichkeit eines Handelns die Annahme des Unterlassens, so muß, um ihm den Wert einer Willenserklärung zu verleihen, ein weiteres Moment hinzukommen, das die Möglichkeit um jenen Gesichtspunkt erweitert, der die Folgerung auf ein willentliches, mit Aussagekraft begabtes Schweigen gestattet und das Schweigen als bewußten Verzicht auf Rechtspositionen, nicht nur als Hinnahme abträglicher Handlungsweisen erscheinen läßt.

Sicher trifft die Feststellung zu, das Schweigen müsse ein qualifiziertes sein[58], besondere Umstände müßten vorliegen[59], Proteste „logischerweise" zu erwarten sein[60], um das Unterlassen von Reaktionen zu einem Verzicht auf die Wahrnehmung von Interessen aufzuwerten, aber der Maßstab hierfür wird häufig verschwiegen[61]. Über die notwendige Relativierung des „qui tacet consentire videtur" besteht Einigkeit[62], doch der Zusatz „... dum loqui debuit ac potuit" verweist nur erneut auf jene unbestimmten Kriterien, nach denen Möglichkeit und Erfordernis der Äußerung sich richten.

---

druck kommt dies Erfordernis z. B. in den Entscheidungen im Fischerei-Streit, ICJ Reports 1951 S. 138 f., im Fall der Minquiers und Ecrehos, ICJ Reports 1953 S. 62 ff., und schon im Schiedsspruch des Präsidenten der Französischen Republik im britisch-portugiesischen Streit um die Delagoa-Bay vom 24. 7. 1875, La Fontaine S. 170 ff., 172; vgl. auch Großbritannien im Fall der Passamaquoddy-Bay und der Bay of Fundy, Moore, Adjudications S. 213, und der Minquiers und Ecrehos, ICJ Pleadings II S. 174, 366; Frankreich, ebenda II S. 194; Honduras, ICJ Pleadings, Case concerning the Arbitral Award made by the King of Spain ... II S. 37 (ausführlich!), 44, 395.

[55] So *Jaenicke* S. 769, 770.

[56] *Hagemann* S. 78.

[57] *Duisberg*, 12 JIR S. 155; *Johnson*, BYIL 1950 S. 353 f. („... the interested and affected states ..."); noch weiter geht *D'Amato*, HILCJ 1961 Nr. 2 S. 26 f., der generell von einer Vermutung zugunsten der Zustimmung spricht.

[58] *Strupp*, Grundzüge S. 170; *de Visscher*, Problèmes S. 168.

[59] *Pfluger* S. 196; Großbritannien, ICJ Pleadings, Fisheries Case II S. 652; IV S. 136; vgl. die Mitteilung des französischen Außenministers *Thouvenel* an den Botschafter in London vom April 1860, Kiss, Répertoire I S. 371.

[60] *Suy* S. 63 f.; s. auch *Henningsen* S. 1084; *Oppenheim-Lauterpacht* S. 875 f.; *Strupp*, Grundzüge S. 170.

[61] Über das Ungenügen dieser Versuche auch *Partsch*, WVR III S. 391.

[62] *Anzilotti*, Lehrbuch S. 260 f.; *Bock* S. 316 f.; *Brüel* S. 75, 92; *Cavaglieri*, Riv. 1926 S. 186, 200 f., und RC 1929 I S. 513; *Drost*, Festschrift Laun S. 218; *Gihl*, Character S. 79; *Pfluger* S. 197 f.; *Sontag* S. 49 f., 294; *Sperduti*, Riv. 1961 S. 7; *Strupp*, Theorie S. 66; *Suy* S. 61, 63; *Tammes*, Publiekrecht S. 7; *Tommasi di Vignano*, Rinuncia S. 127, 138; *Verdross*, Völkerrecht S. 156; *de Visscher*, Problèmes S. 168; s. auch ICJ Reports 1962 S. 23 und *Engelhardt* S. 587 f.

1. Die Begründung aus dem Estoppel-Prinzip

Auf den engen Zusammenhang von Stillschweigen als Zustimmung und Estoppel-Prinzip[63] haben einige Autoren bereits hingewiesen[64]. Damit kann nicht nur diejenige Wirkung des Estoppel-Prinzips gemeint sein, die das einmal als Willenserklärung verstandene Schweigen mit Verbindlichkeit ausstattet[65] und sich in dem allgemeinen Satz von der Verbindlichkeit dieser Erklärung[66] niederschlägt[67], sondern zugleich seine Einwirkung auf die logisch vorgeordnete Umformung der Untätigkeit zur Willenserklärung.

Daß ein jedes Verhalten interpretiert wird, um Motive und künftige Entwicklungen abschätzen zu können, ist rechtlich erst dann von Bedeutung, wenn sich mit der Interpretation Rechtsfolgen verbinden. Die als Unterlassen gedeutete Untätigkeit wird zu der durch Stillschweigen abgegebenen Stellungnahme erst dadurch, daß eine Rechtsnorm den Schweigenden verpflichtet, sich dem Eindruck gemäß zu verhalten, den sein Schweigen nach allen in Betracht zu ziehenden Umständen hervorrufen mußte. Das Schweigen selbst ist rechtlich nicht normiert; der Rechtssatz, der Willenserklärungen verbindlich sein läßt, setzt deren Tatbestand schon voraus. Gesucht aber ist die Norm, die das Schweigen erst zu einem rechtserheblichen Tatbestand ausgestaltet, indem sie an die Ausdeutung des Gebarens durch Dritte anknüpft. Hier ist jene Spielart des Estoppel-Prinzips anwendbar, die als Verbot des Selbstwiderspruchs[68] einem Staat erlaubt, das künftige Verhalten anderer mit der

---

[63] Vgl. hierzu allgemein *Bowett*, passim; *Friede*, passim; *MacGibbon*, ICLQ 1958 S. 468 ff.; *Menzel*, WVR I S. 441 f.; *Witenberg*, Clunet 1933 S. 529 ff.

[64] Sep. Op. *Alfaro*, ICJ Reports 1962 S. 39; *Christol* S. 236; *Dubouis* S. 211; *Duisberg*, 12 JIR S. 154; *Lauterpacht*, BYIL 1950 S. 395 f.; *MacGibbon*, BYIL 1954 S. 147; *Partsch*, WVR III S. 392; *Schwarzenberger*, RC 1955 I S. 254, 257, und AJIL 1957 S. 317, 323 (zum Estoppel als Grundlage jeder Wirksamkeit von Anerkennungsakten); *Wengler*, Völkerrecht S. 681, 711 ff.

Allgemein auf die bona fides beziehen sich auch *Pfluger* S. 196, 198, und wieder *Schwarzenberger*, International Law S. 306, 549, 553, und Manual S. 26; s. auch *Suy* S. 64 („forclusion"); die Entscheidung vom 26. 10. 1922 im Fall Landreau (USA ./. Peru), RIAA I S. 347 ff., 366; Honduras, ICJ Pleadings, Case concerning the Arbitral Award made by the King of Spain ... I S. 503; II S. 46, 72, 106, 108; Nicaragua, ebenda II S. 434 f.

[65] Anders wird das Estoppel nicht als Rechtsgrund, sondern als Folge der verpflichtenden Wirkung einzelner Akte verstanden von *MacGibbon*, ICLQ 1958 S. 475 Anm. 37, und *Venturini* S. 372, 373 f.

[66] So für einseitige Rechtsgeschäfte und den Satz „pacta sunt servanda" *Pfluger* S. 24.

[67] *Hudson*, Legislation S. XVIII; vgl. auch Sep. Op. *Fitzmaurice*, ICJ Reports 1962 S. 63; D. O. *Spender*, ebenda S. 131; *Bentz* S. 78.

[68] s. in diesem Sinne PCIJ A 9 S. 31; PCIJ A/B 53 S. 45, 62, 70—73; PCIJ A/B 70 S. 25; PCIJ A/B 78 S. 176; PCIJ B 14 S. 23; PCIJ B 15 S. 26 f.; ICJ Reports 1955 S. 19; 1960 S. 213 (ablehnend *Louis* S. 228); 1962 S. 32; vgl. weiter die Schiedssprüche in den Fällen Shufeldt (Guatemala ./. USA), 24. 7. 1930, RIAA II S. 1079 ff., 1094; Salem (Ägypten ./. USA), 8. 6. 1932, RIAA II S. 1161 ff., 1180; S. S. „Lisman" (USA ./. Großbritannien), 5. 10. 1937, RIAA III S. 1767 ff.,

Elle derjenigen Erwartungen zu messen, die diese in ihm wecken konnten. In demselben Umfang, in dem dieser Satz den Staat an ausdrückliche Erklärungen oder andere Verhaltensweisen bindet, sofern sie nur eindeutig[69] und zurechenbar[70] sind, müssen sich die Staaten — unter denselben Voraussetzungen — auch ihr Schweigen entgegenhalten lassen, ohne sich vielleicht auf etwa mangelnden Erklärungswillen berufen zu können[71]. Wann diese Erfordernisse insbesondere der Eindeutigkeit erfüllt sind[72], soll nicht erörtert werden, da hier nur die grundsätzliche

---

1790; Hendry (USA ./. Mexico), 8.10.1930, RIAA IV S. 616 (nur Inhaltsangabe der Entscheidung); im Yukon Lumber-Fall (Großbritannien ./. USA), 18.6. 1913, RIAA VI S. 17 ff., 19 f.; im Fall Hemming (Großbritannien ./. USA), 18.12.1920, RIAA VI S. 51 ff., 53; Roberts (USA ./. Venezuela), 17.2.1903, RIAA IX S. 204 ff., 207; Stevenson (Großbritannien ./. Venezuela), RIAA IX S. 385 ff., 387; Corvaia (Italien ./. Venezuela), RIAA X S. 609 ff., 633; Canevaro (Italien ./. Peru), 3.5.1912, RIAA XI S. 405 ff., 406; Grisbadarna (Norwegen ./. Schweden), 23.10.1909, RIAA XI S. 155 ff., 161; Flegenheimer (Italien ./. USA), 20.9.1958, RIAA XIV S. 327 ff., 378, 382; El Triunfo Company, Ltd. (El Salvador ./. USA), 8.5.1902, RIAA XV S. 467 ff., 472 f.; zum ebenfalls einschlägigen Behringsee-Streitfall (Großbritannien ./. USA), 15.8.1893, La Fontaine S. 422 ff., besonders S. 428, vgl. *Lauterpacht,* Sources S. 223 f. S. ferner die Anweisungen der amerikanischen Außenminister *Bayard* (Moore, Digest S. 680, Vol. VI) und *Kellogg* (Hackworth V S. 519); Costa Rica im Tinoco-Fall (Großbritannien ./. Costa Rica), RIAA I S. 369 ff., 377, 382 (anders dann die Entscheidung vom 18.10.1923, ebenda S. 383 f., und gleichfalls — zustimmend — die Entscheidung im Fall Hopkins, USA ./. Mexico, 31.3.1926, RIAA IV S. 41 ff., 46).

Weiter: Großbritannien, ICJ Pleadings, Interpretation of Peace Treaties ... S. 190, 316, 373 ff.; USA, ebenda S. 237; USA, ICJ Pleadings, Morocco Case I S. 382 f., und in ICJ Pleadings, Case of the Monetary Gold ... S. 91 f.; Liechtenstein, ICJ Pleadings, Nottebohm Case I S. 41 f.; II S. 137 f. („La doctrine de l'estoppel ... est une affirmation du principe de la non-contradiction."); Norwegen, ICJ Pleadings, Fisheries Case I S. 269 ff., 544 f.; Honduras, ICJ Pleadings, Case concerning the Arbitral Award made by the King of Spain ... I S. 513, 530, und schon S. 505 f.; II S. 42, 72 f., 89.

D. O. *Perry* im Fall der Santa Isabel Claims (USA ./. Mexico), RIAA IV S. 792 ff., 803 (anders die Entscheidung vom 26.4.1926, ebenda S. 783 ff., 790 f.); D. O. *Anzilotti,* PCIJ A/B 70 S. 50; D. O. *Read,* ICJ Reports 1950 S. 244; Sep. Op. *Spender,* ICJ Reports 1960 S. 219 f.; Sep. Op. *Alfaro,* ICJ Reports 1962 S. 39 f.; *Lauterpacht* im Bericht der ILC über das Recht der Verträge, YILC 1953 II S. 144 § 7; Bericht der ILC über das Recht der Verträge, YILC 1963 II S. 187 ff., Kommentar zu Art. 47, S. 212 f.

Bowett S. 177, 183 f.; *Brownlie* S. 151; *Cheng,* Principles S. 141 ff.; *Christol* S. 236; *Dahm* I S. 40, III S. 171; Dictionnaire S. 263; *Guggenheim,* Traité II S. 158 f.; *Hurst* S. 123; *Lauterpacht,* BYIL 1929 S. 84 f.; *MacGibbon,* ICLQ 1958 S. 468 f., 512; *Mc Nair,* Law of Treaties S. 485; BYIL 1921/22 S. 65; BYIL 1924 S. 35; *Wengler,* Völkerrecht S. 706 ff., 711 ff.; *Witenberg,* Clunet 1933 S. 532.

[69] PCIJ A 20/21 S. 38 f.; *Bowett* S. 184 f., 188; *Christol* S. 236; *Cot,* AFDI 1962 S. 244; *Menzel,* WVR I S. 441.

[70] *Bowett* S. 192; *Christol,* a. a. O.; *Louis* S. 219. Vgl. auch die Entscheidungen in den Fällen der Santa Isabel Claims (USA ./. Mexico), 26.4.1926, RIAA IV S. 783 ff., 790 f., und der Aroa Mines, Ltd. (Großbritannien ./. Venezuela), RIAA IX S. 402 ff., 441.

[71] *Dahm* III S. 35 Anm. 14; wohl auch *Brownlie* S. 513 und Honduras, ICJ Pleadings, Case concerning the Arbitral Award made by the King of Spain ... II S. 48.

[72] An dieser Eindeutigkeit soll es z. B. fehlen, wenn ein Staat nicht zu

Frage nach der Konstruktion des Schweigens Bedeutung hat. Ein kurzer Hinweis auf die Versuche, das Schweigen jedenfalls dann als Zustimmung zu konstruieren, wenn der schweigende Staat, sei es im Wege notwendiger Notifikation[73], sei es sonst von einem ihm abträglichen Vorgang erfahren hat[74] oder seine Lebensinteressen berührt sieht[75], muß genügen.

Verträgen unter Dritten Stellung nimmt: so die Entscheidungen im kolumbisch-venezolanischen Grenzstreit, 24. 3. 1922, RIAA I S. 223 ff., 262, und im Palmas-Streitfall (Niederlande ./. USA), April 1928, RIAA II S. 829 ff., 843; s. auch *Schwarzenberger,* International Law S. 130 f., 308; *Strupp,* Theorie S. 66. Auf Schiedssprüche im Verhältnis dritter Staaten soll dieses Prinzip nach einer Note des französischen Außenministeriums vom 12. 2. 1935 (Kiss, Répertoire V S. 58) dagegen nicht anwendbar sein.Weiter fehlt sie, wenn die Parteien eine Frage bewußt offengelassen haben oder sich in Vorverhandlungen darüber befinden: D. O. *Read,* ICJ Reports 1951 S. 203; *Bowett* S. 191; *MacGibbon,* BYIL 1954 S. 172 f. Die Vermutung eines Verzichts wird abgelehnt: ICJ Reports 1957 S. 26; Schiedsspruch im Fall „The Kronprins Gustaf Adolf" (Schweden ./. USA), 18. 7. 1932, RIAA II S. 1239 ff., 1299; RGZ 103 S. 274 ff., 279; Großbritannien, ICJ Pleadings, Fisheries Case IV S. 136 f.; Frankreich in seiner ebenda abgedruckten Note vom 7. 4. 1951 (S. 605); *Anzilotti,* Lehrbuch S. 265; *Dahm* III S. 168 (mit Belegen); *Engelhardt* S. 588; *Hold-Ferneck* II S. 12; *Ottolenghi* S. 376; *Schwarzenberger,* International Law S. 549, 552 (s. auch RC 1955 I S. 254).

Schließlich ist in diesem Zusammenhang auch das von *Pfluger* S. 201 hervorgehobene Moment des Zeitablaufs zu sehen.

[73] Frankreich, Note vom 7. 4. 1951, in ICJ Pleadings, Fisheries Case IV S. 605; *Cavaglieri,* Riv. 1926 S. 191, 197 f., und RC 1929 I S. 513 f.; *Hold-Ferneck* II S. 9; *Liszt-Fleischmann* S. 243; ablehnend *Bentz* S. 74 f.; *Partsch,* WVR III S. 391.

Auf die Eigenschaft von Handlungen als öffentlich, formell und eindeutig stellt es auch der Schiedsspruch im Streit zwischen Guatemala und Honduras ab (23. 1. 1933, RIAA II S. 1307 ff., 1327 f.); vgl. auch Honduras, ICJ Pleadings, Case concerning the Arbitral Award made by the King of Spain ... I S. 510.

[74] Streitig ist die Notwendigkeit tatsächlicher Kenntnis der nachteiligen Umstände. Die Auffassung von der Erforderlichkeit positiven Wissens —

Entscheidungen im Fall der Pensions of Officials of the Saar Territory (Deutschland ./. Governing Commission of the Saar Territory), 4. 9. 1934, RIAA III S. 1553 ff., 1567, und im Hemming-Fall (Großbritannien ./. USA), 18. 12. 1920, RIAA VI S. 51 ff., 53; USA im Streit um die Passamaquoddy Bay und die Bay of Fundy, Moore, Arbitrations S. 95; *Politis* (Rumänien) im Streit um die Kompetenzen der Donau-Kommission, PCIJ C 13 IV 1 S. 208; D. O. *Read,* ICJ Reports 1951 S. 200 f.; *Barale* S. 400 ff.; *Bock* S. 316 f.; *Brüel* S. 78; *Fitzmaurice,* BYIL 1953 S. 35; *Johnson,* BYIL 1950 S. 347, und ICLQ 1952 S. 166; *MacGibbon,* BYIL 1954 S. 173; *Parry,* 44 GS S. 165 f.; *Partsch,* WVR III S. 391; *Pfluger* S. 48 f., 198; *Suy* S. 62 f. —

wurde durch den Spruch im Fischerei-Streit (ICJ Reports 1951 S. 138 f.; ähnlich später ICJ Reports 1952 S. 107; 1962 S. 24 ff.) dahin modifiziert, daß es genüge, wenn eine Praxis durch Würdigung aller Umstände dem Schweigenden hätte bekannt sein können.

(Im Sinne dieser Interpretation Großbritannien, ICJ Pleadings, The Minquiers and Ecrehos Case II S. 169; Nicaragua, ICJ Pleadings, Case concerning the Arbitral Award made by the King of Spain ... II S. 258; *Barale* S. 402; *Duisberg,* 12 JIR S. 155; *Fitzmaurice,* BYIL 1953 S. 41 ff.; *MacGibbon,* BYIL 1954 S. 178, 181 f.; *Waldock,* BYIL 1951 S. 164 f.).

Im Lichte dieser neueren Rechtsentwicklung geht der Streit nicht so sehr um die grundsätzliche Zulässigkeit, sondern um die Voraussetzungen einer

Ist es Ziel und Wirkung des Estoppel-Prinzips, Erwartungen Dritter zu schützen, dann bleibt ohne Bedeutung, wie sie, ob durch Tun oder Unterlassen, begründet wurden. Die bona fides liegt dem Prinzip selbst[76] wie auch seiner Wirksamkeit bei der Auslegung des Schweigens zugrunde. Kraft dieses Prinzips wird zwar insbesondere von Völkerrechtlern des anglo-amerikanischen Rechtskreises die ihrem nationalen Recht entsprechende Forderung erhoben, dem Schweigen erst dann rechtliche Bedeutung zuzuerkennen, wenn sich Staaten tatsächlich auf die von ihnen vorgenommene Deutung verlassen haben und durch eine Korrektur Nachteile erleiden müßten; häufig wird als notwendiger Bestandteil des Estoppels gerade diese negative Wirkung einer Änderung für den Gegner genannt[77]. Dem stehen aber jene Schiedssprüche entgegen, denen allein die Widersprüchlichkeit neuerlichen Verhaltens zureicht, um ihm die Wirkungen zu versagen und den Staat an seinem früheren Gebaren festzuhalten[78]. Proteste gegen diese Art der Rechtsanwendung sind nicht bekannt geworden, als Rechtsverletzung wird sie sich daher nicht qualifizieren lassen[79].

Kenntnisvermutung, wie sie etwa von *Fitzmaurice*, a. a. O., S. 59 Anm. 3 und *Wolfke*, Custom S. 70, 87, vertreten wird. Vgl. auch den Schiedsspruch im Clipperton-Fall (Mexico ./. Frankreich), 28. 1. 1931, RIAA II S. 1105 ff., 1110; *de Visscher*, Problèmes S. 178, 250, und Effectivités S. 69.

[75] *O'Connell*, International Law I S. 19; *Sontag* S. 51 f.; vgl. auch ICJ Reports 1951 S. 138 f.

Nach *Brüel* S. 86 und *Partsch*, WVR III S. 392, genügt die bloße Rechtsverletzung; einschränkend *Cavaglieri*, Riv. 1926 S. 202; offen bleibt die Frage bei *Alfaro*, Sep. Op., ICJ Reports 1962 S. 40, und *Ross*, Lehrbuch S. 86 Anm. 4.

[76] Liechtenstein, ICJ Pleadings, Nottebohm Case I S. 42; Honduras, ICJ Pleadings, Case concerning the Arbitral Award made by the King of Spain ... II S. 51; Entwurf der ILC zum Recht der Verträge, YILC 1963 II S. 187 ff., Kommentar zu Art. 47, S. 212; Sep. Op. *Alfaro*, ICJ Reports 1962 S. 42; *Bowett* S. 176, 183 f., 193; *Brownlie* S. 151; *Cheng*, Principles S. 144; *Christol* S. 235 f.; *Cot*, AFDI 1962 S. 244; *Friede* S. 517; *MacGibbon*, ICLQ 1958 S. 469 (s. aber S. 512 f.); *Menzel*, WVR I S. 441; *Meron* S. 286.

[77] Liechtenstein, ICJ Pleadings, Nottebohm Case I S. 42; Nicaragua, ICJ Pleadings, Case concerning the Arbitral Award made by the King of Spain ... II S. 231; D. O. *Perry* im Fall der Santa Isabel Claims, RIAA IV S. 803; D. O. *Urrutia Holguin*, ICJ Reports 1960 S. 222; Sep. Op. *Fitzmaurice*, ICJ Reports 1962 S. 64 („... the essential question is and remains whether the statements or conduct of the party impugned produced a change in relative positions, to its advantage or the other's detriment."); D. O. *Spender*, ebenda S. 143 f., und D. O. *Wellington Koo* ebenda S. 97; *Bowett* S. 177, 193, 200; *Cheng*, Principles S. 143 f.; *Christol* S. 236; *Cot*, AFDI 1962 S. 244; *Lauterpacht*, Development S. 170; *Louis* S. 218; *McNair*, BYIL 1924 S. 34; *Menzel*, WVR I S. 441.

[78] s. o. Anm. 68; auf diese Abweichung gegenüber der herkömmlich vertretenen Estoppel-Doktrin weist auch *Briggs* als Vertreter für Honduras hin, ICJ Pleadings, Case concerning the Arbitral Award made by the King of Spain ... II S. 109.

[79] Dabei sind Proteste gegen Schiedssprüche nicht einmal ganz selten; vgl. die Fälle bei *Guggenheim* (Honduras), ICJ Pleadings, Case concerning the Arbitral Award made by the King of Spain ... II S. 57 f., den Protest in RIAA I S. 344 ff. (= AJIL 1923 S. 287 ff.) und allgemein Großbritannien, ICJ Pleadings, Interpretation of Peace Treaties ... S. 190, und *Waelbroeck* S. 50 f.

Dieser Praxis hat es genügt, daß die Meinungsänderung im Zeitpunkt der Entscheidung nachteilige Auswirkungen hervorrufen konnte, und dies sogar ohne nachzuprüfen, ob das frühere Verhalten Erwartungen überhaupt veranlaßt hat. Hier liegt nach allem eine Entwicklung vor, die derjenigen über die Notwendigkeit der Kenntnis abträglicher Ereignisse für die Auslegung des Schweigens entspricht[80]: Die auf die billige Entscheidung des Einzelfalles abgestellten Grundsätze, die beide Beteiligten vor Schaden zu bewahren, dem Staat aber, der den Vertrauenstatbestand schuf, die Betätigungsfreiheit zu erhalten suchen und nur bei tatsächlicher Schädigung Dritter deren Nachteile beseitigen, wandeln sich unter einer Verschiebung der Interessenlage zu einem die Voraussetzungen typisierenden, allgemeinen Schutz eines nur möglichen Vertrauens[81]. Wie ein Verhalten nur objektiv geeignet sein muß, zur Kenntnis anderer zu gelangen, so genügt allein diese Eignung, um den Staat, der sich — tatsächlich oder doch nach Ansicht der anderen — geäußert hat, auf sein Verhalten zu verpflichten. Hier ergänzen sich die Auffassungen von der Entbehrlichkeit des Nachteils und der Unerheblichkeit der Kenntnis: Was nur möglicherweise bekannt ist, ist sinnvoll nur dann als bekannt zu unterstellen, wenn sich schon mit der Vermutung Rechtsfolgen verbinden, also auch Vertrauen und Kausalität unwiderleglich vermutet[82] werden dürfen, ohne daß nach Schäden zu suchen wäre. Das Erfordernis dieses Schadens, der durch das Vertrauen auf das Gebaren des anderen Staates hervorgerufen sein muß und damit notwendig die Kenntnis dieses Gebarens voraussetzt, entfällt, sobald auf die Kenntnis selbst verzichtet wird, so daß schließlich auch auf Seiten des Staates, der sich auf das Schweigen des anderen möglicherweise verlassen hat, nach der Kenntnis von diesem Schweigen, der Schadensverursachung und sogar der Interpretation einer Untätigkeit im Sinne einer Verschweigung nicht länger zu suchen ist. Das ursprüngliche Estoppel-Prinzip reduziert sich damit auf das abstrakte Gebot der „consistency“[83], des gleichbleibenden und also vorhersehbaren[84] Verhaltens.

---

[80] Siehe o. Anm. 74.

[81] Angedeutet ist diese Entwicklung schon darin, daß eine Schädigung bereits im Vertrauensbruch selbst gesehen wird; so spricht der Schiedsspruch im Tinoco-Fall (Großbritannien ./. Costa Rica) vom 18. 10. 1923 von „injury ... in the nature of a fraud or breach of faith“ (RIAA I S. 369 ff., 383).

[82] Auf diese Vermutung als Grundlage der gesamten Estoppel-Wirkung verweist *Alfaro* in seiner Sep. Op., ICJ Reports 1962 S. 41; vgl. auch Großbritannien, ICJ Pleadings, Fisheries Case II S. 653.

[83] Sep. Op. *Alfaro*, a. a. O., S. 42; *Bowett* S. 186; *Brownlie* S. 151, 513; *Christol* S. 235 f.; vgl. auch die Anweisung des amerikanischen Außenministers *Webster* an den Gesandten in Mexiko vom 15. 4. 1842 (Moore, Digest I S. 5 f).

[84] *Christol* S. 235 f.; *MacGibbon*, ICLQ 1958 S. 468 f.

2. *Die Lehre von der „acquiescence“*

Unter dem Stichwort von „acquiescence“, „acquiescement“ oder „acquiescenza“ nimmt sich besonders in jüngster Zeit die Theorie dieser Erscheinung an. Die Mehrzahl der Autoren betont den Zusammenhang mit dem Estoppel-Grundsatz[85], während nach anderer Ansicht gerade dieses Prinzip nicht geeignet sei, der „acquiescence“, die in Ermangelung adäquater deutscher Terminologie als (stillschweigende Hinnahme im Sinne einer) Zustimmung[86] definiert werden mag, als Fundament zu dienen[87]. Richtig ist daran, daß ein Estoppel-Begriff, der Täuschung und Schaden in seine Definition aufnimmt, eine solche Funktion in der Tat nicht erfüllen kann[88]. Findet aber ein Verbot des Selbstwiderspruchs im Völkerrecht so übereinstimmende Anwendung, daß es als Völkerrechtsnorm bezeichnet werden darf, dann entbehrt es des konstruktiven Interesses, über die Einordnung dieser Norm als Erscheinungsform des Estoppel oder ihre Qualifikation als eigenständiger Rechtssatz zu streiten. In jedem Fall gilt das diesen Bindungstatbestand begründende Verbot treuwidrigen Verhaltens ohne die Einschränkungen des anglo-amerikanischen Rechts und liegt damit der „acquiescence“ zugrunde[89].

---

[85] Sep. Op. *Alfaro*, ICJ Reports 1962 S. 40; *Brownlie* S. 151; *Jenks*, Prospects S. 540 f.; *Schwarzenberger*, RC 1955 I S. 256 f., 259, und AJIL 1957 S. 323.
Nur bedingt *Barale* S. 422 f., 424 f., der aber jedenfalls die „obligation de cohérence“ betont (S. 425); gegen jede Bindungswirkung aus der „acquiescence“ dagegen *Spender* in seiner D. O., ICJ Reports 1962 S. 143.

[86] In den Bedeutungen bestehen häufig nicht beachtete Unterschiede, die auch in den voneinander abweichenden Konzeptionen der Wissenschaft zum Ausdruck kommen. Während *MacGibbon*, BYIL 1954 S. 182, „acquiescence“ definiert als „equivalent to tacit or implied consent“ (s. auch ders., BYIL 1957 S. 118, und *Schwarzenberger*, International Law S. 302, 552), versteht der Dictionnaire (S. 12) darunter „l'acte par lequel une partie à un différent accepte, *expressément* ou tacitement ... une allégation ... de l'autre partie“ (Kursiv vom Verf.); s. hierzu auch *Barale* S. 390 f., 394 ff., und die Definition von *Rolin* (Nicaragua), ICJ Pleadings, Case concerning the Arbitral Award made by the King of Spain ... II S. 440; abweichend hiervon *de Visscher* (Honduras) im selben Fall, ebenda II S. 41: „L'acquiescement est un acte purement recognitif, de pure constatation du droit.“

[87] So ausdrücklich *Briggs* als Vertreter für Honduras, ICJ Pleadings, Case concerning the Arbitral Award made by the King of Spain ... II S. 108 f.

[88] *Briggs* (Honduras), a. a. O., S. 108; aus diesem Grunde hält *Bowett* S. 201 die Anwendung des Estoppel-Prinzips in diesen Fällen nicht für möglich. Im Sinne dieser Konzeption läßt auch Nicaragua, ICJ Pleadings, Case concerning the Arbitral Award made by the King of Spain ... I S. 818, II S. 231, 435, das bloße Vertrauen Honduras' ohne Schaden zur Begründung des „acquiescence“ nicht genügen und versucht darüber hinaus den Nachweis zu erbringen, Honduras habe sich tatsächlich nicht auf das Verhalten Nicaraguas verlassen (ebenda II S. 236 ff.), während *de Visscher* (Honduras) sich nur allgemein auf Treu und Glauben beruft und die Anwendung des Estoppel grundsätzlich ablehnt (ebenda II S. 27, 51). Auf Täuschung und Treuwidrigkeit verzichtet auch *Waelbroeck* S. 50 f.

[89] Entgegengesetzt *Briggs* (Honduras), ICJ Pleadings, Case concerning the Arbitral Award made by the King of Spain ... II S. 73: „The principle of

Die Lehre vom Verschweigen aber können unter dem Stichwort der „acquiescence“[90] neue Aspekte nicht abgewonnen werden. Die geschilderten Gedankengänge finden sich bei ihrer Behandlung wieder — sie erfordert ein passives Verhalten[91], das in seinem notwendigen Zusammenhang mit den Tatsachen[92] als Zustimmung ausgelegt werden muß[93], wenn ein Protest vernünftigerweise zu erwarten ist[94]; vorausgesetzt ist wiederum die Kenntnis des Schweigenden von der ihm nachteiligen Entwicklung[95], der die schuldhafte Unkenntnis gleichsteht[96]. Hinzu kommt das besonders hervorgehobene Erfordernis des Zeitablaufs[97], das als Bestandteil des gesamten Verhaltens der Beteiligten[98] zu betrachten ist.

III. Zusammenfassung

Die Ergebnisse unserer Untersuchung über die Wirkungsweise des Protestes und seines Unterlassens beeinflussen notwendig auch die Lehre von der Entstehung des Völkergewohnheitsrechts, wenn die allgemeine Anschauung zutrifft, die beiden Arten staatlicher Willenskund-

acquiescence is the basis of the rule ... allegans contraria non est audiendus.“ Wieder anders ders., ebenda S. 88: „... the legal principle of acquiescence as a manifestation of the basic principle of good faith ...“; so auch S. 89.

90 — nicht zu verwechseln mit dem von *Hyde* S. 4 ff. zum Zweck vertraglicher Konstruktion gebrauchten Begriff.

91 Die mitunter — Norwegen, ICJ Pleadings, Fisheries Case I S. 543; III S. 442; Großbritannien, ebenda II S. 632, 676; IV S. 121, 122; Nicaragua, ICJ Pleadings, Case concerning the Arbitral Award made by the King of Spain ... I S. 823; II S. 279; Honduras, ebenda II S. 19, 50, 395; *Barale* S. 394 — vorgetragene Möglichkeit auch positiver Akte zur Begründung der „acquiescence“ entspricht der französischen Bedeutung dieses Begriffs, muß aber hier beiseite gelassen werden, da sie nicht in den untersuchten Zusammenhang gehört. Ausdrücklich ablehnend *MacGibbon,* BYIL 1954 S. 143, 165; wieder anders *Rolin* (Nicaragua), ICJ Pleadings, Case concerning the Arbitral Award made by the King of Spain ... II S. 440: „... en droit international, l’acquiescement passif n’existe pas,“ möglich dagegen seien „des acquiescements tacites“.

92 *Barale* S. 400.

93 Großbritannien, ICJ Pleadings, Fisheries Case IV S. 134; *Brownlie* S. 150; *Hudson,* Legislation S. XVII; *MacGibbon,* BYIL 1954 S. 182; *Sperduti,* Riv. 1961 S. 7; *Suy* S. 258.

94 *Brownlie* S. 150; vgl. auch Norwegen, ICJ Pleadings, Fisheries Case III S. 79 f.; *Lauterpacht,* BYIL 1950 S. 393.

95 *Barale* S. 400, 401 f.

96 *Barale* S. 402.

97 *Barale* S. 400, 404 ff.; *MacGibbon,* BYIL 1954 S. 165; *Waelbroeck* S. 50; Großbritannien, ICJ Pleadings, Fisheries Case II S. 676 f.; anders Norwegen, ebenda III S. 453, da hierin eine Vermengung mit den „historic titles“ liege (s. auch III S. 462, 481; IV S. 308 f.); hiergegen wiederum Großbritannien, ebenda IV S. 122 ff.

Schon bei *Anzilotti,* Lehrbuch S. 263, ist wesentlich auch „der durch den dank dem Zeitablauf erfolgten Akt der Anerkennung geäußerte Wille“.

98 *Barale* S. 393 („comportement global“), 400; auf die allgemeine Stabilisierung der Lage stellt es *Sperduti* ab (Riv. 1961 S. 9).

gabe Einfluß auf diesen Vorgang — sei es im negativen, sei es im positiven — einräumt.

Als entscheidende und mitunter unbewußt, aber allgemein zugrundegelegte Voraussetzung der Wirkungsweise von Protest und Verschweigung hat sich die Tatsache der Existenz einer Staatenmehrheit gezeigt. Sie gewinnt dadurch Bedeutung, daß an der Antwort des einen Staates auf das Verhalten anderer und wieder an deren möglicher Reaktion auf die Stellungnahme des ersteren Bedingungen und Erfolg des Protestes und des Stillschweigens gemessen werden dadurch, daß es ihrer Interpretation bedarf, um einer Untätigkeit den Sinn einer Reaktion durch Schweigen zu verleihen. Ohne diese Vielzahl von Staaten wäre das Institut des Protestes, wären alle an ihn geknüpften Folgen nicht möglich. Sein besonderes rechtliches Gewicht erhält er auf der Grundlage jenes fundamentalen Rechtssatzes vom Verbot des Selbstwiderspruches in seiner oben gekennzeichneten, objektivierenden und von älteren tatbestandlichen Einschränkungen befreiten Ausgestaltung. Wenn es in der Tat diese Norm ist, nach der sich Voraussetzungen und Erfolg des Protestes und die Wirkungen seines Fehlens oder doch der unzulänglichen Erfüllung dieser Erfordernisse bestimmen, und wenn zum zweiten Protest und Stillschweigen nicht nur für die Formung individueller Rechtspositionen, sondern darüber hinaus, wie allgemein zugestanden, auch für die Bildung von Völkergewohnheitsrecht maßgeblich sind, dann muß dieser zugrundegelegte Rechtssatz auch an der gewohnheitsrechtlichen Normschöpfung in demselben Maße wie an der Wirkungsweise des Protestes beteiligt sein.

Dritter Abschnitt

Folgerungen für die Entstehung von Völkergewohnheitsrechtsnormen

A. Übereinstimmungen der untersuchten Verfahren

Die Gemeinsamkeiten der dargelegten Verfahrensweisen sind unübersehbar. Schon bei der Betrachtung des Einflusses von Vertrag und Unterlassen auf das Völkergewohnheitsrecht zeigte sich jene Fremdbezogenheit des Verhaltens, deren Notwendigkeit in der Lehre von Protest und Zustimmung bestätigt wurde. Was dort Untersuchungen auf völkerrechtlichem Neuland erbrachten, erwies sich hier in Voraussetzungen und Rechtsfolgen als allgemein anerkannt. Danach würde — wie sich aus der aufgewiesenen, herrschenden Ansicht zwingend ergibt — Recht in allen genannten Fällen dadurch geschaffen, daß ein Verhalten des einen Staates im anderen Erwartungen weckt, die kraft eines dahingehenden Rechtssatzes zu erfüllen sind.

Dieses Schema nun kann durch die verschiedensten Vorgänge ausgefüllt werden. So ist nicht nur der Staat A, der gegenüber der Inanspruchnahme von Kompetenzen durch den Staat B schweigt[1], zur weiteren Duldung verpflichtet. Auch dieser zweite Staat (B) hat, falls zu anderer Zeit der erste (A) dieselben, einander nicht ausschließenden Kompetenzen behauptet, dies hinzunehmen, darf sich also bei unterstellter Identität der Voraussetzungen nicht in Widerspruch zu seinem eigenen Verhalten bringen. Bei unterschiedlichem Umfang der Ansprüche ist auf diese Weise jedenfalls ihr gemeinsames Minimum durch das Verbot des Selbstwiderspruchs geschützt[2]; denn auch A darf nicht seinerseits dem Staat B Kompetenzen bestreiten, die er selbst beansprucht. Dieser Mechanismus kann endlich selbst dann eingreifen, wenn nur Erklärungen der Staaten vorliegen, sofern diese geeignet sind, ein solches Vertrauen Dritter zu begründen[3], so daß auch Äußerungen hier einzuordnen sind, in denen Normen des Völkerrechts „anerkannt" werden, falls deren Verbindlichkeit nicht bereits aus anderen Gründen feststeht.

Indes darf dieses Vertrauen nicht als einseitige Auswirkung des Verhaltens auf den beobachtenden Staat angesehen werden. Denkt man die Ansätze weiter, dann ist das Vertrauensverhältnis durchaus zweiseitig und weist auf denjenigen Staat zurück, der es hervorgerufen hat. Gerade die Reaktion schafft wieder einen vertrauensbegründenden Tatbestand und wird zu einer, erneuter Reaktion zugänglichen, Aktion. Nach der Irrtumslehre weiß der Staat, wann er einen Tatbestand setzt, an den eine Rechtsnorm wegen der Eignung, ein Vertrauen hervorzurufen, die Bindungswirkung knüpft, vermag daher auch die Bindung selbst und seine Pflicht zu rechtmäßigem, dem durch das Vertrauen geforderten, Verhalten zu erkennen[4]. Dem Gegner steht es frei, sich von nur möglichen Erwartungen auch tatsächlich beeinflussen zu lassen. Will er dies nicht, so besteht kein Grund, ihn zur Wahrnehmung seiner

---

[1] Wie bereits mehrfach erwähnt, muß dieses Schweigen im Sinne des schon Ausgeführten ein qualifiziertes sein.

[2] Vgl. auch *MacGibbon*, BYIL 1957 S. 119.

[3] s. *Bernhardt* S. 447 und Anm. 39; *Mouton* S. 431; *Sontag* S. 48; vgl. ferner die Auseinandersetzung zwischen Albanien und Großbritannien in ICJ Pleadings, The Corfu Channel Case II S. 129 ff. und S. 289 f.; *Lissitzyn*, International Law S. 35.

[4] Darauf spielt Honduras in seinem Streit mit Nicaragua an (ICJ Pleadings, Case concerning the Arbitral Award made by the King of Spain ... I S. 511): „Ces diverses déclarations, émanant d'autorités dont il y a lieu de présumer qu'elles étaient conscientes ... de l'écho qu'elles éveilleraient au-delà de leurs frontières ..." Vgl. auch ebenda II S. 26 und *Wolfke*, Custom S. 70.

Rechte zu verpflichten, und gibt er den Verzicht auf dieses sein Recht zu erkennen, dann ist der andere Staat frei, von seinem präjudiziellen Verhalten wieder abzugehen.

Damit liegt die Gestaltung ihrer Rechte allein bei den Staaten, die mit dem Estoppel-Prinzip über das Mittel zur Erzeugung von Rechtsnormen jedenfalls dann zu verfügen scheinen, wenn man die Grundlagen von Praxis und Lehre konsequent weiterentwickelt.

B. Einwände gegen die Lehren von der Rechtsüberzeugung

Dieses zunächst ohne Eingehen auf Einzelfragen schematisch formulierte Ergebnis trifft freilich nur dann zu, wenn die Prämissen, aus denen es gewonnen ist, richtig sind, wenn sich also in der Tat durch Verträge, Unterlassen, Protest und stillschweigende Hinnahme von Handlungen Völkergewohnheitsrecht bildet. Wir haben den Beweis für die Richtigkeit dieser Voraussetzungen nicht versucht und müssen ihn auch im folgenden insoweit offenlassen, als wir uns mit einem allgemeinen Rechtsnormbegriff auseinandersetzen müßten, für den rechtliche Kriterien notwendig fehlen. Die Entscheidung für die Wahl dieser Vorgänge beruht daher nicht auf juristischen Erwägungen, verfolgt auch nicht das Ziel, einer herrschenden Meinung Inkonsequenz nachzuweisen, die als Mittel der Rechtserzeugung Vorgänge postuliert und Gefühle benennt, die miteinander nicht zu vereinbaren sind. Die Wahl soll vielmehr ohne Anerkennung dieser Auffassung als Autorität durch den Hinweis legitimiert werden, daß eine solche allgemeine Anerkennung dieser Vorgänge als normschaffend auch die Befolgung der Normen selbst wahrscheinlich macht und damit eine Gewähr für die begrenzte Richtigkeit auch des Schemas gibt.

Den Widerspruch zwischen den untersuchten Mechanismen, wie ihn die Behandlung ihrer Ursachen zwangsläufig ergab, und jener Lehre von dem Rechtsbewußtsein, die dieses als Glauben an die Übereinstimmung eines Verhaltens mit dem Völkerrecht versteht, glauben wir dargelegt zu haben. Die anderen, unter demselben Stichwort versammelten Ansichten sind dagegen, da sich ihnen zufolge das subjektive Element gerade nicht nach dem bestehenden Völkerrecht bestimmt, nicht allein schon aus ihrem Widerspruch zu dessen Sätzen abzulehnen. Immerhin aber zeigen sie sich, soweit sie vom Staat irgendwelche Gefühle verlangen — etwa ein Gefühl der Solidarität oder politischer Notwendigkeit —, als unvereinbar mit den geschilderten Modellen, da dort die wirklich vorhandenen „Empfindungen" und Ansichten der Staaten keine Bedeutung besitzen. Aber auch in theoretischer Hinsicht vermögen solche Lehren, die hier nur ungern pauschal abgehandelt werden, nicht zu überzeugen.

Zuvörderst bleibt unverständlich, warum gerade aus Übung und (Rechts-)Überzeugung Recht soll entstehen können, warum nicht eine Sittennorm daraus hervorgeht, und warum das Zusammentreffen beider Elemente überhaupt etwas bewirkt. Daß dies notwendig und schon aus sich selbst heraus so sein müsse, kann nicht zugegeben werden. Der Hinweis auf das genossenschaftliche Prinzip im Völkerrecht vermag zwar die Unmöglichkeit autoritativer Rechtsetzung zu erklären, sagt aber nichts über den statt dessen wirksamen Normsetzungsvorgang aus. Die Behauptung eines sozialpsychischen Phänomens, das bei häufiger, gleichförmiger Verwirklichung einer Regel damit die Vorstellung ihrer Verbindlichkeit verknüpft, mag für das innerstaatliche Recht zutreffen, kann aber mehr als diesen Vorgang nicht beschreiben und über die Verbindlichkeit solcher Verhaltensnormen nichts aussagen. Soweit sie die bloße Entstehung einer Regel erklären will, läßt sie sich in das Völkerrecht wegen ihres unbewiesenen Verweises auf die Staatspsyche nicht übernehmen. Jene Auffassung schließlich, der sich jedes Recht und damit auch das Völkergewohnheitsrecht als Ausdruck einer Rechtsüberzeugung darstellt, ist bei Fehlen jedes Versuches zum Beweis ihrer tatsächlichen Voraussetzungen in das Reich der Spekulation zu verweisen.

Nach pragmatischer Begründung soll allein die opinio iuris sive necessitatis Recht und Courtoisie unterscheiden können. Der Hinweis auf das Erfordernis der Trennung scheint verdienstlich, fehlt er doch bei den anderen Konstruktionen; zutreffend indessen kann eine solche Bestimmung der Courtoisie nur sein, wenn die Lehre selbst und ihre Maßstäbe richtig sind. Daran fehlt es in diesem Zusammenhang schon deshalb, weil die Trennung mit einem solchen Kriterium nicht durchzuführen, sein Vorliegen unbeweisbar ist. Der Überblick über die Entscheidungen insbesondere des Haager Gerichtshofes hat gezeigt, daß dessen Entscheidungen zum subjektiven Tatbestand vom objektiven Sachverhalt ausgingen, notwendig davon ausgehen mußten, und nicht darüber hinauskamen. Was gewonnen wurde, war eine Interpretation der Praxis, aber kein sie bestimmendes psychisches Element.

Wie fruchtlos die Suche nach diesem subjektiven Element bleiben muß, belegt die herrschende Meinung deutlich selbst: Soweit sie von dem Staat, der aus einer Völkergewohnheitsrechtsnorm Ansprüche herleitet, den Beweis für die Geltung dieser Norm[1], damit auch für ihr sub-

---

[1] So ICJ Reports 1950 S. 276; 1952 S. 200; Ind. Op. *Alvarez*, ICJ Reports 1951 S. 152; D. O. *Klaestad*, ICJ Reports 1955 S. 30; *Diena* in seiner „Consultation ‚pro veritate'", PCIJ C 13 II S. 354; *Guggenheim*, 11 ÖZöR S. 329; *Lalive* S. 86 (s. auch dort S. 82 ff.); *Sereni*, Diritto I S. 132; *Suy* S. 236 f., 266; *de Visscher*, Problèmes S. 226; ähnlich behauptet *Baxter* S. 296 f. eine Beweislast desjenigen, der sich auf die Umwandlung von Vertrags- in Gewohnheitsrecht beruft, für das Vorliegen eines solchen Transformationsprozesses.

Auf einen Beweis verzichten dagegen:

PCIJ A 10 S. 31; A 20/21 S. 124; Ind. Op. *Anzilotti*, PCIJ A/B 65 S. 61; Großjektives Element[2], verlangt und den Nachweis der bloßen Übung[3] nicht hinreichen läßt, operiert sie dennoch entweder mit einer Vermutung zugunsten der Rechtsüberzeugung[4] oder benennt etwa die Äußerungen staatlicher Organe als Mittel des Indizienbeweises für das subjektive Element[5]. Wie man aber nicht Fragen des objektiven Rechts über eine Beweislastverteilung klären kann, derzufolge die Leugner einer Norm das Fehlen eines konstituierenden Elementes beweisen sollen, um dadurch der Rechtsanwendung zu einer Effektivität zu verhelfen, die ihr ohne solche Vermutung der opinio iuris notwendig fehlen muß, weil deren Vorliegen ebensowenig beweisbar ist[6], so läßt sich auch den Äußerungen der Staaten mit zwingender Logik nichts entnehmen, was darin nicht schon enthalten ist. Die Erklärung, eine bestimmte Überzeugung zu besitzen, kann ohne Spekulationen nicht mehr sein als eben diese Erklärung — weder beweist sie eine Rechtsüberzeugung noch ihre eigene Richtigkeit.

Wollte man endlich jene zitierten Äußerungen der Staaten über den Begriff des Völkergewohnheitsrechts[7] als Definition dessen nehmen, was sie als geltend glauben, wenn sie von der Verbindlichkeit einer Völkergewohnheitsrechtsnorm überzeugt sind (und erst damit angeblich dieses Recht schaffen), dann ließe die Vielfalt unterschiedlicher Konzeptionen eine einheitliche opinio iuris und damit einen Gewohnheitsrechtssatz nie entstehen; denn nach dem individuellen Rechtsverständnis bestimmt sich der Gegenstand eines Rechtsbewußtseins, dieses Verständnis gibt Auskunft über das, was man für geltend hält, wenn man eine Rechtsüberzeugung besitzt.

---

britannien, ICJ Pleadings, Fisheries Case IV S. 32; *Raestad*, Philosophie S. 25, und ASJG 1933 S. 73; *Rosenne* S. 421; *Schwarzenberger*, RC 1955 I S. 211; *Witenberg*, RC 1936 II S. 38 f. und 33; zurückhaltend *Wengler*, Völkerrecht S. 745 Anm. 3.

Zum folgenden vgl. Portugal, ICJ Pleadings, Case concerning Right of Passage ... IV S. 435 f.

[2] D. O. *Negulesco*, PCIJ B 14 S. 106; *Duisberg*, Völkergewohnheitsrecht S. 90, und 12 JIR S. 152; *Kroneck* S. 55, 63; *Ross*, Lehrbuch S. 86 f.; *Soerensen*, Sources S. 108; *de Visscher*, Problèmes S. 226; anders dagegen *Ferrari Bravo* S. 72 f.

[3] Ausreichend ist dieser Beweis nach *Séfériadès*, RGDIP 1936 S. 144; vgl. auch *Hagemann* S. 76 ff., und *Jenks*, Prospects S. 263 f.: Es genüge die Überzeugung des Gerichts vom Vorhandensein der opinio, ohne daß sie bewiesen werden müßte.

[4] *Brownlie* S. 7; *Dahm* I S. 32; *Giraud*, RC 1963 III S. 638 f.; *Lauterpacht*, Development S. 380, 386 (zust. *Duisberg*, Völkergewohnheitsrecht S. 90, und 12 JIR S. 152); *Parry*, Sources S. 62; *Rudolf* S. 84 f.; *Silving* S. 625; *Soerensen*, RC 1960 III S. 51; *Suy* S. 260; *Touscoz* S. 42; *Wolfke*, ZNUW 1960 S. 169; anders *Blühdorn* S. 128.

[5] *Duisberg*, 12 JIR S. 148 f.; *Soerensen*, Sources S. 108; *Steinicke* S. 270 f.

[6] Dieses Ziel der Vermutung wird deutlich bei *Duisberg*, a. a. O., S. 152; *Lauterpacht*, Development S. 380; *Soerensen*, RC 1960 III S. 51.

[7] Siehe o. S. 71 ff.

Das Statut des Internationalen Gerichtshofes, auf das als Ausdruck derselben Lehre verwiesen wird, ist kein Beweis für deren Richtigkeit, sondern die Wiedergabe einer falschen Theorie. Nimmt man die Betonung der Maßgeblichkeit des Statuts als nur praktische Entscheidung der Wissenschaft, diejenigen Normen, nach denen internationale Gerichte wie der Haager Gerichtshof urteilen, auch der eigenen Arbeit zugrundelegen[8], dann ergibt sich auch von hier aus kein Zwang und nicht einmal die Möglichkeit, auf dem subjektiven Moment zu beharren. Tatsächlich entscheidet etwa der Internationale Gerichtshof, freilich ohne die Abweichung deutlich zu machen, gerade nicht nach einer in den Grenzen des Erreichbaren zutreffenden Interpretation des Art. 38 Abs. I Ziff. b seines Statuts, weil sich dies für ihn als unmöglich erwiesen hat[9]. Als Rechtfertigung dieses unumgänglichen Versagens vor den Forderungen des Statuts und seiner Vernachlässigung in künftigen Auseinandersetzungen wäre daran zu denken, ihm nur den Hinweis auf das Völkergewohnheitsrecht zu entnehmen, dessen Definition aber als unzutreffend zu erkennen. In diesem Fall hätten Gerichte und Rechtslehre, zur Entscheidung nach Völkergewohnheitsrecht verpflichtet, das Statut von seinem theoretischen Beiwerk zu befreien und das Gewohnheitsrecht so anzuwenden, wie es wirklich entstanden ist, und nicht so, wie es dem Statut zufolge hätte entstanden sein müssen.

Mit dem Hinweis auf diese Schwächen der herrschenden Meinung ist die Lösung des Problems freilich nicht gefunden. Versteht man — wie wir — die Rechtsnorm im allgemeinsten Sinne als ein Sollen, das kraft des dualistischen Prinzips nur in einem anderen Sollen grundgelegt sein kann, dann ist die rechtschaffende Qualität von Tatsachen nur aus einer Norm zu begründen, innerhalb deren sie Tatbestandsmerkmale einer Geltungsanordnung sind. Dem Normbegriff lassen sich keine Inhalte abgewinnen, die eine bestimmte Gestaltung dieses Tatbestandes verlangen. Notwendig ist allein die normative Bestimmung derer, die den Norminhalt schaffen, und derer, die daran gebunden, zu dem bestimmten Verhalten auch gegen ihren Willen verpflichtet sind.

Implizit wird ein solcher Bindungsbegriff auch von der herrschenden Lehre anerkannt und zugrundegelegt; denn wenn die Rechtsüberzeugung ein Mittel zur Schaffung bindender Normen sein soll, muß der Staat auf seine Rechtsüberzeugung rechtlich verpflichtet sein. Es bedürfte also eines — bislang freilich nicht aufgestellten — Rechtssatzes, der die Befolgung der einmal in Rechtsüberzeugung und mit normschaffendem Erfolg gewählten Praxis auch für die Zukunft fordert und es

---

[8] So z. B. allgemein *Soerensen*, RC 1960 III S. 11 ff.

[9] Irrig daher *Soerensen*, a. a. O., S. 51: „Il est constant que la jurisprudence ne permet pas d'écarter cet élément, si fictif ou si difficilement appréciable soit-il."

dem Staat untersagt, unter Berufung auf seine geänderte Überzeugung im Widerspruch zur alten Norm eine neue Übung zu beginnen. Da die opinio iuris selbst, also ein innerseelischer Zustand, von einer solchen Verbotsnorm nicht erfaßt sein kann, muß der Staat verpflichtet sein, nach seiner Überzeugung dann nicht zu handeln, wenn diese im Widerspruch zu geltendem Recht steht, wobei diese Überzeugung jedenfalls keine vom geltenden Recht selbst sein kann. Lehnt man dagegen eine rechtliche Konstruktion ab, dann hätte man, um überhaupt zu einer Bindungswirkung zu gelangen, einen psychischen Zwang zu behaupten, der einmal ausgebildeten Ansicht gemäß zu handeln[10], und käme damit über die längst überwunden geglaubte Selbstverpflichtungslehre nicht hinaus[11]: Rechtsüberzeugung und Staatswille unterscheiden sich hier, obwohl sie begrifflich zu trennen sind, in nichts. Kein Anhänger der herrschenden Meinung hat bisher, soweit ersichtlich, versucht, den Willen eines Staates als potentiell oder aktuell im Widerspruch zu seiner Rechtsüberzeugung stehend nachzuweisen[12]. Nur Vergleiche mit ihrem früheren Verhalten müssen sich die Staaten wegen des Estoppel-Prinzips gefallen lassen, aber die Möglichkeit einer Differenzierung zwischen Wille und Überzeugung wird nicht angerührt[13], so daß die Mehrheitsmeinung

[10] *Fitzmaurice*, RC 1957 II S. 104, könnte in diesem Sinne zu interpretieren sein: „How is it possible for a State to regard itself ... as entitled to put forward a diplomatic claim, unless it considers that a legal obligation is involved?" (Ähnlich auch *Hurst* S. 123) Wenn damit nicht nur eine rechtliche Möglichkeit („entitled") und also eine Tautologie gemeint ist, dann kann die angeblich notwendige Verbindung zwischen behauptetem Anspruch und zugrunde liegendem Recht nur eine psychische oder logische sein — was sie nicht sein muß, da ein Staat von der rechtlichen Unhaltbarkeit dennoch erhobener Ansprüche durchaus überzeugt sein kann. Eine der hier angegriffenen ähnliche Auffassung liegt auch der Verknüpfung von Protest und Rechtsüberzeugung zugrunde.

[11] So ist es einerseits *Heilborn*, Grundbegriffe S. 33, möglich, seine Selbstverpflichtungslehre mit dem herkömmlichen Gewohnheitsrechtsverständnis zu vereinbaren, und andererseits kann *Sauer* S. 10 auf der Grundlage dieses Verständnisses jede Fremdbindung von Staaten ablehnen.

[12] Schon der doch anspruchslosen und selbstverständlichen Forderung *Moslers*, Völkerrecht S. 33, bei Feststellung von Völkergewohnheitsrecht bedürfe es „der soziologischen Analyse der dauerhaften Durchsetzung einer Praxis und der Anerkennung dieser Übung als Rechtspflicht" (vgl. auch *Larenz* S. 270), ist bisher nicht entsprochen worden. (Siehe auch *Barberis*, Riv. 1967 S. 564: „La tâche à accomplir par le juriste consiste à analyser la réalité psychologique telle qu'elle est et la décrire sans mêler dans sa description des éléments d'ordre subjectif. Mais, si l'on examine la doctrine sur ce sujet, on pourra constater que certains auteurs ne tiennent pas compte de cette difficulté et leur description de l'opinio juris s'adapte souvent aux postulats de l'école à laquelle ils appartiennent.") Demgemäß ist gänzlich ungeklärt, wie denn bei einem Konflikt zwischen Praxis und abstrakten Stellungnahmen zu entscheiden und wem der Vorrang einzuräumen sei. Daß solche Differenzen möglich sind, zeigt in jüngster Zeit die exemplarische Arbeit von *Doherty*.

[13] Kennzeichnend hierfür ist *Shihata* S. 73, der Gewohnheitsrecht anerkennen will „only when there is a general conviction that states must respect the rights based on the customary principle as a matter of legal obligation",

einer Etikettierung des Staatswillens als Rechtsüberzeugung nichts entgegenzusetzen weiß und damit aus allen Auseinandersetzungen mit jener archaischen Völkerrechtskonstruktion nichts gelernt hat.

Freilich hat sie — möglicherweise zur Vermeidung dieser Konsequenzen, gewiß in der Erkenntnis, daß aus der Anhäufung von Übungshandlungen und individuellen Rechtsüberzeugungen Rechte der Staaten gegeneinander nicht begründet werden können[14] — in ihre Definition des Völkergewohnheitsrechts die „Gegenseitigkeit“[15] aufgenommen[16], die Wechselbezüglichkeit der Übung als „das Element, das die einzelnen gleichartigen Übungen der verschiedenen Staaten zu einem homogenen Ganzen zusammenschweißt“[17]. Diese These läßt sich nicht mit dem bei nur deduktiver Begründung ebenso aus der Luft gegriffenen Argument widerlegen, Gewohnheitsrecht bilde sich im Gegenteil unkoordiniert[18], oder damit, gerade das Fehlen der Reziprozität unterscheide es von dem Vertrag[19]. Doch zeigt dieser letztere Einwand deutlich, wie nahe die Mehrheitsmeinung auch einer Vertragstheorie kommt, die dazu neigt, jedenfalls stillschweigend geschlossene Verträge schon bei einem als reziprok interpretierbaren Verhalten anzunehmen, wie dies die Lehre von den gewohnheitsrechtschaffenden „pacta tacita“ notwendig mit sich bringt, wenn sich damit die Entstehung der gewünschten Norm belegen läßt. Einen mehr als konstruktiven Unterschied macht es nicht, ob man in einer Praxis nach konkludenten Vertragsabschlüssen oder nach fremdbezogener Übung in Rechtsüberzeugung sucht — fiktiv ist das Ergebnis allemal.

---

zum Beweis dieser Überzeugung aber Verträge heranzieht „as an explicit expression of the *will* of states“ (ebenda; Kursiv vom Verf.).

[14] Deutlich *Kosters*, Fondements S. 229.

[15] Siehe hierzu allgemein *Schaumann*, passim.

[16] D. O. *Negulesco*, PCIJ B 14 S. 114; Türkei, PCIJ C 13 II S. 122, 229; *Basdevant* S. 512; *Chauveau* S. 67; *Donnedieu de Vabres* S. 140, 152; *Haemmerlé* S. 152; *Hatschek* S. 5, 9; *Heilborn*, Grundbegriffe S. 38 f.; *Kroneck* S. 63; *MacGibbon*, BYIL 1957 S. 117 f.; *Menzel*, Völkerrecht S. 93; *Noël-Henry* S. 82, 107; *O'Connell*, International Law I S. 16; *Ottolenghi* S. 397; *Renner* S. 60 ff., 80; *Rousseau*, Principes S. 824 f., 826; *Schoen* S. 306; *Schwarzenberger*, CLP 1956 S. 248; *Soerensen*, Sources S. 106 f.; *de Visscher*, RC 1954 II S. 475; *Waldock*, BYIL 1951 S. 170; einschränkend *van Praag* S. 19 f.; vgl. auch *Diena* S. 13.

[17] *Renner* S. 60 (der, obwohl auf dem Boden der wohl herrschenden Meinung stehend, die Gegenseitigkeit gar zur Begründung des „rechtlichen Gehalts“ der Übung heranzieht; S. 64); ähnlich *Sibert* S. 32; für *Gareis* S. 34 wirkt die Gegenseitigkeit im „ius necessarium“ „direkt rechtsschöpferisch“.

[18] *Gihl*, Legislation S. 31 ff., 42 und öfter; *Lauterpacht*, BYIL 1950 S. 406, und BYIL 1951 S. 228; *Scelle*, RC 1933 IV S. 433, und Recueil Gény III S. 421 f.

[19] *Gihl*, Character S. 85.

C. Versuch einer Definition des Völkergewohnheitsrechts

I. Bedeutung des Estoppel

In Übereinstimmung mit einer Lehre, die sich vor allem in Hinblick auf die Wirkungen des Protestes entwickelt hat, muß über solche nur theoretischen Auseinandersetzungen hinausgegangen werden. Die Ergebnisse unserer Untersuchung treffen sich mit einer Definition des Völkergewohnheitsrechts als „process of continuous interaction, of continuous demand and response“[1], als Wechsel von Aktionen und Reaktionen[2], die bei den jeweils anderen Staaten Erwartungen auf ein gleichförmiges Verhalten hervorrufen[3] und die Pflicht voraussetzen, diese Erwartungen nicht zu enttäuschen[4]. Was hierbei in Andeutungen anklingt, wird gerade in der Lehre vom Verschweigen ausführlich dargelegt — die Begründung solcher Konzeptionen im Estoppel-Satz. Wird dort die Wirksamkeit der „acquiescence“ auf diesen Satz zurückgeführt, muß man sie als eine mögliche Reaktionsweise im Rechtsbildungsprozeß verstehen, dann wird das Verbot widersprüchlichen Verhaltens zur normativen Grundlage dieses Vorganges und damit scheinbar des Völkergewohnheitsrechts selbst. Es knüpft nicht nur an ein Unterlassen an, um

---

[1] *McDougal*, AJIL 1955 S. 357 (s. dort auch Einzelheiten); insoweit zust. *MacGibbon*, BYIL 1957 S. 116 ff.

[2] Vgl. schon *Basdevant* S. 512; *Redslob*, Principes S. 10, und Traité S. 66 (der damit aber das Völkergewohnheitsrecht als pactum tacitum erklärt); *Soerensen*, Sources S. 101; ferner: *Bastid* S. 378; *Christol* S. 148; *Katzenbach* S. 1109; *Raman* S. 171; *Tammes*, Publiekrecht S. 9; *Wolfke*, Custom S. 65, 66 f.

Mit dieser Begründung glaubt *Cohen-Jonathan* S. 131, im Fischerei-Fall, ICJ Reports 1951 S. 116 ff., habe sich zwischen Norwegen und Großbritannien bilaterales Gewohnheitsrecht entwickelt.

[3] *Bentz* S. 50; *Christol* S. 148; *Kaplan-Katzenbach* S. 252 f.; *Lissitzyn*, International Law S. 35 f. (der hierin jedoch lediglich eine Form der Vertragstheorie erblickt); *McDougal*, AJIL 1955 S. 358 und Anm. 7; *McDougal-Lasswell-Vlasic* S. 116 f. und öfter (zu den Eigentümlichkeiten und Grundlagen dieser Lehre s. zusammenfassend *Casper* S. 133 ff., besonders S. 165 ff.); *Nanda* S. 199; *Pfluger* S. 332 (ohne aber auf die opinio verzichten zu können); *Raman* S. 170, 175; *Roxburgh* S. 79 f.; *Schwarzenberger*, RC 1955 I S. 290 (s. auch S. 324); *Starke*, Introduction S. 37; *Williams*, Aspects S. 45 f.; vgl. auch *Rousseau*, Principes S. 826; *Saulle* S. 28 f.; *Sontag* S. 48, 59.

Auch *Barberis*, Riv. 1967 S. 576, nähert sich dieser Konstruktion, wenn er die Völkergewohnheitsrechtsnormen durch die fortgesetzte Beantwortung eines bestimmten Verhaltens mit einer Sanktion entstehen läßt, obgleich er das „Bewußtsein“ dieser Sanktion wieder als psychische Tatsache beschreibt, die den vorgenommenen Handlungen erst einen Sinn verleiht. Im Grunde aber handelt es sich auch hier darum, daß ein Staat sein Tun so lange als gegenüber anderen rechtmäßig betrachten darf, als die Betroffenen nicht — etwa im Wege der Sanktion — ihre Mißbilligung kundgeben. Die Unterlassung solcher Stellungnahmen ist unter den allgemeinen qualifizierenden Voraussetzungen des Schweigens als Zustimmung auszulegen, so daß insofern die Sanktion nur eine mögliche, rechtschaffende Reaktion darstellt.

[4] So ausdrücklich *Kaplan-Katzenbach* S. 252; vgl. weiter *Redslob*, RDILC 1933 S. 495.

daraus ein bewußtes Schweigen zu formen, sondern gilt ebenso für ein aktives Tätigwerden; kein Verhaltenstypus ist an sich ungeeignet, den Staat zur Kontinuität zu verpflichten, sofern nur jene hier allgemein nicht zu erörternden Voraussetzungen vorliegen, die nach objektiver Würdigung geeignet sind, andere Staaten zum Vertrauen auf diese Kontinuität zu veranlassen. Damit werden die oben getroffenen Ausführungen ergänzt[5], neben den Verträgen selbst und ihrer bloßen Erfüllung sei ein Kriterium notwendig, um einer neuen Rechtsentwicklung Raum zu geben und Handlungen nicht auf den Vertrag gründen zu lassen. Denn damit andere auf gleichförmige Verhaltensweisen rechnen können, darf ein Handeln — ob Tun, Dulden oder Unterlassen — nicht auf erkennbar zeitgebundenen Motiven ruhen, die wie das Ziel der Vertragserfüllung ein Ende dieses Handelns absehbar machen. Wie ein solches Gebaren nicht geeignet ist, Proteste hervorzurufen, so kann es auch andererseits nicht Anlaß und Objekt eines Verschweigens sein[6].

Damit scheint das Verbot des Selbstwiderspruchs in all der Kasuistik, die sich darum entwickelt hat, normative Grundlage des Völkergewohnheitsrechts zu werden, indessen nicht in dem abzulehnenden Sinne, daß jetzt eine Norm des Gewohnheitsrechts selbst dessen und also seine eigene Grundlage wäre. Es ist vielmehr eben diese Norm, die sich bei den überprüften Rechtserzeugungsprozessen als deren notwendige Voraussetzung ergab und sich auch in der Praxis vor allem der Gerichte als allgemein anerkannt erwies, als den Normen des Völkergewohnheitsrechts selbst übergeordnet zu denken, übergeordnet auch einer vielleicht inhaltsgleichen Norm des Völkergewohnheitsrechts selbst, die als Verbot des Selbstwiderspruchs durch dieses höherrangige Verbot formal konstituiert wäre. Diese Notwendigkeit formaler Trennung inhaltlich scheinbar identischer Normen ist in der Methode selbst angelegt: Leitet man eine Regel (hier des Entstehens von Gewohnheitsrecht) aus historischen Vorgängen ab, dann läßt sie sich von dem Normgewinnungsvorgang her auch dem Gewohnheitsrecht selbst zuordnen. Nur durch die Prämisse der Normqualität der Ergebnisse solcher Vorgänge kann ein Inhalt formuliert werden, der diese Norm über die demnach von ihr erzeugten setzt — vorläufig in dem Sinne, daß Sätze des Gewohnheitsrechts dann entstehen, wenn Staaten sich so verhalten, daß andere darauf vertrauen dürfen, sie würden auch in Zukunft davon nicht abweichen.

Doch die Annahme eines solchen Satzes als Grundlage des Völkergewohnheitsrechts bringt einen Nachteil mit sich: Da nur die Rechtsfolge, nicht der Tatbestand von dem des gewohnheitsrechtlichen Estoppel-Prinzips abweicht, könnte eine Vermengung der Entstehung von

---

[5] Siehe o. S. 116 ff.

[6] Vgl. die französische Stellungnahme im Fall der Minquiers und Ecrehos, ICJ Pleadings II S. 264.

Völkergewohnheitsrechtsnormen mit der einzelner Berechtigungen auf Grund gewohnheitsrechtlicher Normen, etwa durch Estoppel, Verjährung oder „historic titles“, zu befürchten sein[7], so daß die theoretische Scheidung von Gewohnheitsrechts- und Gewohnheitsrechtskonstitutionsnorm praktisch aufgehoben würde, — wenn man es nicht bereits als Zeichen von Gedankenarmut sehen möchte, zur Konstitutionsnorm der Völkergewohnheitsrechtsnormen gerade einen Rechtssatz zu wählen, der, selbst ein Satz des Völkergewohnheitsrechts, eine Bindungswirkung schon innerhalb des positiven Rechts begründet. Dieser zweite Einwand freilich trifft nicht. Abstrakt konzipierbar sind zwar auch beliebige andere Verfahren, sofern man ihnen nur eine pflichtbegründende Wirkung zuschreibt und diese mit einer vorausgesetzten Norm begründet, doch machen die Überlegungen zum Einfluß von Vertrag, Protest und Unterlassen die Beschränkung gerade auf das Estoppel-Prinzip zur Pflicht. Jener erste Einwand dagegen leuchtet eher ein. Mögen auch — so eine allgemeine Feststellung — die Unterschiede zwischen Rechtssatz und subjektiver Berechtigung zumindest im Völkerrecht nur relativ sein[8] — zugrundegelegt werden sie überall. Hebt man beides gegeneinander ab, dann wird deutlich, daß Lehre und Praxis zwar die Einwirkung von Protest und Verschweigen auf subjektive Rechtspositionen begründet, damit aber nur die weite Anwendbarkeit des Estoppel-Satzes hervorgehoben und ihr Ziel, die Entstehung von Völkergewohnheitsrechtsnormen zu schildern, verfehlt hat[9]. Für sie gibt es danach nur zwei Möglichkeiten: die auf Treu und Glauben beruhenden Rechtsbeziehungen zugleich zum Inhalt von Normen eines bi- oder multilateralen

---

[7] S. etwa *Schwarzenberger*, Manual S. 29: „The rules governing good faith ... create situations distinguishable only in degree and scope from those of actual rules of international law.“ Hiergegen Norwegen, ICJ Pleadings, Fisheries Case III S. 453, 462, 481; IV S. 308—310 (vgl. hierzu die widersprechende Stellungnahme Großbritanniens, ebenda IV S. 122 ff.). Allgemein s.: *Biscottini* S. 74 ff.; *Fitzmaurice*, BYIL 1950 S. 39, und BYIL 1953 S. 31 Anm. 3, S. 68; *Johnson*, BYIL 1950 S. 347; *Lauterpacht*, BYIL 1950 S. 393, 396; *MacGibbon*, BYIL 1954 S. 143 f., 150, 182 f., und BYIL 1957 S. 119; *Mateesco* S. 259; *Pinto* S. 410 f., 420 f., 428 ff.; *Schwarzenberger*, International Law S. 30 f.; *Sperduti*, Riv. 1961 S. 10; *de Visscher*, Problèmes S. 178 f.

[8] *Kelsen*, Souveränität S. 261; *Kaufmann*, Wesen S. 169 f.; *Pfluger* S. 24 Anm. 64, S. 333 f.; vgl. auch *Meleń* S. 83, *Vitta* S. 18 f., und die Methode *MacGibbons*, BYIL 1957 S. 124, aus den vorausgesetzten Gemeinsamkeiten der Entstehung von Gewohnheitsrecht und „prescriptive rights“ erst die Bedeutung von Protest und „acquiescence“ im Gewohnheitsrecht zu erschließen; hiergegen *Shihata* S. 73.

[9] Es trägt nichts zur Lehre vom Völkergewohnheitsrecht bei, wenn seine Normen auf die Zustimmung der Staaten zurückgeführt werden (vgl. z. B. den Schiedsspruch im Tinoco-Fall, Großbritannien ./. Costa Rica, 18. 10. 1923, RIAA I S. 369 ff., 381), an die sie schon durch das Verbot des Selbstwiderspruchs gebunden sind. Eine solche Konstruktion würde dazu führen, eine Alternative von ausdrücklicher Zustimmung und Ablehnung aufzustellen, die es in dieser Form nicht gibt und die problemlos wäre.

Völkergewohnheitsrechts[10] zu erklären[11] oder auf dieses gänzlich zu verzichten, es als überflüssigen Normenkomplex aus dem Bestand der Völkerrechtsnormen zu entfernen und die Rechtsbeziehungen der Staaten nur aus dem Estoppel-Satz zu erklären, der dann als einzige Völkerrechtsnorm noch einer im übrigen aber unnötig gemachten Begründung durch ein nur zu diesem Zweck erforderliches Gewohnheitsrecht bedürfte. Wie man sich auch entscheiden mag — eine Verdoppelung und die beliebige Austauschbarkeit der rechtlichen Grundlagen von Pflichten und Berechtigungen erweist sich in jedem Fall als sinnlos[12].

Doch wird man Lehre und Praxis vor ihren eigenen Konsequenzen in Schutz nehmen müssen.

Gehen wir, um dies an einem Beispiel zu entwickeln, mit der ganz allgemeinen Ansicht davon aus, daß es Normen des Völkergewohnheitsrechts gibt und das Verbot des Selbstwiderspruchs dazugehört, und versuchen wir, die Behauptungen von der Existenz des Estoppel-Satzes und von Gewohnheitsrechtsnormen miteinander in Einklang zu bringen, dann spitzt sich das Problem zu auf die Frage nach der Entstehung dieses positiv-rechtlichen Verbotes aus einer scheinbar gleichlautenden höheren Norm und nach der auch praktischen Möglichkeit der Unterscheidung beider Normen. Sind beide Fälle in ihren Tatbeständen identisch, dann kann ein Unterscheidungsmerkmal — das bestehen muß, wenn die Trennung sinnvoll sein soll — nicht bei ihnen, sondern muß in der Rechtsfolge zu finden sein, die nach der Norm des Gewohnheitsrechts diejenigen bindet, die das Vertrauen schaffen, und diejenigen, die darauf

[10] Erstaunlich ist denn auch die Ambivalenz von Formulierungen, die für das Gewohnheitsrecht geprägt sind und doch die Estoppel-Beziehungen genau erfassen; vgl. die Entscheidung des U. S. Supreme Court im Fall The Schooner Exchange v. MacFaddon (1812) 7 Cranch 116 (bei Green S. 194 f.): „A nation would justly be considered as violating its faith ... which should ... exercise its territorial powers in a manner not consonant to the usages and received obligations of the civilized world"; ICJ Reports 1950 S. 276 („... cet usage traduit un droit ... et un devoir ..."); ICJ Reports 1960 S. 39 („... long continued practice ... should ... form the basis of mutual rights and obligations ...") — Feststellungen, die der IGH auch hätte treffen können, wenn er nach dem Estoppel-Prinzip entschieden hätte. Vgl. auch *Morelli*, Nozioni S. 31.

[11] Der Sinn dieses Vorgehens bliebe allerdings zweifelhaft, denn weder unter den Beteiligten noch gegenüber Dritten unterscheiden sich Rechte und Pflichten aus dem Estoppel und aus Gewohnheitsrecht; für das lokale Völkergewohnheitsrecht vgl. *Cohen-Jonathan* S. 133.

[12] Für *Leibholz*, dem wir uns insofern nähern, als er das Gewohnheitsrecht als Ausformung des Willkürverbotes, also eines dem unseren verwandten Prinzips, begreift, bleibt die Notwendigkeit einer Entscheidung verborgen, das Verhältnis von Individualrecht und Norm wird ihm nicht zum Problem. Wichtig ist bei ihm „das Grundsätzliche dieser theoretischen Feststellung (sc.: vom Entstehungsverfahren des Gewohnheitsrechts) nur dafür, daß es in der Praxis den oft mühsamen Nachweis eines Gewohnheitsrechts entbehrlich macht" (S. 124).

vertrauen durften, berechtigt. Bei der Findung und Anwendung von Normen des Gewohnheitsrechts zeigen nun Theorie und Praxis einen wesentlichen Unterschied: Während zum Nachweis individueller Rechte und Pflichten die Erfüllung des Tatbestandes einer Norm gründlich erörtert wird, fehlt diese Sorgfalt, wenn die Bindung der Parteien an die Norm in Frage steht. Im Gegenteil ist die Rechtsanwendung weit davon entfernt, die regelbildenden und die gebundenen Staaten als notwendig identisch anzunehmen[13]. Sind danach Differenzen möglich, dann werden auch diejenigen zu Normadressaten, die die Regeln nicht geschaffen haben, und dies selbst dann, wenn sie dazu gar nicht fähig waren. Diese Wirkung auch gegenüber Dritten kann aber nur Folge einer Rechtsnorm sein, die die Relativität der Tatbestände des subjektiven und des objektiven Rechts aufhebt und ihre praktisch-begriffliche Scheidung gestattet. Sind nun die einzelnen Estoppel-Beziehungen solche auf Grund des Völkergewohnheitsrechts, während eben dieses Verbot des Selbstwiderspruchs nicht auch diejenigen bindet, die seinen Tatbestand nicht erfüllt haben, dann bleibt zur Erklärung auch ihrer Bindung nur der Rückgriff auf die Konstitutionsnorm des Völkergewohnheitsrechts, die das Verhalten, zu dem die Staaten (regelmäßig in ihrer Mehrzahl) jeweils anderen kraft des Estoppels verpflichtet sind, zum Tatbestand einer Norm des Gewohnheitsrechts macht, indem sie auch die Staaten, die an diesen Beziehungen nicht beteiligt waren, zu einem gleichen Verhalten verpflichtet. Trennt man die regelmäßig, aber nicht notwendig bilateralen Estoppel-Verhältnisse auf diese Weise von den Normen des Gewohnheitsrechts, dann erhalten die terminologischen Üblichkeiten der Unterscheidung beider wieder ihren Sinn, insbesondere stimmt das Ergebnis mit der allgemeinen Rechtsanwendungspraxis überein, läßt sie sogar als berechtigt erscheinen. Zugleich wirkt diese Differenz in den Rechtsfolgen auf die Tatbestände zurück, hebt ihre oben behauptete Identität auf und macht mit den Tatbeständen auch die Normen unterscheidbar.

II. Auswirkungen auf Einzelprobleme

Wir gelangen damit zu einer allerdings wenig orthodoxen Bestimmung der Konstitutionsnorm des Völkergewohnheitsrechts, die an die Entstehung in der Regel mehrerer, nach Parteien verschiedener, aber inhaltlich übereinstimmender Rechte oder Pflichten[14] auf Grund des

---

[13] Vgl. *Barberis*, NTIR 1967 S. 377 ff.; *Morelli*, Nozioni S. 30; *Verdross*, Völkerrecht S. 140; s. auch o. S. 21 Anm. 34, S. 25 Anm. 21, S. 32 Anm. 52, S. 105 Anm. 102.

[14] Der Versuch *MacGibbons*, BYIL 1957 S. 116 ff., 144, bei der Entstehung von Gewohnheitsrechtsnormen und der Verteilung der opinio iuris nach Rechten und Pflichten zu unterscheiden, erscheint jedenfalls bei unserer Konstruktion als nicht möglich.

Vertrauensschutzes[15] anknüpft und diese unter der weiteren Voraussetzung ihrer allgemeinen Verbreitung gebildete, zunächst noch außerrechtliche Regel dann auch gegenüber denjenigen Staaten verpflichtend oder berechtigend sein läßt, die an den Estoppel-Beziehungen und damit an der Schaffung der Regel selbst nicht beteiligt waren.

Die Konstitutionsnorm enthält damit, aber nur als Teil ihres Tatbestandes, das Estoppel-Prinzip so, wie es auch als Norm des Gewohnheitsrechts besteht, vermehrt um ein Kriterium, nach dem sich die Umformung einer verbreiteten Regel in eine allgemeine Rechtsnorm und damit die notwendige Ausdehnung des Kreises der Normadressaten[16] bestimmt. Voraus geht dem also die Erkenntnis einer Regel aus der Häufung individueller, verpflichtender Verhaltensweisen im Wege der Abstraktion aus diesem Material. Und es sind eben diese Verhaltensweisen, bei deren Herausarbeitung Vertrag, Protest und Unterlassen ihre Bedeutung auf Grund des Estoppel-Prinzips besitzen und dadurch — mittel-

[15] Nur in diesem Sinne läßt sich das gegenseitige Vertrauen als Grundlage der internationalen Rechtsbeziehungen bezeichnen, wie es eine verbreitete Meinung will: *de Visscher* (Honduras), ICJ Pleadings, Case concerning the Arbitral Award made by the King of Spain ... II S. 39 f.; *Constantopoulos* S. 35; *Geffcken* S. 37; *v. d. Heydte*, Völkerrecht S. 29, und 11 ÖZöR S. 365, 368 f.; *Hold-Ferneck* I S. 200 f.; *de Louter* S. 470 f.; *Pfluger* S. 24; *Radnitzky* S. 699 ff.; *Venturini* S. 403; *Verdross*, Völkerrecht S. 131; RC 1929 V S. 427; WVR I S. 224; Festschrift Laun S. 29; vgl. auch *Leibholz* S. 122 f., nach dessen Ansicht „die völkerrechtlichen Gewohnheitsrechtssätze ... bei Lichte besehen vielfach ihre normative Kraft primär nicht aus der faktischen Übung, sondern dem Willkürsatze" herleiten; anders *Sereni*, Diritto I S. 117.

[16] In der Regel wird dieser Kreis alle Staaten umfassen, kann aber auch im Fall partikulären Gewohnheitsrechts —

seine Möglichkeit wird anerkannt z. B. von: *Basdevant* S. 486 f.; *Berber*, Lehrbuch I S. 52 ff.; *Bourquin* S. 63; *Cavaglieri*, RC 1929 I S. 335; *Dahm* I S. 32; *Guggenheim*, Traité I S. 50; *Rousseau*, RC 1958 I S. 480; *Scheuner*, RC 1939 II S. 168 f.; *Wengler*, Völkerrecht S. 178; vgl. allgemein *Fitzmaurice*, RC 1957 II S. 106 ff. —

auf eine nach objektiven Kriterien bestimmbare Anzahl von Staaten beschränkt sein. Zu trennen ist von diesem partikulären das sogenannte lokale Völkergewohnheitsrecht (zur Terminologie s. *Cohen-Jonathan* S. 120), das zwar weitgehende Anerkennung findet, —

ICJ Reports 1950 S. 276 ff.; 1960 S. 39; Portugal, ICJ Pleadings, Case concerning Right of Passage ... II S. 557, und *Telles* (Portugal), ebenda IV S. 432; *Cohen-Jonathan*, passim; *Duisberg*, Völkergewohnheitsrecht S. 73 ff.; *Giraud*, RC 1963 III S. 637; *Morelli*, Nozioni S. 31, und RC 1956 I S. 458; *Soerensen*, Sources S. 104, und RC 1960 III S. 42 f.;

anders — im Sinne vertraglicher Konstruktion —: Indien, ICJ Reports 1960 S. 21 ff., 23; ICJ Pleadings, Case concerning Right of Passage ... II S. 139; III S. 283 f.; *Guggenheim* (Indien), ebenda IV S. 705 f.; *Ballereau* S. 143 ff.; *Cot*, AFDI 1960 S. 334; *Gianni* S. 123; *Guggenheim*, 11 ÖZöR S. 327 ff.; *Haemmerlé* S. 170 f.; ähnlich konstruiert auch *Strupp*, RC 1934 I S. 303 f., 306, als Vertreter der Vertragsnatur des Völkergewohnheitsrechts die Möglichkeit zweiseitigen Gewohnheitsrechts; vgl. weiter *Fitzmaurice*, BYIL 1953 S. 69 —

aber doch nichts anderes ist als eine auf dem Estoppel-Prinzip ruhende zwischenstaatliche Rechtsbeziehung, die als Gewohnheitsrecht zu bezeichnen möglich, aber wenig sinnvoll ist.

bar — zur Entstehung von Gewohnheitsrechtssätzen beitragen. Ihre unmittelbare Wirkung erreichen sie bei der Begründung jener individuellen Vertrauenstatbestände[17], während die Behauptung ihres unmittelbaren Einflusses auf die Gewohnheitsrechtsentstehung Normen und Rechte erneut vermischt und die allgemeine Praxis der Gewohnheitsrechtsfindung ohne ausdrückliche Berücksichtigung der Streitparteien und jedes einzelnen Staates nur als illegitime Kapitulation vor den Unmöglichkeiten theoretischer Postulate begreifen kann. Um diese Konsequenzen zu vermeiden, um dem Begriff des völkerrechtlichen Gewohnheitsrechts seinen Sinn zu belassen, von seiner Anwendung nicht mehr zu fordern als sie leisten kann, und um sie nicht mit bloßen Fiktionen als erlaubt aufrechtzuerhalten, scheint uns die geschilderte Auffassung möglich und notwendig.

Sie läßt dem Staatswillen Raum, indem sie ihn dann als gebunden behandelt, wenn er erkennbar gebunden sein will, ohne daß er sich auf Willensänderungen berufen könnte[18]. Indes wird sie dadurch nicht zu einer neuen Fassung der Selbstverpflichtungslehre[19], die lediglich durch die Konstruktion einer höheren Norm die Bindung des Staates an seinen Willen zu begründen versucht; denn wesentlich ist ihr nicht mehr der bloße subjektive Wille, sondern der Staatswille nach dem Maß seiner Objektivierung: Der Staat ist nicht gebunden, weil er will, sondern weil andere glauben durften, daß er wolle — also auch dann, wenn er tatsächlich nicht wollte. Dieser objektivierte Wille behält seine schöpferische Funktion bei der Bestimmung des Inhalts von Recht und Pflicht, als Korrelat des Sollens wie als formelle Grundlage jeder Rechtsnorm hingegen wird er abgelehnt.

Damit sind streng voluntaristische Grundlagen bewußt aufgegeben. Bedeutung hat nur noch der Wille, wie er nach dem Verhalten des Staates unter den konkreten Umständen beschaffen sein könnte, der Verpflichtungsgrund verschiebt sich von der Willenserklärung auf die Haftung für einen Rechtsschein[20]. Geraten dennoch voluntaristische Elemente ins Bild, dann wegen des unübersehbaren Strebens der Staaten,

---

[17] Doch behält der Protest auch Wirkung auf die Entstehung von Gewohnheitsrecht; denn wenn ein Staat gegen eine Inanspruchnahme von Kompetenzen zu seinem Nachteil effektiven Protest erhebt, dann kann sich jedenfalls zu seinen Lasten eine entsprechende universelle Norm nicht bilden. Es wäre jedoch irrig, schon das Fehlen von Protesten als Zustimmung und damit das Völkergewohnheitsrecht als Produkt allein staatlichen Willens zu nehmen; s. auch *Kaplan-Katzenbach* S. 254; anders *Cot*, AFDI 1960 S. 334.

[18] Zu dem gemäßigten Voluntarismus, wie er auch hier vertreten wird, vgl. *Constantopoulos* S. 137; *MacGibbon*, BYIL 1957 S. 138; *Raestad*, Philosophie S. 105; *Suy* S. 249, 258 f.

[19] Der Gefahr solcher Interpretation setzt sich als Vertreter der h. M. *Fitzmaurice* aus, s. BYIL 1953 S. 68 f. und RC 1957 II S. 97 f.; s. auch *Parry*, 44 GS S. 165 f.

[20] Vgl. *Barale* S. 416, 424 ff.

Herr über ihre Verpflichtungen zu bleiben, das sich auch in den zugrundegelegten Schemata, insbesondere in der Wirksamkeit des Protestes, widerspiegeln mußte, bestärkt noch durch die unwiderlegliche Vermutung von der Unmöglichkeit eines Rechtsirrtums, die die Vorstellung wahrt, der Staat habe die von ihm nicht verhinderten Rechtsfolgen auch gewollt. Andererseits wird eine erneute Besinnung auf die Eigentümlichkeiten des Vertrages im Unterschied zum Gewohnheitsrecht gefordert, denn als vertraglich entstanden läßt es sich bei dieser Auffassung nicht denken, die nach dem tatsächlichen Staatswillen nicht fragt[21].

Die Konstruktion erlaubt es, zur Antwort auf die Frage nach der Existenz von Gewohnheitsrechtsnormen beweisbare Kriterien heranzuziehen, entäußert damit den Vorgang der Rechtsentstehung, macht ihn erkennbar und der Nachprüfung zugänglich. Bei der Entscheidung über die Berechtigung eines Vertrauens lassen sich alle Besonderheiten der jeweiligen internationalen Beziehungen berücksichtigen[22], etwa — ohne sie aufzählen zu wollen — Intensität und Art der erhobenen Ansprüche[23], Charakter und Heftigkeit von Reaktionen, die politische Lage der Beteiligten[24], die Eindeutigkeit von Erklärungen, das allgemeine politische Klima[25], die Dauer von Aktion und Reaktion. Ihre Heranziehung und Interpretation hat nicht mehr nur Indizien für eine Tatsache zu liefern, die sich, wie die Rechtsüberzeugung, nie beweisen läßt, und von deren Vorhandensein ein Gericht nicht einmal grundsätzlich und abstrakt Kenntnis haben kann.

In diesem Rahmen findet auch das Problem der Courtoisie eine Lösung. Bei unserer Auffassung kann die Besonderheit dieser unzweifelhaft existenten Regeln, die befolgt werden, ohne verbindlich zu sein[26], die auch nicht als Gewohnheitsrechtsnormen in statu nascendi angesprochen werden können, sondern ihre eigenständige Bedeutung als Ordnungsfaktoren neben den Rechtsregeln besitzen[27], nicht wie nach der Mehrheitsmeinung im Fehlen des Verbindlichkeitsbewußtseins gründen, wenngleich dieses, hält man es überhaupt für möglich, hier nach der

---

[21] Zum stillschweigenden Vertrag s. insbesondere *Decleva*, zu seinem Verhältnis zum internationalen Gewohnheitsrecht dort S. 152 ff.

[22] s. *de Visscher* (Honduras), ICJ Pleadings, Case concerning the Arbitral Award made by the King of Spain ... II S. 37.

[23] s. *Harrison* und *Fitzmaurice* (Großbritannien), ICJ Pleadings, The Minquiers and Ecrehos Case II S. 337, 367.

[24] s. *Hold-Ferneck* II S. 9.

[25] s. ICJ Reports 1950 S. 277 und *v. d. Heydte*, 11 ÖZöR S. 370 f., für die Beziehungen im Kalten Krieg.

[26] Vgl. statt aller *Dimitch* S. 11 und Art. 17 des Entwurfs des American Institute of International Law, Project No. 4: Fundamental Bases of International Law; in: 20 AJIL 1926, Suppl. (Special Number) S. 304.

[27] *Blomeyer* S. 302; *Cavaglieri*, Consuetudine S. 59; *Dimitch* S. 6, 31, 63, 90 f.; *Freudenthal* S. 200; *Walz*, Wesen S. 234, 236.

Irrtumslehre in der Tat fehlen muß. Diese Abwesenheit kann keinen praktischen Anhaltspunkt geben: Ist schon die Existenz solchen Bewußtseins nicht beweisbar, dann gilt dies auch für sein Fehlen. Als Indiz ist die Staatenpraxis ungeeignet, weil jeder Rechtsbruch auch ein Fehlen des Bewußtseins anzeigen kann; und schließlich entsteht Gewohnheitsrecht sogar trotz des Glaubens an das Fehlen einer Verpflichtung.

Die Bedeutung der Courtoisie kann für den Juristen nur darin liegen, daß sie die Voraussetzungen des Rechts nicht erfüllt, mit dem er sich ausschließlich zu beschäftigen hat. Dies gilt auch für die wohl herrschende Lehre; ihr Hinweis, mit der opinio iuris den Unterschied des Gewohnheitsrechts gerade zur Courtoisie gefunden zu haben, ist juristisch unwesentlich und besagt nicht mehr als die Selbstverständlichkeit, die Theorie sei in der Lage, anhand ihrer Kriterien Rechtsnormen und andere soziale Verhaltensregeln voneinander zu trennen. Dementsprechend kann auch nach der hier vertretenen Ansicht diese Unterscheidung nur durch den Hinweis getroffen werden, daß die Courtoisie den Tatbestand der Konstitutionsnorm des Völkergewohnheitsrechts, genauer: den Tatbestand des darin enthaltenen Estoppels, nicht erfüllt.

Als ein vielleicht relevantes unter der Vielzahl der Kriterien, die ein Estoppel entstehen lassen, mag die Bedeutsamkeit[28] eines Verhaltens benannt werden[29], das Interesse, das die Staaten bei objektiver Würdigung der gesamten Sachlage seiner Fortsetzung entgegenbringen und das sie daher mit anderem zum Vertrauen auf die Gleichförmigkeit veranlassen kann[30]. Zu unterscheiden ist diese Erheblichkeit von jenem Grad der Bedeutung, der einen Bindungswillen gleichsam auf der anderen Seite der Skala als ausgeschlossen erscheinen läßt, etwa dann, wenn

---

[28] Vgl. auch die Betonung der „reasonableness" als Kriterium des Rechts o. S. 51 Anm. 18.

[29] So auch *Dimitch* S. 31; *Quadri*, RC 1964 III S. 328 f. und Anm. 14; *Suy* S. 264 f., 267.

[30] Ähnliche Gedanken finden sich bei *Kaplan-Katzenbach* S. 252; *Meriggi* S. 523 f.; *Perrin* S. 213; auf den Inhalt der Norm stellt es auch *Kopelmanas* ab (BYIL 1937 S. 151); vgl. aber auch *Ago*, Scienza S. 73, und RC 1956 II S. 928; *Barberis*, Riv. 1967 S. 580 f.; *Kosters*, Fondements S. 244 f.; *Raestad*, Philosophie S. 70; *Stoerk* S. 150.

Wenn *Verdross*, JAIL 1963 S. 4, demgegenüber auf die Relativität dieses Kriteriums und auf die Wandlungen in der Konzeption etwa des Seezeremoniells hinweist und die objektive Wichtigkeit durch die Überzeugung der Staaten von der Notwendigkeit der Regeln ersetzen will (so auch ders., Völkerrecht S. 30) und als bloßes Motiv für die Bildung einer opinio behandelt, dann hält er doch jedenfalls zugleich an dem vorgeschlagenen Kriterium fest. Doch verläßt auch hier die Angabe einer bestimmten Bewußtseinslage der Staaten den Bereich des Nachvollziehbaren.

Unser Ergebnis wird unterstrichen durch die Ausführungen von *Nys* S. 201 ff. über die Geschichte des Seezeremoniells und durch die Beispiele für Regeln der Courtoisie bei *Dahm* I S. 33 Anm. 21, *Heilborn*, Grundbegriffe S. 103, und auch bei *Verdross* selbst in seiner Besprechung des Lehrbuchs von *Guggenheim*, 1 ÖZöR S. 322.

erkennbar die Absicht vorherrschen sollte, in Fragen von lebenswichtigem Interesse nicht gebunden sein zu wollen und allein zu entscheiden. Insofern kann also die Wesentlichkeit einer Handlungsweise die Gewohnheitsrechtsbildung nach beiden Seiten hin einschränken.

Auch vermag unser Vorschlag eine Erklärung für den häufig betonten, weiten Ermessensspielraum des internationalen Richters bei der Findung völkerrechtlicher Normen zu geben wie für die anerkannte Freiheit der Staaten, ein fremdes Verhalten als geboten und für sich selbst ebenfalls verbindlich zu erklären[31]. Für diese Staaten geht es hier, solange die Norm nicht entstanden ist, nicht um die Anwendung eines schon geltenden Rechtssatzes — die jede freie Entscheidung zu seinen Gunsten oder seinem Nachteil verbieten würde —, sondern um die rechtlich freigestellte Ausnutzung fremden Verhaltens für eigene Zwecke.

Schließlich läßt sich auch die Möglichkeit der Entstehung von Gewohnheitsrechtsnormen im Widerspruch zu bestehenden Sätzen oder ihnen gemäß deuten. Während ein Rechtsbewußtsein, wenn es richtig sein soll, nur schon geltendes Recht bestätigen kann, ist bei uns der Zustand des jeweils geltenden Rechts kein Hindernis für neue Entwicklungen, sofern nur ein Verhalten nicht lediglich als Erfüllung einer Rechtspflicht angesehen, ein Estoppel und damit im Verein mit weiteren Handlungen eine Norm folglich nicht begründet werden kann.

D. Schlußbetrachtung

Bei dieser zusammenfassenden Darstellung sind wir uns ihres abkürzenden, mitunter schematischen Charakters deutlich bewußt. Es kann indes nicht Aufgabe einer Untersuchung sein, die sich um neue Grundlagen für eine alte Lehre bemüht, das darauf erst zu errichtende Gebäude in seinen Einzelheiten vorzuzeichnen. Solche Ausarbeitung wird einer schon heute in reichem Maße vorliegenden Kasuistik insbesondere zu den möglichen Voraussetzungen einer Estoppel-Wirkung vorbehalten bleiben müssen. Zu überprüfen wäre sie insbesondere anhand der internationalen und nationalen Gerichtsentscheidungen in völkerrechtlichen Fragen, soweit diese über die formelhafte Wiederholung alter Doktrinen hinaus- und an die eigentliche Rechtsfindung und -anwendung gehen. Dann wird zu fragen sein, wie es auch hier getan wurde, ob die Gerichte in der Tat so, wie sie vorgeben, vor allem die immer noch am meisten verbreitete Zwei-Elementen-Lehre oder aber Maßstäbe heranziehen, die trotz abweichender Benennung im eigentlichen diejenigen des Estoppels sind.

[31] s. o. S. 47 Anm. 95 und weiter *Sperduti*, Fonte S. 198 ff.

In jedem Fall zeigt das Ergebnis, zeigt die Betrachtung der Doktrinen und der praktischen Rechtsanwendung, wie sehr es notwendig war und auch in Zukunft sein wird, von allen Betrachtungen zum „Wesen" des Völkergewohnheitsrechts endlich abzusehen, um jenseits theoretischer Vorurteile nur danach zu fragen, wie denn dieses Recht wirklich gefunden und angewandt wird und welche Einflüsse bei der Feststellung seiner Normen vor allem wirksam sind. Damit sollten Praxis und Theorie in eine Übereinstimmung gebracht werden, die fehlen muß, wenn die Schlüsse aus überbewerteten Indizien, deren Eignung nicht einmal abstrakt nachweisbar ist, der Arbeit am Material der Staatenpraxis vorgezogen werden.

Zugleich galt es, als wesentlichen Mangel der internationalen Rechtsschöpfung die notwendige Koinzidenz von Rechtsbildungsakten und Rechtsverstößen aufzuzeigen, wie sie in den Fällen hervortritt, in denen ein neuer Rechtssatz, der am Ende des gewohnheitsrechtlichen Normschöpfungsprozesses steht, dem alten, zwingenden Recht widerspricht. Wenn wir auch meinen, im Vertrauensschutz das bestimmende Prinzip jener Regelbildung gefunden zu haben, die der Entstehung von Gewohnheitsrecht zugrundeliegt, so ändert dies doch nichts am Fehlen eines formalisierten Rechtsschöpfungsverfahrens, dessen Abwesenheit auch die Ursache dafür ist, daß im Gewohnheitsrecht aus Unrecht Recht wird, indem die alte, die Rechtswidrigkeit des normschaffenden Verhaltens begründende Norm ihre Geltung zugunsten des neuen Satzes verliert. Allein die Formelhaftigkeit eines planmäßigen Verfahrens der Rechtsbildung könnte bewirken, daß Akte der Rechtsetzung im Verlauf ihrer inhaltlichen Ausgestaltung außerhalb des abzuändernden Normenkomplexes stehen und widersprechende Normen dann im rechtmäßigen Vollzug des Verfahrens außer Kraft setzen. Dessen Fehlen aber, die Möglichkeit einer Rechtsänderung nur durch permanente Einwirkung auf bestehende Rechtszustände im zumindest vermuteten Bewußtsein der Rechtswidrigkeit, das unumgängliche Risiko eines Vorwurfs der Rechtsverletzung, wenn außervertraglich neues Recht geschaffen wird, und die Unmöglichkeit, solche Akte des Rechtsbruchs alternativ nicht als Verstoß gegen bestehendes, sondern als Begründung neuen Rechts zu kennzeichnen — all dies zeigt, wie fremd der Vorgang der Rechtsbildung dem System des Völkergewohnheitsrechts geblieben ist[1]. Auch unsere Formel der Konstitutionsnorm kann an der Regelwidrigkeit der Entstehung neuen Rechts nichts ändern und nicht darüber hinweghelfen, daß Rechtsschöpfung und Rechtsfortbildung vom Gewohnheitsrecht im Grunde selbst dann nicht eingeplant sind, wenn sie ständig beobachtet werden können.

---

[1] Zu den praktischen Mängeln der Gewohnheitsrechtsbildung neuestens *Wright*, IJIL 1967 S. 8 f.

Schrifttumsverzeichnis

Ago, Roberto: Scienza giuridica e diritto internazionale; Milano 1950

— Le délit international; 68 RC 1939 II, S. 419—554

— Der Begriff des positiven Rechts in der Völkerrechtstheorie; 6 AVR 1956/57, S. 257—307 (auch in: 7 CS 1955, S. 33—96; Scritti di diritto internazionale in onore di Tomaso Perassi, Milano 1957, Vol. I S. 3—64; 51 AJIL 1957, S. 691—733; 3 AFDI 1957, S. 14—62)

— Science juridique et Droit international; 90 RC 1956 II, S. 849—958

Alvarez, Alexandre: La codification du droit international. Ses tendances — ses bases; Paris 1912

— Les sources du Droit des Gens; Annuaire 1934, S. 490—507

Anzilotti, Dionisio: Teoria generale della responsibilità dello stato nel diritto internazionale. Parte prima — Il problema della responsabilità di diritto internazionale; Firenze 1902

— Il diritto internazionale nei giudizi interni; Bologna 1905

— Lehrbuch des Völkerrechts Band I (Übersetzung der 3. italienischen Auflage durch Cornelia Bruns und Karl Schmid); Berlin/Leipzig 1929

Ascher, Annemarie: Wesen und Grenzen der internationalen Schiedsgerichtsbarkeit als Grundlage für das Völkerrecht der Zukunft; (Frankfurter Abhandlungen zum modernen Völkerrecht, Heft 14) Leipzig 1929

Atassy, Adnan: Les vices de consentement dans les traités internationaux à l'exclusion des traités de paix; Thèse Genève 1929

Baak, Jan Carel: Der Inhalt des modernen Völkerrechts und der Ursprung des Artikels 10 der Völkerbundssatzung; Jur. Diss. Leiden 1926; Berlin 1926

Balladore Pallieri, Giorgio: Diritto internazionale pubblico; 8. ed., Milano 1962

— La forza obbligatoria della consuetudine internazionale; 20 Riv. 1928, S. 338—374

Ballereau, Denise: La Coutume dans la Jurisprudence Internationale; Thèse Strasbourg 1941; Paris 1941

von Bar, Ludwig: Grundlage und Kodifikation des Völkerrechts; 6 ARWPh 1912/1913, S. 145—158

Barale, Jean: L'acquiescement dans la jurisprudence internationale; 11 AFDI 1965, S. 389—427

Barberis, Julio A.: L'élément matériel de la coutume internationale d'après la Cour de la Haye (1922—1966); 14 NTIR 1967, S. 367—381

— L'opinio juris comme élément constitutif de la coutume d'après la Cour de La Haye; 50 Riv. 1967, S. 563—583

Barile, Giuseppe: Interpretazione del giudice ed interpretazione di parte del diritto internazionale non scritto; Scritti di diritto internazionale in onore di Tomaso Perassi; Milano 1957; Vol. 1, S. 133—171

Basdevant, Jules: Règles générales du droit de la paix; 58 RC 1936 IV, S. 475—692

Bastid, Mme. Paul: Droit des gens. Principes généraux; Fascicule III; Université de Paris — Institut d'études politiques 1964—1965; Paris o. J.

Baumgarten, Arthur: Grundzüge der juristischen Methodenlehre; Bern 1939

— Methodologische Bemerkungen zur Lehre von den Quellen des Völkerrechts; Recueil Gény, tome 3 — Les sources des diverses branches du droit; Paris 1934; S. 317—327

Baxter, R. A.: Multilateral Treaties as Evidence of Customary International Law; 41 BYIL 1965—66, S. 275—300

Bentivoglio, Ludovico M.: La funzione interpretativa nell' ordinamento internazionale; Milano 1958

Bentz, Jacques: Le silence comme manifestation de volonté en droit international public; 67 RGDIP 1963 (3ème série — tome 34), S. 44—91

Berber, Friedrich: Die Rechtsquellen des internationalen Wassernutzungsrechts; München 1955

— Lehrbuch des Völkerrechts; Band I; München/Berlin 1960

— Völkerrecht. Dokumentensammlung; Band II — Konfliktsrecht; München/ Berlin 1967

Bergbohm, Carl: Staatsverträge und Gesetze als Quellen des Völkerrechts; Dorpat 1877

Bernhardt, Rudolf: Eigenheiten und Ziele der Rechtsvergleichung im öffentlichen Recht; 24 ZaöRV 1964, S. 431—452

Binding, Karl: Die Gründung des Norddeutschen Bundes; Zum Werden und Leben der Staaten; München/Leipzig 1920; S. 95—167

— Die „Vereinbarung". Ihr Begriff — ihre schöpferische Kraft; Zum Werden und Leben der Staaten; München/Leipzig 1920; S. 189—245

Bindschedler, Rudolf L.: Zum Problem der Grundnorm; Völkerrecht und rechtliches Weltbild. Festschrift für Alfred Verdross; Wien 1960; S. 67—76

Biscottini, Giuseppe: Osservazioni sulla teoria della protesta nel diritto internazionale; 16 JUS 1965, S. 72—84

Bishop, William W.: General Course of Public International Law, 1965; 115 RC 1965 II, S. 151—467

Bisschop, W. R.: Sources of International Law; 26 GS 1940, S. 235—247

Blomeyer, Horst: Courtoisie; WVR I, S. 301—302

Blühdorn, Rudolf: Einführung in das angewandte Völkerrecht; Wien 1934

Bobbio, Norberto: La consuetudine come fatto normativo; Padova 1942

Bock, Ingeborg: Die Entwicklung des Minenrechts von 1900 bis 1960; (Veröffentlichungen der Forschungsstelle für Völkerrecht und ausländisches öffentliches Recht der Universität Hamburg Nr. 40) Hamburg 1963

Böhme, Eckart: Über das Gewohnheitsrecht in der Rechtsprechung des Internationalen Gerichtshofes; Völkerrecht — Gewohnheitsrecht — Naturrecht; Hrsg. Herbert Krüger; Hamburg 1967 (Hamburger öffentlich-rechtliche Nebenstunden Band 1); S. 91—107

Bonfils, Henry und Paul *Fauchille*: Manuel de droit international public; 7ème éd., Paris 1914

Borchard, Edwin M.: The Theory and Sources of International Law; Recueil Gény, tome 3 — Les sources des diverses branches du droit; Paris 1934; S. 328—361

Bourquin, Maurice: Règles générales du droit de la paix; 35 RC 1931 I, S. 5—229

Bowett, D. W.: Estoppel before International Tribunals and its Relation to Acquiescence; 33 BYIL 1957, S. 176—202

Brie, Siegfried: Gewohnheitsrecht; Wörterbuch des Deutschen Staats- und Verwaltungsrechts, Hrsg. Karl Freiherr von Stengel und Max Fleischmann, 2. Aufl., Tübingen 1913; Band 2, S. 287—291

Brierly, James Leslie: The Law of Nations; 6th ed. (edited by Sir Humphrey Waldock), Oxford 1963

— Le fondement du caractère obligatoire du droit international; 23 RC 1928 III, S. 467—549

— Règles générales du droit de la paix; 58 RC 1936 IV, S. 5—242

Briggs, Herbert Whittaker: The Law of Nations. Cases, Documents, and Notes; 2nd ed., New York 1952

— The International Law Commission; Ithaka, New York, 1965

— The Colombian-Peruvian Asylum Case and Proof of Customary International Law; 45 AJIL 1951, S. 728—731

Brownlie, Ian: Principles of Public International Law; Oxford 1966

Brüel, Erik: La protestation en droit international; 3 ASJG 1932, S. 75—93

Brunner, Georg: Die Quellen des Völkerrechts; Völkerrecht in Ost und West, Hrsg. Reinhart Maurach und Boris Meissner; Stuttgart/Berlin/Köln/Mainz 1967; S. 39—70

Bruns, Viktor: Völkerrecht als Rechtsordnung; 1 ZaöRV 1929, Teil 1, S. 1—56

Bryde, Brun-Otto: Das Gewohnheitsrecht in der italienischen Theorie und Praxis; Völkerrecht — Gewohnheitsrecht — Naturrecht; Hrsg. Herbert Krüger; Hamburg 1967 (Hamburger öffentlich-rechtliche Nebenstunden Band 1); S. 199—215

Burckhardt, Walther: Die Organisation der Rechtsgemeinschaft; 2. Aufl., Zürich 1944

Burdeau, Georges: Traité de science politique. Tome 1 — Le pouvoir politique; Paris 1949

Bustamante y Sirven, Antonio Sanchez de: Droit international public; (traduction par Paul Goulé); tome 1, Paris 1934

van Bynkershoek, Cornelius: De Foro Legatorum; Leyden 1744 (Nachdruck Oxford 1946)

Calvo, Charles: Le droit international théorique et pratique; tome 1, 3ème éd., Paris 1880

Cansacchi, Giorgio: Istituzioni di diritto internazionale; 3. ed., Torino 1963

Casper, Gerhard: Juristischer Realismus und politische Theorie im amerikanischen Rechtsdenken; (Schriften zur Rechtstheorie Heft 10) Berlin 1967

Castberg, Frede: La méthodologie du droit international public; 43 RC 1933 I, S. 309—383

Cavaglieri, Arrigo: La consuetudine giuridica internazionale. Saggio critico; Padova 1907

— Corso di Diritto Internazionale; Parte generale, Napoli 1925

— Il decorso del tempo ed i suoi effetti sui rapporti giuridici internazionali; 18 Riv. 1926, S. 169—204

— Règles générales du droit de la paix; 26 RC 1929 I, S. 315—583

Cavaré, Louis: Le droit international public positif; tome 1, 2ème éd., Paris 1961

Chailley, Pierre: La nature juridique des traités internationaux selon le droit contemporain; Paris 1932

Chauveau, Maximilien Emile: Le droit des gens ou droit international public. Introduction; Paris 1891

Cheng, Bin: General Principles of Law as Applied by International Courts and Tribunals; London 1953

— The International Law Commission; 5 CLP 1952, S. 251—273

Chlala, Joseph: La théorie réaliste de la „volonté sociale“ de M. Quadri; 7 REDI 1951, S. 84—90

Chrétien, Alfred und Paul *Nachbaur*: Principes de droit international public; Paris 1893

Christol, Carl Q.: The International Law of Outer Space; (International Law Studies 1962, Naval War College, Newport, Rhode Island) Washington 1966

Clericetti, Dario: L'Affaire Ambatielos devant la commission arbitrale; (Travaux de juridiction internationale VI) Genève/Paris 1962

Cobbett, Pitt: Cases and Opinions on International Law and Various Points of English Law Connected Therewith; Part 1—Peace; 3rd ed., London 1909

Cohen-Jonathan, Gérard: La coutume locale; 7 AFDI 1961, S. 119—140

Constantopoulos, Dimitri S.: Verbindlichkeit und Konstruktion des positiven Völkerrechts; (Abhandlungen der Forschungsstelle für Völkerrecht und ausländisches öffentliches Recht der Universität Hamburg Nr. 3) Hamburg 1948

Corbett, Percy Elwood: The Consent of States and the Sources of the Law of Nations; 6 BYIL 1925, S. 20—30

Cot, Jean-Pierre: Cour internationale de Justice. Affaire du droit de passage sur territoire Indien; 6 AFDI 1960, S. 315—337

— Cour internationale de Justice. Affaire du temple de Préah Vihéar (Cambodge c. Thaïlande); 8 AFDI 1962, S. 217—247

Dahm, Georg: Völkerrecht; Band 1, 3, Stuttgart 1958, 1961

D'Amato, Anthony A.: The Inductive Approach Revisited; 6 IJIL 1966, S. 509 bis 514

— Treaties as a Source of General Rules of International Law; 3 HILCJ 1961, Nr. 2, S. 1—43

Decleva, Matteo: Gli accordi taciti internazionali; (Università degli studi di Trieste, Facoltà di giurisprudenza, Istituto di diritto internazionale e legislazione comparata, N. S. No. 1) Padova 1957

Delbez, Louis: Les principes généraux du droit international public; 3ème éd., Paris 1964

Despagnet, Frantz: Cours de droit international public; 3ème éd., Paris 1905

Dictionnaire: Dictionnaire de la terminologie du Droit international, publié sous le patronage de l'Union Académique Internationale; Paris 1960

Diena, Giulio: Principî di diritto internazionale; Parte prima — diritto internazionale pubblico; Napoli 1908

Dimitch, Velimir N.: La courtoisie internationale et le droit des gens; Paris 1930

Doehring, Karl: Die Wirkung des Zeitablaufs auf den Bestand völkerrechtlicher Regeln; Jahrbuch der Max-Planck-Gesellschaft zur Förderung der Wissenschaften e. V. 1964, S. 70—89

Doherty, Kathryn B.: Rhetoric and Reality: A Study of Contemporary Official Egyptian Attitudes Toward the International Legal Order; 62 AJIL 1968, S. 335—364

Donati, Donato: I trattati internazionali nel diritto costituzionale; Vol. I, Torino 1906

Donnedieu de Vabres, H.: L'affaire du „Lotus" et le droit pénal international; 2 Revue 1928, S. 135—165

Dorsch, Eberhard: Der gegenwärtige Stand der jugoslawischen Völkerrechtslehre; Herrenalb/Schwarzwald 1960

Drost, Heinrich: Grundlagen des Völkerrechts; München/Leipzig 1936

— Grundfragen der Lehre vom internationalen Rechtsgeschäft; Gegenwartsprobleme des internationalen Rechts und der Rechtsphilosophie. Festschrift für Rudolf Laun; Hamburg 1953; S. 213—221

Drucker, Peter: Die Rechtfertigung des Völkerrechts aus dem Staatswillen; (Völkerrechtliche Monographien Heft 8) Berlin 1932

Dubisson, Michel: La Cour Internationale de Justice; Paris 1964

Dubouis, Louis: L'erreur en droit international public; 9 AFDI 1963, S. 191 bis 227

Duguit, Léon: Traité de droit constitutionnel; tome 1, 3ème éd., Paris 1927

— La doctrine allemande de l'auto-limitation de l'Etat; RDP 1919, S. 161—190

Duisberg, Claus-Jürgen: Das Völkergewohnheitsrecht nach der Rechtsprechung der internationalen Gerichte; Jur. Diss. Bonn 1963

— Das subjektive Element im Völkergewohnheitsrecht unter besonderer Berücksichtigung der Rechtsprechung des Internationalen Gerichtshofes; 12 JIR 1965, S. 140—157

Eagleton, Clyde: International Government; revised ed., New York 1948

Eisler, Rudolf: Wörterbuch der philosophischen Begriffe; Band 3 — Sci-Z; 3. Aufl., Berlin 1910

Engelhardt, Hanns: Verzicht; WVR III, S. 587—588

Enneccerus, Ludwig und Hans Carl *Nipperdey*: Allgemeiner Teil des bürgerlichen Rechts; 1. Halbband — Allgemeine Lehren, Personen, Rechtsobjekte; 14. Aufl., Tübingen 1952

Esser, Josef: Grundsatz und Norm in der richterlichen Fortbildung des Privatrechts; Tübingen 1956

— Richterrecht, Gerichtsgebrauch und Gewohnheitsrecht; Festschrift für Fritz von Hippel, hrsg. von Josef Esser und Hans Thieme; Tübingen 1967; S. 95—130

Fachiri, Alexander P.: The Permanent Court of International Justice. Its Constitution, Procedure, and Work; London 1925

— International Law and the Property of Aliens; 10 BYIL 1929, S. 32—55

Fauchille, Paul: Traité de droit international public; tome 1, première partie, Paris 1922

Fedozzi, Prospero: Introduzione al diritto internazionale e parte generale; 2. ed., Padova 1933

Fenwick, Charles G.: International Law; 4th ed., New York 1965

— Cases on International Law; 2nd ed., Chicago 1951

— The Sources of International Law; 16 MLR 1918, S. 393—401

Ferrari Bravo, Luigi: La prova nel processo internazionale; (Pubblicazioni della facoltà giuridica dell'Università di Napoli 31) Napoli 1958

Finch, George A.: The Sources of Modern International Law; (Monograph Series of the Carnegie Endowment for International Peace. Division of International Law No. 1) Washington 1937 (auch in: 33 RC 1935 III, S. 535 bis 628)

Fitzmaurice, Gerald Gray: The Law and Procedure of the International Court of Justice: General Principles and Substantive Law; 27 BYIL 1950, S. 1—41

— The Law and Procedure of the International Court of Justice: Treaty Interpretation and Certain other Treaty Points; 28 BYIL 1951, S. 1—28

— The Law and Procedure of the International Court of Justice, 1951—4: General Principles and Sources of Law; 30 BYIL 1953, S. 1—70

— The Law and Procedure of the International Court of Justice, 1951—4: Points of Substantive Law, part 2; 32 BYIL 1955/56, S. 20—96

— The General Principles of International Law Considered from the Standpoint of the Rule of Law; 92 RC 1957 II, S. 1—223

— Some Problems Regarding the Formal Sources of International Law; Symbolae Verzijl, présentées au professeur J. H. W. Verzijl à l'occasion de son LXX-ième anniversaire; La Haye 1958; S. 153—176

— The Law and Procedure of the International Court of Justice, 1954—9: General Principles and Sources of International Law; 35 BYIL 1959, S. 183—231

Fleischhauer, Carl-August: Verjährung; WVR III, S. 509—513

Folz, Hans-Ernst: Zur Frage der Bindung neuer Staaten an das Völkerrecht; 2 Der Staat 1963, S. 319—338

François, Jean Pierre Adrien: Grondlijnen van het Volkenrecht; tweede druk, Zwolle 1957

— Règles générales du droit de la paix; 66 RC 1938 IV, S. 5—291

Freeman, Alwyn Vernon: The International Responsibility of States for Denial of Justice; London/New York/Toronto 1938

Freudenthal, B.: Comitas gentium; WVD I, S. 199—200

Friede, Wilhelm: Das Estoppel-Prinzip im Völkerrecht; 5 ZaöRV 1935, S. 517 bis 545

Friedmann, Wolfgang: The Changing Structure of International Law; London 1964

— The Uses of „General Principles" in the Development of International Law; 57 AJIL 1963, S. 279—299

Gareis, Karl: Institutionen des Völkerrechts; 2. Aufl., Gießen 1901

Geck, Wilhelm Karl: Die völkerrechtlichen Wirkungen verfassungswidriger Verträge. Zugleich ein Beitrag zum Vertragsschluß im Verfassungsrecht der Staatenwelt; Köln/Berlin 1963

Geffcken, Heinrich: Das Gesamtinteresse als Grundlage des Staats- und Völkerrechts; Leipzig 1908

Geiger, Theodor: Vorstudien zu einer Soziologie des Rechts; (Soziologische Texte Band 20) Neuwied/Rhein — Berlin 1964

Gianni, Grégoire: La coutume en droit international; Paris 1931

Gihl, Torsten: International Legislation. An Essay on Changes in International Law and in International Legal Situations (translated by Sydney J. Charleston); London/New York/Toronto 1937

— The Legal Character and Sources of International Law; Acta Universitatis Stockholmiensis. Studia Iuridica Stockholmiensia 1; Stockholm o. J. (zugleich: Scandinavian Studies in Law 1957, S. 53—92)

Giraud, Emile: Le droit positif. Ses rapports avec la philosophie et la politique; Hommage d'une génération de juristes au Président Basdevant; Paris 1960; S. 210—236

— Le droit international public et la politique; 110 RC 1963 III, S. 423—801

von Glahn, Gerhard: Law Among Nations. An Introduction to Public International Law; New York/London 1965

Glaser, Stefan: Infraction internationale. Ses éléments constitutifs et ses aspects juridiques; Paris 1957

— La guerre d'agression à la lumière des sources du droit international; 57 RGDIP 1953 (3ème série — tome 24), S. 398—443

Glatzel, Wolfgang: Völkerrechtliche Grenzen für den Anwendungsbereich des staatlichen Strafgesetzes; Jur. Diss. Tübingen 1936

Gouet, Yvon: La coutume en droit constitutionnel interne et en droit constitutionnel international; Paris 1932

Gould, Wesley L.: An Introduction to International Law; New York 1957

Gralla, Erhardt: Das Problem der inhaltlichen Völkerrechtswidrigkeit internationaler Verträge; Jur. Diss. München 1966

Green, Leslie C.: International Law Through the Cases; 2nd ed., London 1959

Grosch, Georg: Die Quellen des Völkerrechts; 38 Grünhuts Zt. 1911, S. 583 bis 594

Grotius, Hugo: De iure belli ac pacis libri tres; editio nova, Amstelaedami 1663

— De iure praedae commentarius. Commentary on the Law of Prize and Booty (translated by Gwladys L. Williams and Walter H. Zeydel); New York/London 1964

Guggenheim, Paul: Traité de Droit international public; 2 Vols., Genève 1953, 1954

— Les deux éléments de la coutume en Droit international; La Technique et les Principes du Droit public. Etudes en l'honneur de Georges Scelle; Paris 1950; tome 1, S. 275—284

— Was ist positives Völkerrecht?; 8 SchwJIR 1951, S. 31—54

Guggenheim, Paul: Bemerkungen zur Völkerrechtstheorie von Alfred Verdross; 4 ÖZöR 1952, S. 275—284

— Les principes de droit international public; 80 RC 1952 I, S. 1—188

— Contribution à l'histoire des sources du droit des gens; 94 RC 1958 II, S. 5—82

— L'origine de la notion de „opinio iuris sive necessitatis" comme deuxième élément de la coutume dans l'histoire du droit des gens; Hommage d'une génération de juristes au Président Basdevant; Paris 1960; S. 258—262

— Lokales Gewohnheitsrecht; 11 ÖZöR 1961, S. 327—334

Hackworth, Green Haywood: Digest of International Law; Vol. 5, Washington 1943

Haemmerlé, Jean: La Coutume en Droit des Gens d'après la Jurisprudence de la C.P.J.I.; Jur. Diss. Nancy 1935; Paris 1936

Härle, Elfried: Die allgemeinen Entscheidungsgrundlagen des Ständigen Internationalen Gerichtshofes. Eine kritisch-würdigende Untersuchung über Artikel 38 des Gerichtshof-Statuts; Berlin 1933

— Die allgemeinen Rechtsgrundsätze im Völkerrecht; 11 ZöR 1931, S. 206—246

— Die allgemeinen Rechtsgrundsätze im Völkerrecht; 33 FW 1933, S. 129—133

— Les principes généraux de droit et le droit des gens; 39 RDILC 1935, S. 663—687

Hagemann, Max: Die Gewohnheit als Völkerrechtsquelle in der Rechtsprechung des Internationalen Gerichtshofes; 10 SchwJIR 1953, S. 61—88

Hatschek, Julius: Völkerrecht als System rechtlich bedeutsamer Staatsakte; Leipzig/Erlangen 1923

Hecker, Hellmuth und Edgar *Thomson*: Völkerrecht und Prisenrecht. Nationale und internationale Texte zum Seekriegsrecht; Frankfurt (Main)/Berlin 1965

Heffter, August Wilhelm und Friedrich Heinrich *Geffcken*: Das Europäische Völkerrecht der Gegenwart auf den bisherigen Grundlagen; 8. Aufl., Berlin 1888

Hegel, Georg Wilhelm Friedrich: Grundlinien der Philosophie des Rechts, Hrsg. Johannes Hoffmeister; 4. Aufl., Hamburg 1955

Heilborn, Paul: Das System des Völkerrechts entwickelt aus den völkerrechtlichen Begriffen; Berlin 1896

— Grundbegriffe des Völkerrechts; (Handbuch des Völkerrechts, 1. Band, 1. Abteilung) Berlin/Stuttgart/Leipzig 1912

— Les sources du droit international; 11 RC 1926 I, S. 5—63

Heller, Hermann: Die Souveränität. Ein Beitrag zur Theorie des Staats- und Völkerrechts; (Beiträge zum ausländischen öffentlichen Recht und Völkerrecht Heft 4) Berlin/Leipzig 1927

Henningsen, Hans: Stillschweigen, qualifiziertes; WVD III, S. 1084—1085

Henrich, Walter: Zur Problematik des Gewohnheitsrechtes; Recueil Gény, tome 2 — Les sources générales des systèmes juridiques actuels; Paris 1934; S. 277—301

Herczegh, Géza: The General Principles of Law Recognized by Civilized Nations (To the Interpretation of Article 38 of the Statute of the International Court of Justice); 6 AJASH 1964, S. 1—35

Hershey, Amos S.: The Essentials of International Public Law and Organization; revised ed., New York 1927

von der Heydte, Friedrich August Freiherr: Völkerrecht. Ein Lehrbuch; Band 1, Köln 1958

— Die Erscheinungsformen des zwischenstaatlichen Rechts; ius cogens und ius dispositivum im Völkerrecht; 16 ZVR 1932, S. 461—478

— Glossen zu einer Theorie der allgemeinen Rechtsgrundsätze; 33 FW 1933, S. 289—300

— Öffentliche Meinung und Völkerrecht; IRD 1956, S. 207—216

— Die bona fides und die einzelne Rechtsnorm; 11 ÖZöR 1961, S. 364—374

Hoffmann, Gerhard: Strafrechtliche Verantwortung im Völkerrecht. Zum gegenwärtigen Stand des völkerrechtlichen Strafrechts; (Abhandlungen der Forschungsstelle für Völkerrecht und ausländisches öffentliches Recht der Universität Hamburg Band 10) Frankfurt (Main)/Berlin 1962

— Die Bedeutung des Völkerrechts für die Rechtsbeziehungen zwischen den sozialistischen Staaten und der westlichen Welt; Loccumer Protokolle 1966 Nr. 12: „Um die Einheit der Völkerrechts- und Friedensordnung". Zweites Internationales Völkerrechtskolloquium vom 24. bis 26. September 1966; S. 22—36

— Das Verhältnis des Rechts der Europäischen Gemeinschaften zum Recht der Mitgliedstaaten; DÖV 1967, S. 433—441

Hoijer, Olof: Les Traités Internationaux; tome 2, Paris 1928

von Hold-Ferneck, Alexander: Lehrbuch des Völkerrechts; 2 Bände, Leipzig 1930, 1932

von Holtzendorff, Franz: Die Quellen des Völkerrechts; Handbuch des Völkerrechts, Hrsg. Franz von Holtzendorff; Band 1: Einleitung in das Völkerrecht; Berlin 1885; S. 77—155

Hoog, Günter: Die Geschichte des Naturrechts und das Problem des Gewohnheitsrechts; Völkerrecht — Gewohnheitsrecht — Naturrecht; Hrsg. Herbert Krüger; Hamburg 1967 (Hamburger öffentlich-rechtliche Nebenstunden Band 1); S. 44—77

Hostie, Jean: Examen de quelques règles du droit international dans le domaine des communications et du transit; 40 RC 1932 II, S. 396—524

— Les Affaires de Communication devant la Cour Permanente de Justice Internationale; 12 RDI 1933, S. 58—129

Huber, Hans: Über die Geltung des Völkerrechts; 8 SchwJIR 1951, S. 55—92

Huber, Max: Die soziologischen Grundlagen des Völkerrechts; Berlin 1928 (auch in: 4 Jahrbuch des öffentlichen Rechts 1910, S. 56—134)

Hubmann, Heinrich: Entstehung und Außerkrafttreten von Gewohnheitsrecht; 8 JuS 1968, S. 61—65

Hudson, Manley Ottmer: International Legislation. A Collection of the Texts of Multipartite International Instruments of General Interest; Vol. 1: 1919—1921; (Carnegie Endowment for International Peace) Washington 1931

— La Cour Permanente de Justice Internationale; (éd. française, établie par le Baron d'Honincthun) Paris 1936

— The Permanent Court of International Justice 1920—1942. A Treatise; New York 1943

Hudson, Manley Ottmer: The Prospect for International Law in the Twentieth Century; 10 CLQ 1925, S. 419—459

— The Law Applicable by the Permanent Court of International Justice; Harvard Legal Essays Written in Honor of and Presented to Joseph Henry Beale and Samuel Williston; Cambridge (Massachusetts) 1934; S. 133—157

Hurst, Sir Cecil James Barrington: Address by the President on „The Nature of International Law and the Reason why it is Binding on States“; 30 GS 1944, S. 119—127

Husserl, Edmund: Logische Untersuchungen; 1. Theil: Prolegomena zur reinen Logik; Halle/S. 1900

Hyde, Charles Cheney: International Law Chiefly as Interpreted and Applied by the United States; Vol. 1, 2nd ed., Boston 1947

IMT Nürnberg: Der Prozeß gegen die Hauptkriegsverbrecher vor dem Internationalen Militärgerichtshof Nürnberg; Band 1, Nürnberg 1947

Jaenicke, Günther: Völkerrechtsquellen; WVR III, S. 766—775

Jaffe, Louis L.: Judicial Aspects of Foreign Relations in Particular of the Recognition of Foreign Powers; Cambridge (Massachusetts) 1933

Jellinek, Georg: Die rechtliche Natur der Staatenverträge; Wien 1880

— System der subjektiven öffentlichen Rechte; Freiburg/Br. 1892

— Gesetz und Verordnung; Tübingen 1919 (Neudruck der Ausgabe von 1887)

— Allgemeine Staatslehre; 3. Aufl., 7. Neudruck, Darmstadt 1960

Jellinek, Walter: Gesetz, Gesetzesanwendung und Zweckmäßigkeitserwägung; Tübingen 1913

Jenks, Clarence Wilfred: The Prospects of International Adjudication; London/Dobbs Ferry (New York) 1964

— The Will of the World Community as the Basis of Obligation in International Law; Hommage d'une génération de juristes au Président Basdevant; Paris 1960; S. 280—299

Jennings, Robert Yewdall: Recent Developments in the International Law Commission: its Relation to the Sources of International Law; 13 ICLQ 1964, S. 385—397

Jessup, Philip C.: Der Internationale Gerichtshof; AR 1946 Heft 7, S. 12—25

Johnson, David H. N.: Acquisitive Prescription in International Law; 27 BYIL 1950, S. 332—354

— The Anglo-Norwegian Fisheries Case; 1 ICLQ 1952, S. 145—180

Jones, J. Walter: The „Pure“ Theory of International Law; 16 BYIL 1935, S. 5—19

Jurt, Josef: Zwingendes Völkerrecht. Ein Beitrag zur Lehre vom objektiven Völkerrecht; Jur. Diss. Zürich 1933

Kant, Immanuel: Werke, hrsg. von Ernst Cassirer; Band 3, 4, 7; Berlin 1923, 1922, 1922

Kantorowicz, Hermann: Der Begriff des Rechts; (übersetzt von Werner Goldschmidt und Gerd Kastendieck); Göttingen o. J.

Kaplan, Morton A. und Nicholas deBelleville *Katzenbach*: The Political Foundations of International Law; New York/London 1961

Katzenbach, Nicholas deBelleville: Conflicts on an Unruly Horse: Reciprocal Claims and Tolerances in Interstate and International Law; 65 Yale LJ 1965, S. 1087—1157

Kaufmann, Erich: Das Wesen des Völkerrechts und die clausula rebus sic stantibus; Tübingen 1911

— Règles générales du droit de la paix; 54 RC 1935 IV, S. 313—615

Kelsen, Hans: Der soziologische und der juristische Staatsbegriff. Kritische Untersuchung des Verhältnisses von Staat und Recht; Tübingen 1922

— Hauptprobleme der Staatsrechtslehre entwickelt aus der Lehre vom Rechtssatze; 2. Aufl., Tübingen 1923

— Allgemeine Staatslehre; Bad Homburg v. d. Höhe/Berlin/Zürich 1966 (Neudruck der 1. Aufl. von 1925)

— Die philosophischen Grundlagen der Naturrechtslehre und des Rechtspositivismus; (Philosophische Vorträge, veröffentlicht von der Kant-Gesellschaft, Heft 31) Berlin 1928

— Das Problem der Souveränität und die Theorie des Völkerrechts; Aalen 1960 (unveränderter Nachdruck der 2. Aufl. Tübingen 1928)

— The Law of the United Nations; London 1951

— Reine Rechtslehre; 2. Aufl., Wien 1960

— General Theory of Law and State; (translated by Anders Wedberg) (20th century legal philosophy series Vol. 1) New York 1961

— Principles of International Law; 2nd ed., revised and edited by Robert W. Tucker, New York/Chicago/San Francisco/Toronto/London 1966

— Rechtswissenschaft und Recht. Erledigung eines Versuchs zur Überwindung der „Rechtsdogmatik"; 3 ZöR 1922/23, S. 103—235

— Les rapports de système entre le droit interne et le droit international public; 14 RC 1926 IV, S. 231—329

— Théorie générale du droit international public. Problèmes choisis; 42 RC 1932 IV, S. 121—351

— Théorie du droit international coutumier; 1 RITD 1939, S. 253—274

— Zur Grundlegung der Völkerrechtslehre. Eine Auseinandersetzung mit Heinrich Drost; 1 ÖZöR 1948, S. 20—83

— Théorie du droit international public; 84 RC 1953 III, S. 1—201

— Die Einheit von Völkerrecht und staatlichem Recht; Festgabe für Alexander N. Makarov; Stuttgart/Köln 1958, S. 234—248 (zugleich: 19 ZaöRV 1958, Nr. 1—3)

— Souveränität; WVR III, S. 278—285

Kempner, Robert M. W. und Carl *Haensel* (Hrsg.): Das Urteil im Wilhelmstraßen-Prozeß; Schwäbisch Gmünd 1950

Kiss, Alexandre-Charles: Répertoire de la pratique française en matière de droit international public; tomes 1, 5, Paris 1962

— Les actes unilatéraux dans la pratique française du droit international; 65 RGDIP 1961 (3ème série — tome 32), S. 317—331

Klug, Ulrich: Die Reine Rechtslehre von Hans Kelsen und die formallogische Rechtfertigung der Kritik an dem Pseudoschluß vom Sein auf das Sollen; Law, State, and International Legal Order. Essays in Honor of Hans Kelsen; editors: Salo Engel and Rudolf Aladár Métall; Knoxville 1964; S. 153—169

Koenigsgarten, Heinrich E.: „Das Problem des Völkerrechts"; Leipzig 1929

Kopelmanas, Lazare: Quelques réflexions au sujet de l'article 38, 3 du Statut de la Cour Permanente de Justice Internationale; 43 RGDIP 1936 (3ème série — tome 9) S. 285—308

— Custom as a Means of the Creation of International Law; 18 BYIL 1937, S. 127—151

— Essai d'une théorie des sources formelles du Droit International; 21 RDI 1938, S. 101—150

Kosters, Jean: Les fondements du droit des gens. Contribution à la théorie générale du droit des gens; (Bibliotheca Visseriana Band IV) Leyden 1925

— Diskussionsbeitrag; Annuaire 1932, S. 301—306

Kroneck, Friedrich Johann: Die völkerrechtliche Immunität bundesstaatlicher Gliedstaaten vor ausländischen Gerichten; Jur. Diss. München 1958

Krüger, Herbert: Das Prinzip der Effektivität, oder: über die besondere Wirklichkeitsnähe des Völkerrechts; Grundprobleme des internationalen Rechts. Festschrift für Jean Spiropoulos; Bonn 1957; S. 265—284

Küntzel, Walter: Ungeschriebenes Völkerrecht. Ein Beitrag zu der Lehre von den Quellen des Völkerrechts; (Öffentlich-rechtliche Vorträge und Schriften Heft 18) Königsberg 1935

Kunz, Josef Laurenz: Völkerrechtswissenschaft und reine Rechtslehre; (Wiener Staatswissenschaftliche Studien, Neue Folge Band 3) Leipzig/Wien 1923

— Die Anerkennung von Staaten und Regierungen im Völkerrecht; (Handbuch des Völkerrechts, 2. Band, 3. Abteilung) Stuttgart 1928

— Protest im Völkerrecht; WVD II, S. 329—330

— Rechtsgeschäfte, völkerrechtliche; WVD II, S. 337—339

— Revolutionary Creation of Norms of International Law; 41 AJIL 1947, S. 119—126

— The Nature of Customary International Law; 47 AJIL 1953, S. 662—669

— Roberto Ago's Theory of a „Spontaneous" International Law; 52 AJIL 1958, S. 85—91

— Protest; WVR II, S. 810—812

La Fontaine, Henri: Pasicrisie Internationale. Histoire Documentaire des Arbitrages internationaux; Berne 1902

Lalive, Jean-Flavien: Quelques remarques sur la preuve devant la Cour Permanente et la Cour internationale de Justice; 7 SchwJIR 1950, S. 77—103

de La Pradelle, Albert und Nicolas *Politis*: Recueil des arbitrages internationaux; tome 2, 1856—1872; 2ème éd., Paris 1957

Larenz, Karl: Methodenlehre der Rechtswissenschaft; Berlin/Göttingen/Heidelberg 1960

Laun, Rudolf: Allgemeine Rechtsgrundsätze; Beiträge zur Kultur- und Rechtsphilosophie. Festschrift für Gustav Radbruch; Heidelberg 1948; S. 117—138

— Vom Geltungsgrund des positiven Rechts; Grundprobleme des internationalen Rechts. Festschrift für Jean Spiropoulos; Bonn 1957; S. 321—331

Lauterpacht, Eli: Freedom of Transit in International Law; 44 GS 1958/59, S. 313—356

Lauterpacht, Hersch: Private Law Sources and Analogies of International Law; London 1927

— The Function of Law in the International Community; Oxford 1933

— The Development of International Law by the International Court; 2nd ed., New York 1958

— Decisions of Municipal Courts as a Source of International Law; 10 BYIL 1929, S. 65—95

— Règles générales du droit de la paix; 62 RC 1937 IV, S. 99—419

— Sovereignty over Submarine Areas; 27 BYIL 1950, S. 376—433

— The Problem of Jurisdictional Immunities of Foreign States; 28 BYIL 1951, S. 220—272

Le Fur, Louis-Erasme: La théorie du droit naturel depuis le XVIIIe siècle et la doctrine moderne; 18 RC 1927 III, S. 263—441

— Diskussionsbeitrag; Annuaire 1932, S. 298 f.

— La coutume et les principes généraux du droit comme sources du droit international public; Recueil Gény, tome 3 — Les sources des diverses branches du droit; Paris 1934; S. 362—374

— Règles générales du droit de la paix; 54 RC 1935 IV, S. 5—307

Leibholz, Gerhard: Das Verbot der Willkür und des Ermessensmißbrauches im völkerrechtlichen Verkehr der Staaten; 1 ZaöRV 1929, Teil 1, S. 77—125

Liang, Yuen-Li: The Second Session of the International Law Commission: Review of its Work by the General Assembly; 45 AJIL 1951, S. 509—525

Lissitzyn, Oliver J.: International Law Today and Tomorrow; Dobbs Ferry, New York 1965

— The Treatment of Aerial Intruders in Recent Practice and International Law; 47 AJIL 1953, S. 559—589

von Liszt, Franz und Max *Fleischmann*: Das Völkerrecht; 12. Aufl., Berlin 1925

Liver, Peter: Der Begriff der Rechtsquelle; Rechtsquellenprobleme im schweizerischen Recht. Festgabe für den schweizerischen Juristenverein; Bern 1955; S. 1—55

Lorimer, James: The Institutes of the Law of Nations. A Treatise of the Jural Relations of Separate Political Communities; Vol. 1, Edinburgh/London 1883

Louis, Jean-Victor: L'„estoppel" devant la Cour Internationale de Justice. Arrêt du 24 juillet 1964 dans l'affaire de la „Barcelona Traction"; 42 RDIDC 1965, S. 212—234

de Louter, Jan: Le droit international public positif; tome 1, Oxford 1920

MacGibbon, I. C.: Some Observations on the Part of Protest in International Law; 30 BYIL 1953, S. 293—319

— The Scope of Acquiescence in International Law; 31 BYIL 1954, S. 143—186

— Customary International Law and Acquiescence; 33 BYIL 1957, S. 115—145

— Estoppel in International Law; 7 ICLQ 1958, S. 468—513

Mach, Ernst: Die ökonomische Natur der physikalischen Forschung; ders., Populär-wissenschaftliche Vorlesungen; 4. Aufl. Leipzig 1910; S. 217—244

Mach, Ernst: Erkenntnis und Irrtum. Skizzen zur Psychologie der Forschung; 5. Aufl. Leipzig 1926

Mähler, Hans-Georg: Die völkerrechtliche Bedeutung des Kriegs- und Gewaltverbots durch Kellogg-Pakt und UN-Satzung insbesondere im Hinblick auf das Neutralitätsrecht, die Bestrafung von Staatsorganen wegen ‚Verbrechens gegen den Frieden' und das Recht des Gebietserwerbs; Jur. Diss. München 1965

Mahnke, Hans Heinrich: Das Problem der Einheit der Völkerrechtsgemeinschaft und die Organisation der internationalen Sicherheit; (Schriften zum Öffentlichen Recht Band 26) Berlin 1965

Malintoppi, Antonio: Il problema della giurisdizione sui funzionari amministrativi delle legazioni straniere; 38 Riv. 1955, S. 279—296

Manigk, Alfred: Die Privatautonomie im Aufbau der Rechtsquellen; Berlin 1935

von Martens, Friedrich: Völkerrecht. Das internationale Recht der civilisirten Nationen (übersetzt von Carl Bergbohm); Band 1, Berlin 1883

Mateesco, Nicolas: La coutume dans les cycles juridiques internationaux; Paris 1947

Mayer, Max Ernst: Rechtsphilosophie; Berlin 1922

McDougal, Myres S.: The Hydrogen Bomb Tests and the International Law of the Sea; 49 AJIL 1955, S. 356—361

McDougal, Myres S., Harold D. *Lasswell* und Ivan A. *Vlasic*: Law and Public Order in Space; New Haven/London 1963

McNair, Lord Arnold Duncan: International Law Opinions; Vol. 2 — Peace; Cambridge 1956

— The Law of Treaties; Oxford 1961

— Judicial Recognition of States and Governments, and the Immunity of Public Ships; 2 BYIL 1921/22, S. 57—74

— The Legality of the Occupation of the Ruhr; 5 BYIL 1924, S. 17—37

Meleń, Aleksander Czesław: Quelques considérations sur les sources du droit des gens; Recueil de travaux scientifiques des Polonais internés en Suisse; Vol. 1, Teil 1; Brugg 1943; S. 71—110

Menzel, Eberhard: Die englische Lehre vom Wesen der Völkerrechtsnorm; Breslau 1942

— Völkerrecht. Ein Studienbuch; München/Berlin 1962

— Estoppel-Prinzip; WVR I, S. 441—442

— Grundprobleme der Ermittlung, Anwendung und Geltung von Normen des Völkerrechts; 3 JuS 1963, S. 41—51

Meriggi, Lea: Considérations sur le problème des sources du droit des gens; 38 RDILC 1934, S. 492—529

Mérignhac, Alexandre: Traité de droit public international; 2 Vols., Paris 1905, 1907

Meron, Theodor: Repudiation of Ultra Vires State Contracts and the International Responsibility of States; 6 ICLQ 1957, S. 273—289

Métall, Rudolf Aladár: Skizzen zu einer Systematik der völkerrechtlichen Quellenlehre; 11 ZöR 1931, S. 416—428

Miele, Mario: Principi di diritto internazionale; 2. ed., Padova 1960

Monaco, Riccardo: Manuale di diritto internazionale pubblico; Torino 1960

Moore, John Bassett: A Digest of International Law; Vols. 1, 5, 6; Washington 1906

— International Adjudications, Modern Series; Vol. 6: Arbitration of the Title to Islands in Passamaquoddy Bay and the Bay of Fundy; New York/London/Toronto/Melbourne/Bombay 1933

Morelli, Gaetano: Nozioni di diritto internazionale; 6. ed., Padova 1963

— Cours général de droit international public; 89 RC 1956 I, S. 437—603

Morgenstern, Felice: ‚Extra-Territorial' Asylum; 25 BYIL 1948, S. 236—261

Mosler, Hermann: Das Völkerrecht in der Praxis der deutschen Gerichte; Karlsruhe 1957

— Diskussionsbeitrag; Berichte 4; Karlsruhe 1961; S. 33—34

Mouton, Martinus Willem: The Continental Shelf; 85 RC 1954 I, S. 347—465

Müller, Otto: Der Anteil der nichtorganisierten Gemeinschaft an der rechtlichen Willensbildung. Zugleich ein Beitrag zur Lehre vom Wesen des Völkerrechts; Jur. Diss. Basel 1948

Münch, Fritz: Die Völkerrechtslehre als Völkerrechtsquelle; 56 FW 1961/66 S. 349—356

von Münch, Ingo: Das völkerrechtliche Delikt in der modernen Entwicklung der Völkerrechtsgemeinschaft; Frankfurt (Main) 1963

— Vexaincourt-Zwischenfall; WVR III, S. 591

Nanda, Ved P.: Application of Customary International Law by Domestic Courts: Some Observations; 12 NYLF 1966, S. 187—244

Nawiasky, Hans: Allgemeine Staatslehre; 3. Teil: Staatsrechtslehre; Einsiedeln/Zürich/Köln 1956

Nelson, Leonard: Die Rechtswissenschaft ohne Recht. Kritische Betrachtungen über die Grundlagen des Staats- und Völkerrechts, insbesondere über die Lehre von der Souveränität; 2. Aufl. Göttingen/Hamburg 1949

Nickusch, Karl-Otto: Die Normativfunktion technischer Ausschüsse und Verbände als Problem der staatlichen Rechtsquellenlehre; Jur. Diss. München 1964

Nippold, Otfried: Der völkerrechtliche Vertrag, seine Stellung im Rechtssystem und seine Bedeutung für das internationale Recht; Bern 1894

Noël-Henry: Le „Lotus" à la Cour de la Haye; 2 Revue 1928, S. 65—134

Nys, Ernest: Le droit international. Les principes, les théories, les faits; tome 1; Bruxelles/Paris 1904

O'Connell, Daniel Patrick: International Law; Vol. 1; London/New York 1965

— Sedentary Fisheries and the Australian Continental Shelf; 49 AJIL 1955, S. 185—209

Oppenheim, Lassa Francis: The Science of International Law: Its Task and Method; 2 AJIL 1908, S. 313—356

— Zur Lehre vom internationalen Gewohnheitsrecht; 25 NZIR 1915, S. 1—13

Oppenheim, Lassa Francis und Hersch *Lauterpacht*: International Law; Vol. 1: Peace; 8th ed., 7th impression, London 1963

Orfield, Lester B. und Edward D. *Re*: Cases and Materials on International Law; revised ed., Indianapolis/Kansas City/New York 1965

Ottolenghi, Giuseppe: Corso di diritto internazionale pubblico; Torino 1956

Parry, Clive: The Sources and Evidences of International Law; Manchester 1965

— The Practice of States; 44 GS 1958/59, S. 145—186

Partsch, Karl Josef: Stillschweigen, qualifiziertes; WVR III, S. 391—392

— Vereinbarungstheorie; WVR III, S. 489—491

Pasching, Walter: Allgemeine Rechtsgrundsätze über die Elemente des völkerrechtlichen Vertrages; 14 ZöR 1934, S. 26—61

Perassi, Tomaso: Teoria dommatica delle fonti di norme giuridiche in diritto internazionale; 11 Riv. 1917, S. 195—223, 285—314

Perrin, Georges: Les privilèges et immunités des représentants des états auprès des organisations internationales; 60 RGDIP 1956 (3ème série — tome 27) S. 193—237

Petraschek, Karl: Rechtsquellenfragen und Völkerrecht; 28 ARSPh 1934/35, S. 61—88

Pfluger, Franz: Die einseitigen Rechtsgeschäfte im Völkerrecht; Zürich 1936

Pinto, Roger: La prescription en droit international; 87 RC 1955 I, S. 390—452

Pitamic, Leonidas: Die Frage der rechtlichen Grundnorm; Völkerrecht und rechtliches Weltbild. Festschrift für Alfred Verdross; Wien 1960; S. 207—216

Pohl, Heinrich: Deutsche Prisengerichtsbarkeit. Ihre Reform durch das Haager Abkommen vom 18. Oktober 1907; Tübingen 1911

Pollock, Frederick: The Sources of International Law; 2 CLR 1902, S. 511—524

van Praag, L.: Juridiction et droit international public; La Haye 1915

Pradier-Fodéré, P.: Traité de Droit International Public Européen et Américain suivant les progrès de la science et de la pratique contemporaines; tome 1; Paris 1885

Procès-Verbaux: Cour Permanente de Justice Internationale. Comité Consultatif de Juristes. Procès-Verbaux des séances du comité, 16 juin — 24 juillet 1920, avec annexes; La Haye 1920

Putzier, Dieter: Zur Problematik des Gewohnheitsrechts im Beschluß des Bundesverfassungsgerichts vom 30. April 1963; Völkerrecht — Gewohnheitsrecht — Naturrecht; Hrsg. Herbert Krüger; Hamburg 1967 (Hamburger öffentlich-rechtliche Nebenstunden Band 1); S. 7—15

Quadri, Rolando: Diritto internazionale pubblico; 4. ed., Palermo 1963

— Le fondement du caractère obligatoire du droit international public; 80 RC 1952 I, S. 579—633

— Positivisme et réalisme dans la science du droit international; Internationalrechtliche und staatsrechtliche Abhandlungen. Festschrift für Walter Schätzel; Düsseldorf 1960; S. 401—406

— Cours général de droit international public; 113 RC 1964 III, S. 237—483

Radnitzky, Ernst: Die „Selbstverpflichtung" als Grundlage des Völkerrechts; 42 Grünhuts Zt. 1916, S. 687—702

Raestad, Arnold: La philosophie du droit international public; (Skrifter utgitt av Det Norske Videnskaps-Akademi i Oslo; II. Hist.-Filos. Klasse, 1949, No. 2) Oslo 1949

— „Droit coutumier“ et „principes généraux“ en droit international; 4 ASJG 1933, S. 61—84

Raman, K. Venkata: The Rôle of the International Court of Justice in the Development of International Customary Law; 59 Proceedings 1965, S. 169—177

Rebbe, Walter: Der Lotusfall vor dem Weltgerichtshof; (Frankfurter Abhandlungen zum modernen Völkerrecht, Heft 34) Leipzig 1932

Redslob, Robert: Histoire des grands principes du droit des gens depuis l'antiquité jusqu' à la veille de la grande guerre; Paris 1923

— Les principes du droit des gens moderne; Paris 1937

— Traité de droit des gens; Paris 1950

— Considérations sur les fondements du droit des gens; 37 RDILC 1933, S. 488—513, 615—633

Rehfeldt, Bernhard: Einführung in die Rechtswissenschaft; 2. Aufl., Berlin 1966

Reinach, Adolf: Zur Phänomenologie des Rechts. Die apriorischen Grundlagen des bürgerlichen Rechts; München 1953

Renner, Rüdiger: Der Rechtsquellenwert innerstaatlicher Gerichtsurteile im Völkergewohnheitsrecht; Jur. Diss. Würzburg 1957

Report: Report of the Informal Inter-Allied Committee on the Future of the Permanent Court of International Justice (vom 10. 2. 1944); 39 AJIL 1945, Suppl. S. 1—42

Reuter, Paul: Droit international public; 2ème éd., Paris 1963

— Institutions Internationales; 4ème éd., Paris 1963

— Principes de droit international public; 103 RC 1961 II, S. 429—653

Rill, Heinz Peter: Zur „Methodenlehre der Rechtswissenschaft“ von Karl Larenz; 13 ÖZöR 1964, S. 281—294

Rivier, Alphons: Lehrbuch des Völkerrechts; 2. Aufl., Stuttgart 1899

Roche, Alexander George: The Minquiers and Ecrehos Case. An Analysis of the Decision of the International Court of Justice; Thèse Genève 1959

Rosenne, Shabtai: The International Court of Justice. An Essay in Political and Legal Theory; Leyden 1957

Ross, Alf: Theorie der Rechtsquellen. Ein Beitrag zur Theorie des positiven Rechts auf Grundlage dogmenhistorischer Untersuchungen; (Wiener Staats- und Rechtswissenschaftliche Studien, Band 13) Leipzig/Wien 1929

— Lehrbuch des Völkerrechts (übersetzt von Martin Brakas); Stuttgart/Köln 1951

— Legal Norms and Norms of Chess; 8 ÖZöR 1957/8, S. 477—487

Rossen, Hans Peter: Studien zur Schuldhaftung und Erfolgshaftung im völkerrechtlichen Deliktsrecht; Jur. Diss. Tübingen 1963

Rosswog, Eberhard: Das Problem der Vereinbarkeit des aktiven und passiven Personalgrundsatzes mit dem Völkerrecht; (Rechtsvergleichende Untersuchungen zur gesamten Strafrechtswissenschaft, N. F. Heft 35) Bonn 1965

Rousseau, Charles: Principes généraux du droit international public; tome 1: Introduction. Sources; Paris 1944

— Droit international public; Paris 1953

— Principes de droit international public; 93 RC 1958 I, S. 369—549

Roxburgh, Ronald Francis: International Conventions and Third States; London 1917

Rudolf, Walter: Völkerrecht und deutsches Recht; (Tübinger rechtswissenschaftliche Abhandlungen, Band 19) Tübingen 1967

Rümelin, Max: Die bindende Kraft des Gewohnheitsrechts und ihre Begründung; Tübingen 1929

Salvioli, Gabriele: La Corte permanente di giustizia internazionale; 16 Riv. 1924, S. 272—324

— Les règles générales de la paix; 46 RC 1933 IV, S. 5—163

Sauer, Ernst: Grundlehre des Völkerrechts; 3. Aufl., Köln/Berlin 1955

Saulle, Maria Rita: L'errore negli atti giuridici internazionali; (Pubblicazioni dell' Istituto di diritto internazionale dell'Università di Roma, IV) Milano 1963

Scelle, Georges: Précis de droit des gens. Principes et systématique; 2 Vols. Paris 1932, 1934

— Manuel de droit international public; Paris 1948

— Règles générales du droit de la paix; 46 RC 1933 IV, S. 331—697

— Essai sur les sources formelles du droit international; Recueil Gény, tome 3 — Les sources des diverses branches du droit; Paris 1934; S. 400—430

Schaumann, Wilfried: Gegenseitigkeit; WVR I, S. 630—632

Schecher, Ludwig: Deutsches Außenstaatsrecht; Berlin 1933

Scheuner, Ulrich: L'influence du droit interne sur la formation du droit international; 68 RC 1939 II, S. 99—206

— Naturrechtliche Strömungen im heutigen Völkerrecht; 13 ZaöRV 1950/51, S. 556—614

— Diskussionsbeitrag; Fünfzig Jahre Institut für Internationales Recht an der Universität Kiel; Hamburg 1965; S. 81—82

Schlochauer, Hans-Jürgen: Allgemeines Völkerrecht (Schriftenreihe „Die Verwaltung", hrsg. von Friedrich Giese; Heft 50); Braunschweig o. J.

Schoen, Paul: Zur Lehre von den Grundlagen des Völkerrechts; 8 ARWPh 1914/15, S. 287—321

Schreiber, Rupert: Die Geltung von Rechtsnormen; Berlin/Heidelberg/New York 1966

Schücking, Walther: Die Organisation der Welt; Staatsrechtliche Abhandlungen. Festgabe für Paul Laband; Band 1, Tübingen 1908, S. 533—614

Schüle, Adolf: Methoden der Völkerrechtswissenschaft; Berichte 3; Karlsruhe 1959; S. 1—22 (auch in: 8 AVR 1959/60, S. 129—150)

— Völkerrechtswissenschaft, Methoden der —; WVR III, S. 775—781

Schuster, Rudolf: Deutschlands staatliche Existenz im Widerstreit politischer und rechtlicher Gesichtspunkte 1945—1963; München 1963

Schwarzenberger, Georg: International Law; Vol. 1 — International Law as Applied by International Courts and Tribunals: 1; 3rd ed., London 1957

Schwarzenberger, Georg: A Manual of International Law; Vol. 1, 4th ed., London/New York 1960

— The Inductive Approach to International Law; London/New York 1965

— Die induktive Methode im Völkerrecht; JiaöR 1949, S. 676—689

— The Fundamental Principles of International Law; 87 RC 1955 I, S. 195—385

— The Province of the Doctrine of International Law; 9 CLP 1956, S. 235—265

— Title to Territory: Response to a Challenge; 51 AJIL 1957, S. 308—324

Scrimali, Antonio: Natur und Grundlage der Rechtsverbindlichkeit des Völkerrechts mit besonderer Berücksichtigung der Wirksamkeit der internationalen Verträge und Übereinkommen für jene Staaten, die nicht an ihrer Gestaltung teilgenommen haben; 21 ZöR 1941, S. 190—216

Séfériadès, Stélio: Principes généraux du droit international de la paix; 34 RC 1930 IV, S. 181—489

— Aperçus sur la coutume juridique internationale et notamment sur son fondement; 43 RGDIP 1936 (3ème série — tome 9), S. 129—196

Seidl-Hohenveldern, Ignaz: Völkerrecht; Köln/Berlin/Bonn/München 1965

Sereni, Angelo Piero: Diritto internazionale; Vols. 1, 3, Milano 1956, 1962

— Dottrine italiane di diritto internazionale; Scritti di diritto internazionale in onore di Tomaso Perassi; Vol. 2, Milano 1957, S. 277—300

— I nuovi Stati ed il diritto internazionale; 50 Riv. 1967, S. 5—23 (auch in: 72 RGDIP 1968 [3ème série — tome 39], S. 305—322)

Shihata, Ibrahim F. I.: The Treaty as a Law-Declaring and Custom-Making Instrument; 22 REDI 1966, S. 51—90

Sibert, Marcel: Traité de droit international public. Le droit de la paix; tome 1, Paris 1951

Silving, Helen: „Customary Law": Continuity in Municipal and International Law; 31 Iowa LR 1946, S. 614—633

Sinha, S. Prakash: Perspective of the Newly Independent States on the Binding Quality of International Law; 14 ICLQ 1965, S. 121—131

Siorat, Lucien: Le problème des lacunes en droit international. Contribution à l'étude des sources du droit et de la fonction judiciaire; Paris 1958

Soerensen, Max: Les sources du droit international. Etude sur la jurisprudence de la Cour Permanente de Justice Internationale; Copenhague 1946

— Principes de droit international public. Cours général; 101 RC 1960 III, S. 1—251

Somló, Felix: Juristische Grundlehre; 2. Aufl., Leipzig 1927

Sontag, Peter-Michael: Der Weltraum in der Raumordnung des Völkerrechts. Hoheitsrechte im Weltraum; Köln/Berlin/Bonn/München 1966

Sperduti, Giuseppe: La fonte suprema dell'ordinamento internazionale; (Pubblicazioni dell' Istituto di diritto pubblico e di dottrina dello stato dell' Università di Roma, Seria III, No. 8) Milano 1946

— Norme giuridiche primarie e fondamento del diritto; 39 Riv. 1956, S. 12—33

— Prescrizione, consuetudine e acquiescenza in diritto internazionale; 44 Riv. 1961, S. 3—15

Spiropoulos, Jean: Die allgemeinen Rechtsgrundsätze im Völkerrecht. Eine Auslegung von Art. 38, 3 des Statuts des Ständigen Internationalen Gerichtshofes; Kiel 1928

Spiropoulos, Jean: Théorie générale du droit international; Paris 1930
— Traité théorique et pratique du droit international public; Paris 1933

Starke, Joseph Gabriel: An Introduction to International Law; 6th ed., London 1967
— Monism and Dualism in the Theory of International Law; 17 BYIL 1936, S. 66—81
— Treaties as a „Source" of International Law; 23 BYIL 1946, S. 341—346

Statut: Statut et Règlement de la Cour Permanente de Justice internationale. Eléments d'interprétation (hrsg. vom Institut für ausländisches öffentliches Recht und Völkerrecht); Berlin 1934

Steiner, H. Arthur: Fundamental Conceptions of International Law in the Jurisprudence of the Permanent Court of International Justice; 30 AJIL 1936, S. 414—438

Steinicke, Dietrich: Möglichkeiten einer Lösung des Theorienstreites über die Voraussetzungen der Gewohnheitsrechtsbildung im Völkerrecht; Völkerrecht — Gewohnheitsrecht — Naturrecht; Hrsg. Herbert Krüger; Hamburg 1967 (Hamburger öffentlich-rechtliche Nebenstunden, Band 1); S. 250—294

Stoerk, Felix: Völkerrecht und Völkercourtoisie; Staatsrechtliche Abhandlungen. Festgabe für Paul Laband; Band 1, Tübingen 1908, S. 127—170

Stoll, Jean Aimé: L'application et l'interprétation du droit interne par les juridictions internationales; Université Libre de Bruxelles — Institut de Sociologie 1962

Stone, Julius: Legal Controls of International Conflict; 2nd impression, London 1959

Strupp, Karl: Urkunden zur Geschichte des Völkerrechts; Band 1, 2, Gotha 1911
— Theorie und Praxis des Völkerrechts; Berlin 1925
— Wörterbuch des Völkerrechts und der Diplomatie; 3 Bände, Berlin/Leipzig 1924, 1925, 1929
— Grundzüge des positiven Völkerrechts; 5. Aufl., Bonn/Köln 1932
— Les règles générales du droit de la paix; 47 RC 1934 I, S. 263—593

Strupp, Karl und Hans-Jürgen *Schlochauer*: Wörterbuch des Völkerrechts; 3 Bände, 2. Aufl., Berlin 1960, 1961, 1962

Survey: Systematic Survey of Treaties for the Pacific Settlement of International Disputes 1928—1948 (U. N. Publications); Lake Success (New York) 1948

Suy, Eric: Les actes juridiques unilatéraux en droit international public; Paris 1962

Tammes, A. J. P.: Internationaal Publiekrecht (met medewerking van P. van Heijnsbergen); Haarlem 1966
— The Legal System as a Source of International Law; 1 NTIR 1953/4, S. 374—384

Thalmann, Hans: Grundprinzipien des modernen zwischenstaatlichen Nachbarrechts; Zürich 1951

Thévenaz, Henri: A propos de la Coutume; Law, State, and International Legal Order. Essays in Honor of Hans Kelsen; editors: Salo Engel and Rudolf Aladár Métall; Knoxville 1964; S. 317—327

Tommasi di Vignano, Alessandro: La rinuncia in diritto internazionale; Padova 1960

— Les règles coutumières dans le domaine de l'ordre international; 16 RHDI 1963, S. 21—42

Touscoz, Jean: Le principe d'effectivité dans l'ordre international; Paris 1964

Triepel, Heinrich: Völkerrecht und Landesrecht; Aalen 1958 (unveränderter Nachdruck der 1. Aufl., Leipzig 1899)

— Les rapports entre le droit interne et le droit international; 1 RC 1923, S. 77—121

Truyol, Antonio: Doctrines contemporaines du droit des gens; 54 RGDIP 1950 (3ème série — tome 22), S. 369—416, 55 RGDIP 1951 (3ème série — tome 23), S. 23—40, 199—236

Tunkin, Grigorij I.: Das Völkerrecht der Gegenwart. Theorie und Praxis (übersetzt von Klaus Wolf); Berlin 1963

— Theoretische Fragen des Völkerrechts; Modernes Völkerrecht — Form oder Mittel der Außenpolitik. Eine Gegenüberstellung der Lehren von M. A. Kaplan und N. deB. Katzenbach, USA, und G. I. Tunkin, UdSSR; Berlin 1965; S. 211—373

— Co-Existence and International Law; 95 RC 1958 III, S. 1—81

— The Role of International Law in International Relations; Völkerrecht und rechtliches Weltbild. Festschrift für Alfred Verdross; Wien 1960; S. 293—306

— Remarks on the Juridical Nature of Customary Norms of International Law; 49 CLR 1961, S. 419—430

— Vierzig Jahre Koexistenz und Völkerrecht; Gegenwartsprobleme des Völkerrechts; Berlin 1962; S. 7—39

von Ullmann, E.: Völkerrecht; 2. Aufl., Tübingen 1908

Urbanek, Helmut: Das völkerrechtsverletzende nationale Urteil; 9 ÖZöR 1958/59, S. 213—275

Vallindas, Petros G.: General Principles of Law and the Hierarchy of the Sources of International Law; Grundprobleme des Internationalen Rechts. Festschrift für Jean Spiropoulos; Bonn 1957, S. 425—431

Vanni, Gianfranco: Norme consuetudinarie e norme giuridiche nell' ordinamento internazionale; Milano 1962

de Vattel, Emer: Le droit des gens ou principes de la loi naturelle, appliqués à la conduite et aux affaires des nations et des souverains; Washington 1916 (Nachdruck der 1. Aufl., London 1758)

Vellas, Pierre: Droit international public. Institutions internationales; Paris 1967

Venturini, Gian Carlo: La portée et les effets juridiques des attitudes et des actes unilatéraux des Etats; 112 RC 1964 II, S. 367—461

Verdross, Alfred: Die völkerrechtswidrige Kriegshandlung und der Strafanspruch der Staaten; Berlin 1920

— Die Einheit des rechtlichen Weltbildes auf Grundlage der Völkerrechtsverfassung; Tübingen 1923

— Die Verfassung der Völkerrechtsgemeinschaft; Wien/Berlin 1926

— Völkerrecht (unter Mitarbeit von Stephan Verosta und Karl Zemanek); 5. Aufl., Wien 1964

Verdross, Alfred: Völkerrecht und einheitliches Rechtssystem; 12 ZVR 1922, S. 405—438

— Le fondement du droit international; 16 RC 1927 I, S. 251—321

— Règles générales du droit international de la paix; 30 RC 1929 V, S. 275—507

— Die Quellen des Völkerrechts; Mitteilungen 10; Berlin 1930, S. 81—93

— Die allgemeinen Rechtsgrundsätze als Völkerrechtsquelle; Gesellschaft, Staat und Recht. Untersuchungen zur Reinen Rechtslehre. Festschrift für Hans Kelsen; Wien 1931, S. 354—365

— Les Principes généraux de droit comme source du droit des gens; Annuaire 1932, S. 283-298

— Les principes généraux du droit comme source du droit des gens; Recueil Gény, tome 3 — Les sources des diverses branches du droit; Paris 1934; S. 383—388

— Les Principes généraux de droit comme source du droit des gens; Annuaire 1937, S. 183—189

— Die bona fides als Grundlage des Völkerrechts; Gegenwartsprobleme des internationalen Rechts und der Rechtsphilosophie. Festschrift für Rudolf Laun; Hamburg 1953, S. 29—33 (auch in: 73 JBl. 1951, S. 559—560)

— Zum Problem der völkerrechtlichen Grundnorm; Rechtsfragen der internationalen Organisation. Festschrift für Hans Wehberg; Frankfurt (Main) 1956, S. 385—394

— Bona fides; WVR I, S. 223—224

— Das völkerrechtliche Gewohnheitsrecht; 7 JAIL 1963, S. 1—7

Verosta, Stephan: Rechtsgeschichte und Reine Rechtslehre. Zugleich ein Beitrag zum Problem der Beziehungen zwischen Faktizität und Normativität; Law, State, and International Legal Order. Essays in Honor of Hans Kelsen; editors: Salo Engel and Rudolf Aladár Métall; Knoxville 1964; S. 347—365

Verzijl, Jan H. W.: The Jurisprudence of the World Court. A Case by Case Commentary; 2 Vols., Leyden 1965, 1966

Verykios, P. A.: La prescription en droit international public; Paris 1934

Virally, Michel: La Pensée juridique; Paris 1960

— Sur un pont aux ânes: les rapports entre droit international et droits internes; Mélanges offerts à Henri Rolin; Paris 1964; S. 488—505

— The Sources of International Law; Manual of Public International Law, edited by Max Soerensen; London/Melbourne/Toronto/New York 1968; S. 116—174

de *Visscher*, Charles: Théories et réalités en droit international public; 3ème éd., Paris 1960

— Problèmes d'interprétation judiciaire en droit international public; Paris 1963

— Les effectivités du droit international public; Paris 1967

— La codification du droit international; 6 RC 1925 I, S. 329—453

— Contribution à l'étude des sources du droit international; 37 RDILC 1933, S. 395—420 *de Visscher*, Charles: Contribution à l'étude des sources du droit international; Recueil Gény, tome 3 — Les sources des diverses branches du droit; Paris 1934; S. 389—399

— Cours général de principes de droit international public; 86 RC 1954 II, S. 449—556

— Coutume et traité en droit international public; 58 RGDIP 1955 (3ème série — tome 26), S. 353—369

Vitta, Edoardo: La validité des traités internationaux; (Bibliotheca Visseriana Band XIV) Leyden 1940

Völkerrecht: Völkerrecht. Lehrbuch, hrsg. von der Akademie der Wissenschaften der UdSSR — Rechtsinstitut; Berlin 1960

— Völkerrecht. Lehrbuch; Gesamtredaktion: D. B. Lewin und G. P. Kaljushnaja; Berlin 1967

Vonlanthen, Albert: Die völkerrechtliche Selbstbehauptung des Staates; Freiburg (Schweiz) 1944

— Zu Hans Kelsens Anschauung über die Rechtsnorm; (Schriften zur Rechtstheorie, Heft 6) Berlin 1965

Wackernagel, Jacob: Beiträge zur Lehre über die Feststellung des Gewohnheitsrechts; Festschrift für Karl Haff; Innsbruck 1950, S. 360—370

Waelbroeck, Michel: L'acquiescement en droit des gens; 44 Riv. 1961, S. 38—53

Wagner, Heinz: Monismus und Dualismus: eine methodenkritische Betrachtung zum Theorienstreit; 89 AöR 1964, S. 212—241

Waldock, Claude Humphrey Meredith: The Anglo-Norwegian Fisheries Case; 28 BYIL 1951, S. 114—171

— General Course on Public International Law; 106 RC 1962 II, S. 1—251

Walther, Henri: L'affaire du „Lotus" ou De l'abordage hauturier en droit pénal international; Thèse Lausanne; Paris 1928

Walz, Gustav Adolf: Wesen des Völkerrechts und Kritik der Völkerrechtsleugner (Handbuch des Völkerrechts, 1. Band, 1. Abteilung, a); Stuttgart 1930

— Völkerrecht und staatliches Recht. Untersuchungen über die Einwirkungen des Völkerrechts auf das innerstaatliche Recht; Stuttgart 1933

— Die Ursprungsnorm im System des Staats- und Völkerrechts; 58 AöR 1930, S. 1—60

Wengler, Wilhelm: Völkerrecht; Band 1, Berlin/Göttingen/Heidelberg 1964

— Die Abgenzung zwischen völkerrechtlichen und nichtvölkerrechtlichen Normen im internationalen Verkehr; Legal Essays. A Tribute to Frede Castberg; Oslo 1963, S. 332—352

Wenner, Giovanni: Willensmängel im Völkerrecht; Zürich 1940

Wenzel, Max: Juristische Grundprobleme, Band 1 (Der Begriff des Gesetzes. Zugleich eine Untersuchung zum Begriff des Staates und Problem des Völkerrechts); Berlin 1920

Westlake, John: The Collected Papers of John Westlake on Public International Law, edited by Lassa Oppenheim; Cambridge 1914

Whiteman, Marjorie M.: Digest of International Law; Vol. 1 (Department of State Publication 7403), Washington 1963

Whitton, John B.: La règle „pacta sunt servanda"; 49 RC 1934 III, S. 151—275

Wiebringhaus, Hans: Das Gesetz der funktionellen Verdoppelung. Beitrag zu einer universalistischen Theorie des Internationalprivat- und Völkerrechts; 2. Aufl., Saarbrücken 1955

Williams, Sir John Fischer: Chapters on Current International Law and the League of Nations; London/New York/Toronto 1929

— Aspects of Modern International Law. An Essay; London/New York/Toronto 1939

Witenberg, Joseph C.: L'Estoppel; 60 Clunet 1933, S. 529—538

— La théorie des preuves devant les juridictions internationales; 56 RC 1936 II, S. 5—105

Wohlhaupter, E.: Gewohnheitsrecht; Staatslexikon, hrsg. von Hermann Sacher; 2. Band, 5. Aufl., Freiburg (Br.) 1927, Spalte 735—737

Wolff, Christian: Ius gentium methodo scientifica pertractatum; Oxford/London 1934 (Nachdruck der 1. Aufl., Frankfurt/Leipzig 1764)

Wolff, Hans Julius: Organschaft und juristische Person. Untersuchungen zur Rechtstheorie und zum öffentlichen Recht; 1. Band: Juristische Person und Staatsperson; Berlin 1933

Wolff, Karl: Les principes généraux du droit applicables dans les rapports internationaux; 36 RC 1931 II, S. 483—553

Wolfke, Karol: Custom in Present International Law; (Travaux de la Société des Sciences et des Lettres de Wrocław, Seria A, Nr. 101) Wrocław 1964

— L'élément subjectif dans la coutume internationale; ZNUW, Seria A, Nr. 27, Prawo VII, 1960, S. 161—170

Wright, Philip Quincy: The Enforcement of International Law Through Municipal Law in the United States; Thesis, University of Illinois, 1915

— Custom as a Basis for International Law in the Post-War World; 7 IJIL 1967, S. 1—14

You, Paul: Le préambule des traités internationaux; Thèse Genève 1941

Ziccardi, Piero: Les caractères de l'ordre juridique international; 95 RC 1958 III, S. 263—405

— La consuetudine internazionale nella teoria delle fonti giuridiche; 10 CS 1958/59, S. 187—257

Zippelius, Reinhold: Das Wesen des Rechts; München 1965

Zitelmann, Ernst: Gewohnheitsrecht und Irrthum; 66 AcP 1883, S. 323—468

Zorn, Albert: Grundzüge des Völkerrechts; 2. Aufl., Leipzig 1903

Zorn, Philipp: Das Staatsrecht des Deutschen Reiches; 1. Band: Das Verfassungsrecht; 2. Aufl., Berlin 1895

— Die Deutschen Staatsverträge; 36 ZgS 1880, S. 1—39

Zortea, Beat: Das Problem der Verbindlichkeit des Völkerrechts in der zeitgenössischen Völkerrechtsdoktrin; Jur. Diss. Freiburg (Schweiz) 1954

Zwecker, Jochen: Die Sezession Katangas und das Eingreifen der Vereinten Nationen; Jur. Diss. Marburg (Lahn) 1967

Monographien mehrfach angeführter Autoren werden in der Regel nach dem ersten Substantiv ihres Titels, Zeitschriftenaufsätze nach ihrer Fundstelle zitiert.

Anhang

Verzeichnis der nicht mehr berücksichtigten Neuerscheinungen

Barberis, Julio A.: Les arrêts des tribunaux nationaux et la formation du droit international coutumier; Revue de droit international, de sciences diplomatiques et politiques 1968, S. 247—253

Braud, Philippe: Recherches sur l'état tiers en droit international public; 72 RGDIP 1968, S. 17—96

D'Amato, Anthony A.: The Concept of Special Custom in International Law; 63 AJIL 1969, S. 211—223

— Wanted: A Comprehensive Theory of Custom in International Law; Texas International Law Forum, Winter 1968, S. 28—41

Herczegh, Géza: General Principles of Law and the International Legal Order; Budapest 1969

Schweitzer, Michael: Das Völkergewohnheitsrecht und seine Geltung für neuentstehende Staaten; (Völkerrecht und Außenpolitik, Heft 5) Bad Homburg v. d. H./Berlin/Zürich 1969

Slouka, Zdenek J.: International Custom and the Continental Shelf. A Study in the Dynamics of Customary Rules of International Law; The Hague 1968

Kolibri 360 GmbH
Ferdinand-Jühlke-Straße 7
99095 Erfurt, Deutschland
produktsicherheit@kolibri360.de

Druck:
CPI Druckdienstleistungen GmbH
im Auftrag der
Kolibri 360 GmbH
Ferdinand-Jühlke-Str. 7
99095 Erfurt